LOS «PRIMITIVOS» DE MANUEL Y ANTONIO MACHADO

FRANCISCO LOPEZ ESTRADA

Los «Primitivos» de Manuel y Antonio Machado

PREMIO INTERNACIONAL DE BENALMADENA 1976
DE LINGÜISTICA Y CRITICA LITERARIA

CUPSA EDITORIAL   MADRID

ensayos/planeta

DE LINGÜÍSTICA Y CRÍTICA LITERARIA

Dirección: ANTONIO PRIETO y ANGEL VALBUENA PRAT

© Francisco López Estrada, 1977
Cupsa Editorial, Cristóbal Bordíu, 35, 2.º (207).-Madrid-3 (España)
Primera edición: febrero de 1977
Diseño de colección y cubierta: Hans Romberg (Montaje: Jordi Royo)
Depósito legal: M. 4.196-1977
ISBN: 84-390-0008-1
Printed in Spain/Impreso en España
Composición: Fotocompofset, S. L.-Burdeos, 2, L. 5.-Móstoles (Madrid)
Estampación: Talleres de Hijos de E. Minuesa, S. L.-Ronda de Toledo, 24.-Madrid-5

SUMARIO

A los alumnos y a los compañeros y amigos con los que conviví en mis veinte y siete años de universitario hispalense.

PRELIMINARES

Este es el último libro que he escrito como profesor de la Universidad de Sevilla, antes de pasar a la Complutense de Madrid, en octubre de 1975. En la labor realizada en el Departamento de Literatura Española durante los cursos de 1974 y 1975, hube de ocuparme de los hermanos Manuel y Antonio Machado, nacidos en Sevilla el 29 de agosto de 1874 y el 26 de julio de 1875. La conmemoración secular vino sobre mí con doble motivo y exigencia: por ser ambos sevillanos y por representar su obra, según la crítica al uso, orientaciones fundamentales en la literatura de nuestro siglo. En la opinión más común, el uno, Manuel, se sitúa en la cabeza del Modernismo; y al otro, Antonio, se le tiene por uno de los autores que son fundamentales en la generación del 98.

La perspectiva secular con que se nos ofrecen tuvo para mí una exigencia crítica: ¿permanecen aún a nuestro lado como autores cuya obra es del tiempo en que vivimos o ya se sitúan en la historia literaria con unas características determinables por la crítica histórica? Pregunta difícil, incluso capciosa, pues su respuesta no sólo depende de ellos, sino del que considere la obra. Después de mis lecturas de Manuel y Antonio, y de mis explicaciones de clase y de los cursillos y conferencias a lo largo de estos dos años conmemorativos y a través de las conversaciones con otros profesores y alumnos, digo que los dos se insertan en nuestra tradición viva; y que lo que ellos escribieron para que de inmediato fuese leído por nuestros abuelos y nuestros padres, podemos también leerlo nosotros y nuestros hijos, sintiendo que lo que ellos nos dicen en su obra, toca algo vivo del tiempo actual y que su lectura es una experiencia que mejora nuestras vidas. Sin embargo, esta impresión general se rompe en algunos casos, y aun los diferentes lectores pueden disentir sobre cuáles son esos casos y su número. Conviene, pues, estudiar no sólo lo que nos parece que permanece, sino también lo que comienza a resultarnos ajeno, de otro tiempo que el nuestro. Pero, ¿podemos asegurar con firmeza este límite en algo que está junto a nosotros, sin ser enteramente nuestro?

Los dos hermanos han venido a ser, muy seguro que sin quererlo ellos, banderas de polémica civil, y se ha llevado al uno hacia la derecha y al otro hacia la izquierda. Con todo lo que haya habido para que esto fuese así, hay que reconocer que durante muchos años de su vida la fraternidad fue en ellos algo más que el natural imperativo de la sangre. Precisamente el eje de este libro se articula sobre una determinada parte de su obra que discurre, en cierto modo, paralela; y, a mi parecer, lo que aquí expongo no se trata de meros rasgos de época que después hayan sido sobrepasados por lo que siguió. La cuestión, además, no se ha de plantear sólo en relación con los hermanos Machado, sino que toca a uno de los aspectos controvertidos de nuestra historia literaria: la relación entre lo que se viene llamando Modernismo y «Generación del 98». El replanteamiento de estos dos conceptos ha de resultar fructífero si se hace sobre bases muy concretas y a través de exploraciones críticas que conduzcan a un orden asegurado por una valoración de conjunto, legítima por sí misma.

Comenzando por referirme al mayor de los dos hermanos, diré que es posible que el lector al que guste la poesía más conocida de Manuel Machado, se lleve una sorpresa cuando lea este libro mío. Manuel, como los buenos poetas, puede desconcertar al que se esfuerce por comprender el curso de su obra. El crítico ha de examinar y concertar los datos con tiento; así ocurre si se plantea reconocer el pretendido Guadiana de su poesía en el *Ars moriendi* (1922), y su renacer, con título mitológico, en *Phoenix* (1936); pensemos en la zigzagueante —o, en el mejor de los casos, pendular— vida y obra de Manuel, consciente, a veces con dolor de alma, de sus mismas vacilaciones. Y, sobre todo, tengamos muy en cuenta la culminación que fue para él y para Antonio la lotería que jugaron ambos hermanos con ocasión del azar de su situación geográfica en julio de 1936, con premio de vida o muerte.

No me pasa por alto la prevención con que puede acogerse este libro, sobre todo en cuanto a la consideración común que uno se tiene a Manuel Machado. Suele decirse del mayor de los dos hermanos que es el poeta «más andaluz» de los dos; otros se refieren a él teniéndole por el modernista que regresa a las fórmulas clásicas, como el arrepentido de la bohemia y de la posible heterodoxia. Tiene razón Siebenmann cuando escribe en su libro sobre los estilos poéticos de la lírica española en lo que va de siglo: «Así, hay que resignarse a la idea de que Manuel Machado nunca se deja coger por entero en las mallas de un aparejo histórico-estilístico. Es un poeta que aparece a lo largo de todos nuestros capítulos [y el autor lo persigue en el Modernismo y en el popularismo, y le sale al paso en otras ocasiones], y en ninguno encuentra su sitio definitivo.»[1]. Y todo esto es mucho más visible frente a Antonio, el titulado poeta de Castilla y el tenido por escritor característico de la generación de 1898, uno más de los que pusieron de manifiesto la conciencia del pueblo español en aquella coyuntura histórica. Este libro mío quiere examinar desde un determinado punto

---

1. GUSTAV SIEBENMANN, *Los estilos poéticos en España desde 1900*, Madrid, Gredos, 1973, p. 103. También Oreste Macrí señala la variedad de la poesía de Manuel Machado en una breve pero apretada mención en el prólogo de su *Poesia spagnola del 900*, Milán, I Garzanti, 1974, I, p. 39.

de vista la validez de estos tópicos generalizados, aun reconociendo
que motivos no faltan para que pueda darse una explicación de esta
especie. Pero el propósito del crítico literario es revisar en todo momento los juicios establecidos por si es posible poner más y más luz
en la interpretación de la poesía.

En este empeño me encuentro con el objeto de revisar, en la Parte I, la poesía de Manuel Machado, y quiero hacerlo desde el punto de
vista que procede de mi experiencia en la crítica literaria: quiero reunir una parte determinada de su obra, la que se recoge sobre todo
con el título de «Primitivos» y la semejante, y establecer su valoración
poética en el conjunto cultural de la época de fin de siglo. Si se dice
que la obra poética sólo en parte pertenece al autor y a su circunstancia inmediata, y son los lectores futuros (y los críticos) los que la
conforman en cuanto al sentido y al valor de su comunicación, no es
menos cierto que el arranque de la misma, el proceso creador que la
conforma como tal entidad poética, debe ser tenido en cuenta y exa-
minado con el cuidado que merece.

La partición de la obra de un autor en grupos, establecidos con determinados criterios, representa la primera aventura de la interpretación crítica; en parte, como se verá bien claro, viene dada por el propio creador, y en parte se deduce de su posición en el conjunto de la
obra que escribe. Cada obra ocupa un «hueco» en la unidad total de
la creación del autor. El grupo de poesías aquí estudiado juzgo que
tiene una entidad básica de raíz, que veremos se manifiesta en numerosos aspectos de la creación: el estímulo que la motiva y la formulación que la hace posible en el dominio lingüístico, están aquí encau-
zados por un sentido rítmico total que alcanza la cota estética. Los
«Primitivos» de Manuel Machado tocan el centro de una modalidad
de la poesía de fin de siglo que pretendía determinados propósitos: ser
a un tiempo nueva y vieja, con vida artística que procedía de la misma
vida del hombre-poeta, de la conciencia de sentirse arder en cuerpo y
alma en esa colectividad bohemia del fin de siglo de París, capital de
Europa. Pero todo esto es más complejo de lo que muestran las apariencias. Intentaré, si puedo, establecer con claridad mi cometido, y
éste será rodear las poesías de Manuel Machado de un apretado haz
de comentarios que converjan hacia la iluminación crítica de la obra.
El Manuel Machado que mostraré, pienso, es tan legítimo como el que
otros han evocado, sólo que este mío estaba un poco en la sombra.

Otro tanto pretendo realizar, en la Parte II, con la poesía de Antonio Machado. En este otro caso, la exploración de la presencia de los
«Primitivos» en su obra ofrece unos resultados más circunscritos;
Antonio tiene también sus poetas medievales predilectos —Berceo y
Jorge Manrique, sobre todo—, y en esto corre parejas con Manuel,
sólo que sus preferencias son en parte distintas y mucho más tardías
y maduras. Es evidente que en su caso la función de los «Primitivos»
no resulta tan accesible como la de otros motivos hasta ahora más
estudiados y puestos de relieve; en parte, la concepción peculiar de
la poesía «histórica» que comportan no ha sido la más propicia para

que se hayan ocupado de ella los críticos que forzaron la consideración de su obra hacia la actualidad. Sin embargo, la exposición y el
estudio de estos primitivos, realizada en forma paralela a la de Manuel, creo que vale la pena, y estimo que ha de contribuir a mostrar
un aspecto más de su riqueza poética, frente a juicios en ocasiones li-
mitados.

Precisamente el homenaje a los dos poetas que mueve el propósito
de este libro, ha de consistir en la intención de comprender en su obra
lo que pudo venir de la parte de su vida y obra que aparentemente
está más lejos de nosotros; se trata de una experiencia que, realizada
inicialmente en 1899 y en París, fue un motivo activo de la vida de los
dos, cuya persecución crítica estimo que es legítima. Y con eso me
aplico —y les aplico a ellos— uno de los *Proverbios y cantares* de Antonio, el número LXIII en el libro *Nuevas canciones*, que dice —o que
canta—:

> Sentía los cuatro vientos
> en la encrucijada
> de su pensamiento.

Universidad de Sevilla, 1975.

Universidad Complutense, 1976.

¿Y qué derecho tenemos a dudar de la sinceridad ajena? Verdad de hoy, mentira de mañana; sinceridad de ahora, insinceridad de después. Si cuando lo cantaba lo creía, ha hecho obra incesantemente poética. Vive al último soplo de viento, al minuto, abierta el alma a las más fugitivas impresiones; ahora, creyente; luego, impío; hoy, ansiando el amor; mañana, la muerte.

MIGUEL DE UNAMUNO, El «Alma» de Manuel Machado, en Obras Completas, III, Madrid, Escelicer, 1968, p. 1083.

PARTE PRIMERA:

LOS «PRIMITIVOS» DE MANUEL MACHADO

I

LOS «PRIMITIVOS» COMO GRUPO POETICO

Los «Primitivos» de Manuel Machado

La concepción del arte, y en consecuencia también de la poesía, de los «Primitivos» es una importante contribución para afirmar las características del Modernismo. El asunto se presenta en común en los autores de fin de siglo, y es un motivo más para asegurar la idea de un Modernismo general, en el que pueden caber los autores de la época dentro de un común cauce renovador de la creación literaria. Dejo de lado por el momento otras consideraciones sobre el Modernismo, del que me ocuparé más adelante; aquí sólo quiero avanzar que esta investigación se encuentra en la misma línea que mis estudios sobre Rubén Darío y la Edad Media, y en particular en cuanto a las consecuencias eficaces de conocimiento del Prerrafaelismo en el proceso de la creación poética finisecular [1].

Situándonos ante la poesía de Manuel Machado, la aparición del término «Primitivos» aplicado a un grupo de obras ocurre en la edición de *Alma. Museo. Los Cantares* del año 1907 [2]. La triple titulación señala en líneas generales las tres orientaciones de la obra del poeta: *Alma* contiene la poesía más honda de Manuel, lo que va hacia dentro, hacia las fuerzas oscuras del alma: sus subtítulos son: «El reino interior», tan significativo; «Secretos», «Estatuas de sombra y la mascarada «De la historia de Pierrot». *Museo* es la parte que nos interesa considerar; su desarrollo guarda una cronología interior muy definida: comienza con la poesía situada bajo el título de «Oriente», la tierra de ensueño de los modernistas; siguen los «Primitivos», que es el objeto de este estudio; luego viene la parte del «Siglo de Oro» espa-

---

1. Francisco López Estrada, *Rubén Darío y la Edad Media. Una perspectiva poco conocida sobre la vida y obra del escritor*, Barcelona, Ensayos Planeta, 1971.
2. Manuel Machado, *Alma. Museo. Los Cantares*. Prólogo de Miguel de Unamuno. Madrid, Librería de Pueyo, 1907.

ñolas, y termina con las «Figulinas», correspondiente al siglo XVIII.
Los Cantares, la parte tercera, recoge la corriente folklórica de Machado, y también la que apunta la poesía existencial, el crudo desnudo del
sentimentalismo que aparece en *El poema*, de 1909. El propio Manuel
tenía una clara conciencia de esto, pues en el discurso que leyó el 19
de febrero de 1938 para tomar posesión en San Sebastián de su plaza
de académico, en plena contienda civil, le dedica este párrafo: «*Alma,
Museo y Los Cantares* (1907). He aquí un título que puede ya servir de
epígrafe a toda mi obra lírica: *Alma* (poesías del reino interior, realidades puramente espirituales). *Museo* (poesía de la Historia a través
de las obras de arte más famosas). *Los Cantares*, poesía de la vida
sentimental y aun sensual, poesía de la vida rota que culmina en *El
mal poema* (1909).» [3] Y poco antes había dicho que *Alma*, de entre sus
libros, «... no sólo el primero fue, sino el único, ya que los que siguieron bien pueden caber en las distintas secciones de que aquél se
componía y no le añaden, fuera de la cantidad y el reflejo del curso
de mi vida, sino algunas calidades técnicas, hijas de la experiencia
y el manejo del oficio.» [4].

Me importa mucho esta opinión porque el centro de mi estudio ha
de radicar en la manera como se agrupan estas poesías bajo el mencionado epígrafe de «Primitivos».

EL GRUPO DE LOS «PRIMITIVOS» DE 1907

La crítica literaria —en especial en los aspectos teóricos— me parece que no ha dedicado la atención que merece al proceso de la formación de los libros poéticos en cuanto que constituyen unidades superiores al poema suelto, y tampoco a las partes en que se agrupan
dentro del libro; de esta manera, el «libro poético» es entidad compleja, en cuya formación el poeta interviene de manera que hay que tener
en cuenta. La unidad de los libros de poesía es a veces grave problema; la constitución de los mismos es una macroestructura si situamos la estructura «normal» en el poema, que, a su vez, se compone de microestructuras. La correlación entre el poema y sus componentes se ha estudiado más que la que existe entre los poemas y el
libro a que corresponden.

Para el efecto de mi estudio, considero que la organización del libro en *Alma. Museo. Los Cantares* (1907) es la más completa por lo
que toca a los «Primitivos». Hay que decir que Manuel Machado or-
ganizaba sus libros situando en ellos poesías que o estaban publicadas sueltas o habían formado parte de otros libros anteriores. Esta
cuestión se presenta tanto en los libros sueltos como en las colecciones que llevan el título de Obras Completas.

3. MANUEL MACHADO, JOSÉ MARÍA PEMÁN, *Unos versos, un alma y una época.*
Discursos leídos en la Real Academia Española, Madrid, 1940, p. 79.
4. Idem, p. 75.

Las dos Españas representadas en una portada de la «Ilustración artística» de 1900: la mujer nueva de París y el rústico en la feria del pueblo, en una misma página.

El contenido del *Museo* de la edición de 1907, en su grupo de «Primitivos», es el siguiente: «Castilla», «Alvar-Fáñez», «Retablo», «Don Carnaval», «El rescate (romance viejo)» y «Oliveretto de Fermo (del tiempo de los Médicis)».

El título «Museo», que es el de la parte a que pertenecen los «Primitivos», ya se encuentra en la edición de *Alma* de 1902. En esta edición el «Museo» se compone sólo de dos «Retratos de época»: «Felipe IV» y «Oliveretto de Fermo»[5], y está dedicado «A don Francisco Giner de los Ríos, el maestro admirable»[6]. G. Brotherston señaló que la formación escolar de Manuel en la «Institución libre de enseñanza» le dio un sentido de la dignidad de la obra realizada y una gran familiaridad con la historia y la cultura europeas, en especial en relación con las clases de Manuel Bartolomé Cossío, cuyos efectos encuentran patentes en los poemas de *Apolo*[7]. La dedicatoria de este «Museo», la parte más objetivamente cultural de la primera edición de *Alma*, a Giner de los Ríos, es propia de este sentido de la creación.

En 1918 Manuel expresaría uno de los más sentidos elogios de Giner de los Ríos que cabe hallar. Fue con ocasión de recordar la muerte del que había sido su maestro, acontecida en 1915, y el texto, recogido en *Día por día de un calendario*, dice así: «Tres años hace hoy que el maestro se fue. Su obra, empero, está aquí y prosigue su rumbo magnífico al bien y a la verdad. Porque su obra no es para el recuerdo, no es del pasado, sino de hoy y de mañana. Obra viva es y redentora. Su alma quedó también entre nosotros. Porque, semejante a los verdaderos santos, lo que él entregó por completo a Dios fue su cuerpo —sobriedad, castidad, pobreza—, y el alma, en cambio, la dio entera a los hombres. Nadie ha hecho un surco más profundo, nadie sembró más fecunda semilla, nadie dejó una estela más amplia y luminosa. En ella se agitan los más puros anhelos del reflorecimiento español que él soñara un día entre los encinares de Guadarrama. ¿Recordáis la soberbia instantánea?... Sí; su obra y su alma viven siempre porque en su labor semidivina él supo formar los hombres para mañana.»[8] El «reflorecimiento español» con que soñara Giner se propondrían llevarlo a cabo sus discípulos, junto con otros españoles procedentes de distintas formaciones intelectuales, y Manuel se comporta como uno de ellos en este caso. Abordar una poesía de tipo cultural como es la de los «Primitivos», requiere una doble base: en Europa, conociendo el arte moderno, y en España, donde están los materiales culturales de la poesía. La novedad resulta de la obra del escritor que, basándose en una poesía «histórica», quiere ponerse al día, a la moda,

    5. MANUEL MACHADO, *Alma (Poesías)*, Madrid, Imprenta de A. Marzo [1902], pp. 67-76.
    6. Cada poesía tiene también, a su vez, su propia dedicatoria: la dedicada a Felipe IV lo está a Antonio de Zayas, y la de Oliveretto de Fermo, a Ricardo Calvo.
    7. GORDON BROTHERSTON, *Manuel Machado. A Revaluation*, Cambridge, University Press, 1968, p. 10.
    8. MANUEL MACHADO, *Prosa*, Ed. Luis Ortiz de Lanzagorta, Sevilla, Universidad, 1974, p. 124.

y, por tanto, abrirse a la modernidad. Y esto representa la voluntad de impulsar el Modernismo desde una de sus facetas, desde una distinta consideración cultural de la tradición, que, al mismo tiempo, puede lograr los propósitos del maestro de Manuel, «regeneracionista» como le llama.

Pero el «Museo», concebido en *Alma* de 1902, es una intención que hay que desarrollar. Allí es una manifestación germinal que habrá de dar frutos más cumplidos [9]. Observemos cómo en la siguiente edición del libro en 1907 se verifica este proceso: de ser «Museo» un grupo en el conjunto, pasa a ser una parte que alcanza a mostrarse en el título de la obra; y el propio poeta manifestó luego la intención de que fuese, entre otras cosas, «la poesía de la historia a través de las obras de artes más famosas». Y la parte creció según vimos, y el grupo de los «Primitivos» aparece constituido con las poesías que dije, cuya procedencia es la siguiente:

1. «Castilla». Había formado parte de *Alma* (1902), en cuyo libro tenía título propio de parte y estaba dedicada: «A Manuel Reina, gran poeta.» En esta edición de 1902 constituía una parte propia, con título, que sólo contenía esta poesía.

2. «Alvar-Fáñez. Retrato» [10]. Había aparecido en «Blanco y Negro», el 13 de febrero de 1904. Después pasó al libro *Caprichos* (1905), en la parte «Cadencias de cadencias» [11].

3. «Glosa». Se publicó en «Blanco y Negro», el 4 de junio de 1904. Después se reunió con el anterior, a continuación, en la misma parte de *Caprichos* [12].

4. «Don Carnaval». No tengo noticias de una aparición anterior. Se había publicado a continuación de la anterior en la misma parte de *Caprichos* [13].

5. «El rescate». Esta poesía había aparecido en el primero de los libros de Manuel, *Tristes y alegres* (1894) [14], dedicada «A la ilustre y virtuosa dama la Excma. Sra. Doña Sabina Alvear».

9. El propio escritor se dio cuenta de la trascendencia de esta primera edición de *Alma*, pues en 1933 se lo dijo a Rafael Narbona en estos términos: «Finalmente, en un hotel de la rue Vaugirard escribí mi primer libro de versos, *Alma*, que se publicó en Madrid en 1901 y que contenía en embrión toda mi obra poética.» (RAFAEL NARBONA, *Lo que eran los poetas a los veinte años. El gran poeta Manuel Machado*, entrevista en «La Voz», 9 de octubre de 1933.)
10. En esta primera salida une con guión Alvar y Fáñez, y así lo conservaría, a pesar de que no es necesario.
11. MANUEL MACHADO, *Caprichos*, Madrid, Tipografía de la Revista de Archivos, 1905, pp. 63-64.
12. Idem, pp. 67-68.
13. Idem, pp. 71-73.
14. MANUEL MACHADO, ENRIQUE PARADAS, *Tristes y alegres*, Colección de poesías con una contera de Salvador Rueda, Madrid, Imprenta La Catalana, 1894 sin paginación.

6. «Oliveretto de Fermo». Es la única poesía que se conserva del Museo primero según aparecía en *Alma*, 1902.

LOS «PRIMITIVOS» EN LAS OBRAS DE MANUEL MACHADO POSTERIORES \ 1907

Manuel Machado había logrado en la edición del *Museo* de 1907, en cuanto a los «Primitivos», una coherencia, como tal parte, cuyo sentido estudiaré detenidamente poesía por poesía. El prólogo de Miguel de Unamuno había dado el espaldarazo al conjunto del libro: «Machado no es un *virtuoso* del ritmo, sino un poeta. Canta para todos o canta para nadie.» [15] Unamuno, cuya «manera de poetizar» es diferente [16], lo afirma así, y esto ofrece, para la crítica del futuro, una base firme al libro.

En 1910 Manuel Machado publica en Maucci una selección de su obra [17]. El bloque de los «Primitivos» de 1907 se conserva completo en el nuevo «Museo» [18], junto con otras poesías.

En 1922, Manuel comienza a publicar sus *Obras Completas*. En esta edición *Museo* aparece dividido en cuatro grupos: «Primitivos», «Renacimiento», «Siglo de Oro» y «Figulinas». El grupo de los «Primitivos» está compuesto por «Alvar-Fáñez: Retrato», «Glosa» y «Don Carnaval» [19]; en el de «Renacimiento» figuran «En un rincón de la catedral» y «El rescate. Romance viejo» [20]. «Castilla» ha vuelto en esta edición a formar parte del *Alma* [21], y «Oliveretto de Fermo», que también vuelve a «Museo», que es una parte de este libro [22].

En 1924 Manuel Machado recoge sus poesías en un volumen. Los años anteriores han sido de crisis espiritual; la aparición de *Ars moriendi* (1921) es su manifestación poética, y la publicación de estas *Poesías* representa una recapitulación de su obra [23]. La obra tiene dos portadas: la de la cubierta, con un dibujo modernista, que indica:

15. M. DE UNAMUNO, Prólogo citado a *Alma. Museo. Los Cantares*, p. XXVII.
16. «Mi manera de poetizar es muy otra que la de Machado, y si yo intentara lo de él lo haría tan mal como si él intentase lo mío.» (Idem, p. XIX.)
17. MANUEL MACHADO, *Poesías escogidas*, con un prólogo de Miguel de Unamuno, Barcelona, Ed. Maucci (1910, según Alfredo Carballo en su edición de Manuel Machado, *Alma, Apolo*, Madrid, Ed. Alcalá [1967], y 1913, según G. Brotherston en *Manuel Machado*, ob. cit. p. 141).
18. Con «Castilla», «Alvar-Fáñez», «Retablo», «Don Carnaval», «El rescate» y «Oliveretto de Fermo» (Idem, pp. 85-101).
19. MANUEL MACHADO, *Museo. Apolo*, en *Obras Completas*, Madrid, Editorial Mundo Latino, II [1922], pp. 11-17.
20. Idem, pp. 21-31.
21. Idem, *Alma* [1922], I, pp. 37-41.
22. Idem, p. 47, constituido en esta edición por «Felipe IV», el mencionado poema, «La Corte» y «Oriente», como parte interior del libro, mientras que en el tomo II pasa a título de portada.
23. Publicada la obra por la Editora Internacional, Madrid-Berlín-Buenos Aires [1924]. G. Brotherston recoge el libro como dos obras diferentes (*Manuel Machado*, ob. cit., p. 141).

Poesías. Opera lirica perfecta, y la anterior: *Poesías. Opera omnia lirica.* El título de la portada exterior me parece mejor: son las obras que él creía «perfectas», no «todas». Y, en efecto, verifica una redistribución general e indica unas fechas que causan confusión: «Castilla» se sitúa en *Alma* (1898-1900, según esta edición) [24]; los «Primitivos» van al libro *Museo* (al que se asigna la fecha de 1910), y están encabezados por «Alvar-Fáñez», «Glosa» y «Don Carnaval» [25]. «Oliveretto de Fermo» se coloca en *Alma,* en el «Museo» [26]. Es decir, que sigue una disposición semejante a sus *Obras Completas* de 1922, sin que aparezca «El rescate».

En 1940, después de la guerra española, aparece una edición de su *Poesía,* esta vez el título en singular, seguido de *Opera omnia Lyrica,* lo mismo que en la portada interior de la Colección de 1924 [27]. El orden y disposición son los mismos de 1924; contiene «Alvar-Fáñez», «Glosa», «Don Carnaval», sin la mención inicial de «Primitivos». El descuido con que está hecha esta edición lo demuestra el que la misma poesía «Glosa», impresa en la página 142, se repite en la página 429 con el nuevo título de «Santo Domingo de Silos (a estilo de Berceo)», en la parte «Estampas de Santos». Esto sería debido a que el recolector incluyó sin cotejar los textos un libro que Manuel había publicado en Valladolid durante la guerra, de carácter religioso, *Horas de Oro. Devocionario poético,* en uno de cuyos grupos, el titulado «Estampas de Santos», insertó, tomándolo de sus obras anteriores, «La Anunciación» y «Santo Domingo de Silos», al que se añadió «(A estilo de Berceo)» [28].

Finalmente, en las sólo tituladas *Obras Completas* de los dos hermanos (1947) [29], en el «Museo» (al que se atribuye la fecha de 1910, tomándolo de las *Poesías* de 1924), bajo el título de la parte «Los primitivos» se reúnen «Alvar-Fáñez», «Glosa» y «Don Carnaval». Por no haber entendido el editor la unidad interior de esta parte, coloca bajo el mismo título de «Primitivos» la que debiera pasar a «Renacimiento», que es «En un rincón de la catedral», y prosigue el disparate hasta «Jardín neoclásico». Como puede observarse, las ediciones más recientes empeoran cada vez más la estructura de la obra poética en conjunto, haciendo imposible su adecuada percepción literaria.

24. Idem, pp. 23-24.
25. Idem, pp. 151-154.
26. Idem, p. 26.
27. MANUEL MACHADO, *Poesía (Opera Omnia Lyrica),* Barcelona [Editora Nacional], 1940, pp. 141-144; siguen a los referidos «Primitivos»: «En un rincón de la catedral», «Madrid viejo», «Don Miguel de Mañara Vicentelo de Leca», «Un hidalgo», «Las Concepciones de Murillo» y «Jardín neoclásico».
28. MANUEL MACHADO, *Horas de Oro. Devocionario poético,* Valladolid, Imprenta Castellana, 1938, pp. 125-127.
29. MANUEL y ANTONIO MACHADO, *Obras Completas,* Madrid, Ed. Plenitud, 1973, pp. 101-103. Se indica 5.ª edición; las anteriores serían 1947, 1951, 1954 y 1957, según G. BROTHERSTON, *Manuel Machado,* ob. cit., p. 140. No son completas en ninguno de los hermanos. Sobre esta edición, véase JOSÉ RUIZ-CASTILLO BASALA, *El apasionante mundo del libro. Memorias de un editor,* Madrid, Agrupación Nacional del Comercio del Libro, 1972, pp. 192-199.

Esta es, pues, la fortuna del grupo de «Primitivos» en las ediciones de Manuel Machado; en el estudio que sigue examinaré algunas de las circunstancias de las diversas ediciones. El presupuesto del que parto es que el grupo de «Primitivos» aparece en su mayor cohesión orgánica en la edición de 1907, que tomo como base de los comentarios; no obstante, la intención artística de este grupo de poesías se encuentra también en otras partes de la obra de Manuel Machado, tal como comentaré más adelante.

II

COMENTARIO DE LOS «PRIMITIVOS»

1. COMENTARIO DE «CASTILLA»

El precedente de Manuel Reina

«Castilla» es la más conocida de las poesías de *Alma* y la mejor comentada. En su primera aparición en 1902 fue dedicada «A Manuel Reina, gran poeta» [1]; esto indica que Manuel Machado presumía cierta afinidad que relacionaba de alguna manera el poema y el poeta de Puente Genil [2]. Conviene establecer la génesis de este poema con todo cuidado, pues, como veremos, es una pieza que juega muchas veces en la interpretación del poeta, del Modernismo y de la generación del 98. Unamuno contribuiría a la fama de la obra al escribir: «Y ese estupendo "Castilla", sobre todo, es un cuadro para una antología clásica.» [3] En efecto, fue la más afortunada de las obras de Machado en cuanto a que sirvió para representar al poeta en numerosas antologías y colecciones poéticas. Por su parte, ha escrito Gerardo Diego: «... él y no otro fue el verdadero descubridor de Castilla como tema poético, con tratamiento impresionista. Antes de Antonio y aun antes de Azorín. Hay tanto del uno como del otro y de sus respectivas maneras de enfocar la virgen Castilla medieval en el poema "Castilla", de Manuel, justamente célebre.» [4].

---

1. Véase el estudio de Alfredo Carballo Picazo que sirve de prólogo a su edición de MANUEL MACHADO, *Alma. Apolo.* Madrid, Ediciones Alcalá, 1967, páginas 86-100.
2. Obsérvese, por ejemplo, que «El jardín gris» está dedicado a Villaespesa: «Mariposa», a Darío; «La Corte», a Moréas; «Oriente», a Valle-Inclán. Sobre Reina, véase FRANCISCO AGUILAR PIÑAL, *La obra poética de Manuel Reina*, Madrid, Editora Nacional, 1968.
3. M. DE UNAMUNO, *Prólogo de Alma. Museo. Los Cantares*, ed. cit., p. XIV.
4. GERARDO DIEGO, *Manuel Machado, poeta*, Madrid, Editora Nacional, 1974, p. 98. Un testimonio de lo que fue para su tiempo esta poesía de Manuel Machado

Manuel Machado, juventud literaria.

Puesto que «Castilla» es una poesía que se relaciona con el *Poema del Cid,* me parece conveniente señalar el caso inmediato de otra poesía de Manuel Reina referente a otra obra medieval. Esta poesía se encuentra en el libro *El jardín de los poetas,* que el escritor de Puente Genil había publicado precisamente en 1899. Los poetas a los que Reina se refiere en su sucesiva interpretación van desde Homero a Espronceda. Los españoles son Jorge Manrique, Garcilaso, Góngora, Lope, Calderón y Espronceda; uno de ellos, Manrique, es el medieval. Y este poema está fechado en enero de 1899, es decir, que es de los más cercanos a «Castilla». Manuel Machado había recibido su título universitario en Sevilla en el mes de noviembre de 1897 y, después de una estancia en Madrid, su salida hacia París fue en marzo de 1899; cabe, pues, que Manuel se llevase el recuerdo de Reina, tenido aún por «gran poeta»[5]. No importa que más adelante lo quiera rememorar confusamente; el hecho es que está ahí en el tiempo ambiguo en que lo nuevo le inquieta cada vez con más fuerza, y persiste lo «otro» (por llamarlo de algún modo), lo que ya conoce y que nunca dejaría de valer de algún modo en las violentas alternativas de la vida. Emilio Orozco ha propugnado, con razón, que aún en *Tristes y Alegres* (1894) se presiente el Manuel Machado posterior: «en él se encontraba el verdadero arranque de su poesía; se encontraba en él por entero.»[6] El poeta que va a París, lleva lo suyo, su intención poética y sus amigos y maestros, presentes en las dedicatorias. Y el caso es que Reina ha escrito una poesía muy peculiar[7]; por de pronto, en el molde de la estrofa manriqueña. El poeta siente que su fantasía le conduce a la Edad Media:

> Nave de mi fantasía,
> tu casco por cristalino
> mar resbala,

---

se encuentra en J. RUIZ-CASTILLO BASALA, *El apasionante mundo del libro. Memorias de un editor,* ob. cit., con muchos datos de la época; el autor recuerda sus tiempos de alumno en la Institución, y escribe: «Nuestro primer encuentro con el Cid había sido (precisamente al ajenjo, «el brebaje modernista de los modernistas». [Goyri, señora de Menéndez Pidal] gracias al poeta Manuel Machado» (p. 152).

5. GERARDO DIEGO establece un enlace entre Manuel Machado y Reina a través de la común referencia al ajenjo, «el brebaje modernista de los modernistas». (*Manuel Machado, poeta,* ob. cit., pp. 45-49.)

6. EMILIO OROZCO DÍAZ, *Poesía juvenil y juventud poética en la obra de Manuel Machado (Notas al primer libro de versos de Manuel Machado),* «Nuestro Tiempo», II, n.º 16, oct. 1955, p. 28.

7. Dedicada a su vez a don Andrés Ovejero y Bustamante; nacido en 1871 redactor del periódico madrileño «El Globo», fue secretario de sección del Ateneo de Madrid. Militó en el partido socialista y en 1902 ganó la cátedra de Teoría de la literatura y de las artes de la Facultad de Letras de la Universidad de Madrid. Me dice de él don Rafael Lapesa (a quien agradezco estas noticias) que «supo despertar el afán por la lectura y el entusiasmo por la belleza a varias generaciones de estudiantes». Aunque desconocido en las historias biográficas, «su labor universitaria fue admirable». Su presencia en esta dedicatoria de fin de siglo indica el peculiar carácter universitario de esta modalidad poética en cuanto a su grado intelectual.

> y al soplo de la poesía
> despliegas tu blanco lino,
>   como un ala.
>
> ¡Nave azul, boga ligera
> y condúceme al vergel
>   de la Historia:
> a la mágica ribera
> donde florece el laurel
>   de la gloria!
>
> Allí, de torres feudales
> al pie de los cincelados
>   miradores,
> cantan hazañas triunfales
> y el amor los afamados
>   trovadores.

Y allí encuentra a Jorge Manrique:

> Entre todos, allí brilla
> el vate Jorge Manrique,
>   gran guerrero,
> luz y espada de Castilla,
> que venciera al cuarto Enrique
>   con su acero.

La imagen que de él nos ofrece es la del caballero medieval a la manera romántica; sin embargo, conduce el desarrollo del poema a la evocación de la muerte de su padre, motivo de las *Coplas:*

> Muere el héroe don Rodrigo,
> el que a insignes campeones
>   humilló;
> *aquel de buenos abrigo,*
> que villas y corazones
>   conquistó,
>
> y Jorge, al ver apagado
> sol tan hermoso y luciente
>   de virtud,
> besa a su muerto adorado,
> y baña con lloro ardiente
>   su ataúd.

Observemos que Reina trae al poema moderno un verso de las *Coplas* medievales y lo destaca también en cursiva, lo mismo que Manuel en «Castilla». La evocación del caso se verifica recreando la circunstancia:

Y ante el palacio deshecho
de su ilusión, su alegría
y esperanza,
el bardo siente en su pecho
la afilada punta fría
de una lanza.

Después, su estro volador
de tinieblas y congojas
al través,
gime como un ruiseñor
que se queja entre las hojas
de un ciprés.

Y canta en bella elegía
la inconstancia y los rigores
de la suerte:
¡profunda, excelsa poesía
que ornan las pálidas flores
de la muerte!

Y luego, cerrando el poema en forma circular, acaba:

¡Nave azul, boga ligera
y condúceme al vergel
de la Historia:
a la mágica ribera
donde fulgura el laurel
de la gloria!
Allí, en la noche estival,
de la luna al argentado
resplandor,
vibra en arpa de cristal
el canto más inspirado
del dolor [8].

Reconozco que el poema de Reina no resiste la comparación con el de Manuel Machado, pero en los caminos de la motivación poética todo es posible, y más si hay una tal proximidad en el tiempo y el testimonio de una dedicatoria que luego desaparecería. Los dos, Reina y Machado, han establecido una recreación poética de la vida medieval, y el precedente del primero es evidente en el uso del procedimiento.

8. MANUEL REINA, *El jardín de los poetas*, Madrid, Imprenta de los hijos de M. G. Hernández, 1899; el poema, citado parcialmente, está en las pp. 104-109.

La recreación del Poema del Cid

Ninguna duda cabe de dónde procede el material «erudito» de la poesía: el *Poema del Cid.* El acceso de Manuel a la obra es claro; el fin de siglo había conocido una gran actividad editorial sobre el texto del *Poema:* la edición de Lidforss (Lund, 1895-1896); la de Huntington (Nueva York, 1897-1903); y, sobre todo, Ramón Menéndez Pidal preparaba la suya desde 1892, impresa en 1898 y 1900 [9]. El joven profesor laboraba cuidadosamente sobre el gran poema; y esto se sabía y constituía un timbre de gloria intelectual para los que se habían formado en la Institución. Por otra parte, estaban relativamente recientes los esfuerzos de Manuel por lograr el grado de licenciado en la Facultad de Filosofía y Letras por la Universidad de Sevilla, que había alcanzado en 1897, a los veinte y tres años [10].

La ocasión de la edición paleográfica del *Poema del Cid* que realizó Ramón Menéndez Pidal en 1898, pudo haber sido otro de los motivos que impulsaron la creación del poema sobre el héroe castellano [11]. Al menos, siempre hay que contar con la repercusión que obtuvo la edición de este fundamental texto de la Edad Media, en cuanto a que un joven sabio español realizaba una obra que se situaba por delante de las otras impresiones en punto a rigor en la aplicación del método positivista propio de la filología histórica. Manuel Machado no pudo ser ajeno a esta noticia. El viejo *Poema* sería el punto de partida de la obra nueva:

> El ciego sol se estrella
> en las duras aristas de las armas,
> llaga de luz los petos y espaldares
> y flamea en las puntas de las lanzas.

9. Véase *Cantar de Mio Cid,* Ed. R. Menéndez Pidal, Madrid, Espasa-Calpe, 1944, I, pp. IX y X, donde cuenta esta actividad.
10. Véase un resumen de su expediente académico en MANUEL MACHADO, *Prosa,* en el prólogo, Apéndice I, anotaciones del año 1896-1897, de J. L. Ortiz de Lanzagorta, p. LIII; sus estudios fueron por «matriculación libre», que sólo requiere el examen; no es, pues, de extrañar el suspenso en Literatura General y Española de 1896, que se convierte en notable en 1897, siendo secretario del tribunal don Joaquín Hazañas y la Rúa.
11. *Poema del Cid,* nueva edición por Ramón Menéndez Pidal, Madrid, Imprenta de los hijos de José Ducazcal, 1898; contiene un breve prólogo de dos páginas, fechado en febrero de 1898. Es la edición paleográfica que luego se unirá a la crítica. Otra edición siguiente: *Poema del Cid.* Edición anotada por Ramón Menéndez Pidal, Madrid, sin impresor, 1900, con otro breve prólogo de cuatro páginas que tiene el texto parecido a la anterior edición y está fechado en Madrid, marzo, 1900. Sobre la actividad de Menéndez Pidal en el año crítico en que publica estas ediciones, véase el documentado estudio de DIONISIO GAMALLO FIERROS, *Menéndez Pidal en el año 1898,* «Revista del Instituto de Estudios Coruñeses», IV, 1968, pp. 51-141. En una nota anterior me referí a que en las clases de la Institución se utilizó la poesía «Castilla» para iniciar entre los alumnos el conocimiento de la figura del Cid.

5   El ciego sol, la sed y la fatiga.
Por la terrible estepa castellana
al destierro, con doce de los suyos
—polvo, sudor y hierro— el Cid cabalga.

Cerrado está el mesón a piedra y lodo...
10   Nadie responde. Al pomo de la espada
y al cuento de las picas, el postigo
va a ceder... ¡Quema el sol, el aire abrasa!
A los terribles golpes,
de eco ronco, una voz pura, de plata
15   y de cristal responde... Hay una niña
muy débil y muy blanca
en el umbral. Es toda
ojos azules y en los ojos, lágrimas.
Oro pálido nimba
20   su carita curiosa y asustada.
    «Buen Cid, pasad... El rey nos dará muerte,
arruinará la casa,
y sembrará de sal el pobre campo
que mi padre trabaja...
25   Idos. El Cielo os colme de venturas...
¡En nuestro mal, oh Cid, no ganáis nada!»
    Calla la niña y llora sin gemido...
Un sollozo infantil cruza la escuadra
de feroces guerreros,
30   y una voz inflexible grita: «¡En marcha!»

El ciego sol, la sed y la fatiga.
por la terrible estepa castellana,
al destierro, con doce de los suyos
—polvo, sudor y hierro— el Cid cabalga.

El eje está en el verso 26, que transforma el verso 47 del *Poema del Cid* en endecasílabo:

47   Cid, en nuestro mal   vos non ganades nada.

También ha mantenido Manuel la asonancia en *á-a*, pero no el metro épico; en todo caso, la libre alternancia de heptasílabos y endecasílabos acaso pudiera considerarse como una aproximación a una libertad métrica, aún en discusión por entonces. De todas maneras, el suelto curso del poema, con la variedad de heptasílabos y endecasílabos, los encabalgamientos y paréntesis, así como los puntos suspensivos abundantes, muestran una riqueza versificatoria en la línea de la libertad.

Antes y después del verso 26, Manuel Machado recrea la situación interpretando libremente la serie 4 del *Poema*. Obsérvese que la parte del *Poema* que es el motivo de la obra de Machado corresponde a una

ALVAR-FAÑEZ · RETRATO

Muy leal y valiente es lo que fué Minaya
Por eso del se dice su claro nombre, y basta.
Hería en los mas fuertes haces y de mas lanzas
y hasta el codo de sangre de moros chorreaba.
el caballo sudoso, toda roja la espada.....
Cuando Ruy le ofrecía su quinta en la ganancia,
tornabase enojado, ni un dinero aceptaba.
fué embajador del Cid á Alfonso por la gracia...
mas todos sus discursos fueron estas palabras:
"Ganó a Valencia el Cid, Señor, y os la regala".
...Deste buen caballero aqui el decir se acaba.
de Minaya Alvar-fañez quien quiera saber mas
lea el grande poema que fizo Per Abad
de Rodrigo Ruy Diaz Myo Cid, el de Vivar.
          Manuel Machado.

*«Alvar-Fáñez. Retrato», tal como aparece en la página en que recoge esta
poesía la revista «Blanco y Negro» (13 de febrero de 1904).*

serie completa, pero muy libremente interpretada. Le importa el contraste entre el paisaje, Castilla, que se ha subido al título de la poesía,
el héroe y los suyos, y la niña. No se sabe en la poesía de Machado
dónde está la posada; la presencia de Burgos y sus gentes desapareció. El Cid va por Castilla, y la región aparece señalada por un verso
rotundo:

6 y 32 Por la terrible estepa castellana

El verso se repite dos veces porque constituye el marco paisajístico de la composición; por arriba, resume los primeros cinco versos;
por abajo, encauza la terminación. El poema insiste en estas reitera-
ciones, que, en cierto modo, son paralelas con el Poema antiguo, en el
que las penas del rey para el que diese posada al Cid también se repiten. Los elementos argumentales de la obra de Machado están contenidos en el *Poema* medieval; más adelante veremos que el proceso
de selección de los mismos ha sido guiado por un criterio poético que
busca determinados efectos. El cuidadoso comentario establecido por
Alfredo Carballo me evita proseguir en el análisis, que haré en forma
más minuciosa en las restantes poesías de los «Primitivos».

2. COMENTARIO DE «ALVAR-FÁÑEZ»

La base filológica

> Muy leal y valiente es lo que fue Minaya;
> por eso dél se dice su claro nombre, y basta.
> Hería en los más fuertes haces y de más lanzas,
> y hasta el codo, de sangre de moros chorreaba;
> 5 el caballo, sudoso; toda roja la espada...
>
> Cuando Ruy le ofrecía su quinta en la ganancia,
> tornábase enojado; ni un dinero aceptaba.
> Fue embajador del Cid a Alfonso por la gracia...
> Mas todos sus discursos fueron estas palabras:
> 10 «Ganó a Valencia el Cid, Señor, y os la regala.»
>
> ... Desde buen caballero, aquí el decir se acaba;
> de Minaya Alvar-Fáñez, quien quiera saber más,
> lea el grande poema que fizo Per Abad
> 14 de Rodrigo Ruy Díaz Myo Cid, el de Vivar.

Este poema tiene como asunto el «retrato» de Alvar-Fáñez, el buen
caballero, valedor y amigo del Cid. El «Retrato» busca sus elementos
de composición directamente en el *Poema del Cid*. En este caso, lo
que acabo de decir para el comentario de «Castilla» vale como punto de partida. Y aun diré que con mayores motivos. En esta poesía,
la preparación filológica que la edición por Menéndez Pidal supuso del

Poema, actúa con mayor eficacia; Manuel Machado cuenta con ella, y se ha de empeñar en ella. La cuestión no dejaría de resultarle ardua, porque tiene conciencia de que su formación filológica es endeble. Como figura en el expediente académico que reseñé antes, había sido suspendido una vez en Literatura, y de esto hablaría [1] en la difícil circunstancia de la guerra, en el discurso de ingreso en la Academia: «y sólo un suspenso, muy merecido por cierto, en Literatura General y Española. En verdad os digo que ni entonces, ni ahora, podría yo decir mucho del *Lucidario* y *El libro de los Castigos* de don Sancho el Bravo, que me tocaron en suerte» [2]. Hemos de ver que este juicio es acertado, pues en su poesía medievalizante existen errores filológicos. Sin embargo, hay que decir que tenía un motivo poderoso para atreverse con esta clase de obras aun reconociendo su poca base; en compensación, el poeta poseía una formación humana, de índole cultural, que supliría esta falta; a veces la experiencia intelectual llega por otra vía que la erudición.

Para que se aprecie el proceso de elaboración de esta poesía, tan diferente de «Castilla», compararé los versos del poema medieval con la poesía de Machado.

Relación entre el poema moderno y el texto antiguo

Estableceré aquí las relaciones entre el texto antiguo y el poema moderno:

a) Sintagmas acondicionados:

«Alvar-Fáñez»   4   y, hasta el codo, de sangre de moros chorreaba; [3]
Poema del Cid 501   e por el cobdo ayuso   la sangre destellando,

Y también en 781 (intensificado por la mención «sangriento trae el brazo», del verso anterior 780) y 2453, referido a Alvar-Fáñez, y 2453, al Cid. Es uno de los tópicos bélicos más expresivos del *Poema*, que se aplica al Cid y a Alvar-Fáñez; Manuel Machado elige el trazo caracterizador más acusado de la valentía en el segundo héroe del *Poema* [4].

*   *   *

«Alvar-Fáñez»   3   Hería en los más fuertes haces y de más lanzas,

---

1. Y no está muy claro el motivo, como no sea para que no le tuvieran por erudito en un tiempo poco propicio para el lucimiento de los afanes intelectuales.
2. M. MACHADO, J. M. PEMÁN, *Unos versos, un alma y una época*, ob. cit., página 51.
3. Los números que preceden a las citas del *Poema del Cid* se refieren a los versos en la numeración de Menéndez Pidal.
4. Véase EDMUND DE CHASCA, *El arte juglaresco en el «Cantar de Mio Cid»*, Madrid, Gredos, 1967, p. 209.

Las referencias a la audacia de Alvar-Fáñez están presentes en el *Poema:*

Poema del Cid	757	Cavalgó Minaya, el espada en la mano,
		por estas fuerças fuerte mientre lidiando,
	778	A Minaya Albar Fáñez bien l'anda el cavallo,
		daquestos moros mató treínta e quatro;
	2451	de los colpes de las lanças non avie recabdo;

La mención del término «haz» está usada en el sentido que se desprende del verso 707 (en boca de Per Bermúdez; dirigiéndose al Cid):

707   Vo meter la vuestra seña   en aquella mayor az.

* * *

«Alvar-Fáñez»	5	el caballo, sudoso; toda roja la espada
Poema del Cid	1753	Veedes el espada sangrienta e sudiento el ca-[vallo.

b)   Referencias a episodios del *Poema:*

«Alvar-Fáñez»	6	Cuando Ruy le ofrecía su quinta en la ganancia,
	7	tornábase enojado; ni un dinero aceptaba.

Poema del Cid	491	—Esso con esto sea ajuntado, e de toda la ga-[nançia
		dovos la quinta, si la quisiéredes, Minaya.
		—Mucho vos lo gradesco, Campeador contado.
		D'aqueste quinto que me avedes mandado,
		pagar se ya delle Alfonsso el Castellano.
	495	Yo vos lo suelto e avello quitado.

* * *

«Alvar-Fáñez»   8   Fue embajador del Cid a Alfonso por la gracia...

Las embajadas son tres (813, 1271, 1808) y Manuel Machado deja la oración sin terminar para que se entienda que lo fue por la gracia... que solicitaba el Cid, vasallo con respecto al rey, pero señor de sus hechos. Es posible que el poeta recoja la fórmula de las monedas de un duro de la época: «Alfonso XIII, por la gracia de Dios.»

* * *

«Alvar-Fáñez»	9	Mas todos sus discursos fueron estas palabras:
	10	«Ganó a Valencia el Cid, Señor, y os la regala.»

Propiamente esto no es cierto; Alvar-Fáñez fue más explícito en sus «discusiones»: así, en la primera embajada su discurso ocupó los versos 875-880 y 895-897; en la segunda, los números 1321-1339 y 1351-1354; y en la tercera, Alvar-Fáñez y Pero Bermúdez, a la par, los números 1845-1854.

La expresión «ganó a Valencia» procede del verso 1212 del *Poema:*

> 1211   Grandes son los gozos   que van por es logar
> 1212   guardo mio Çid *gañó a Valencia*   e entró en la
>   [cibdad

Y fue corroborada en el verso 1327: «ganada a...», en relación con el 1331. No le regala la ciudad de Valencia en la tercera embajada, sino doscientos caballos (1813); ya lo había dicho Alvar-Fáñez: el Cid «de Valençia es señor» (1331); y más adelante el propio Cid dice: «yo ffincaré en Valençia,   ca la tengo por heredad» (1472).

*   *   *

«Alvar-Fáñez»   13   lea el grande poema que fizo Per Abad
                      14   de Rodrigo Ruy Díaz Myo Cid, el de Vivar.

Estas referencias no se corresponden exactamente con fragmentos del *Poema:* el término *poema* no es del texto antiguo, sino el título que le había dado Tomás A. Sánchez en su edición de 1779, y que Menéndez Pidal había mantenido para estas ediciones de 1809 y 1900 [5]. La indicación de Per Abad corresponde al *explicit* del códice, pero no indica que lo «fizo», sino que lo «escrivió». La acumulación de títulos del verso 14 resulta anómala: Rodrigo (como «don Rodrigo» en el *Poema,* 911, 1028 y 1302) es lo mismo que Ruy; el grupo «Ruy Díaz Mío Cid, el de Vivar» procede del grito de guerra con que el héroe anima a los suyos:

> 1139   feridlos, cavalleros,   d'amor e de voluntad,
> 1140   ca yo so *Roy Díaz,*   *mio Çid el de Bivar!*

Probablemente, Manuel se dio cuenta de la anomalía, pues en la edición de 1907 cambia el verso por este otro:

> de Myo Cid Rodrigo Díaz, el de Vivar.

Arcaísmos del poema de Machado

Manuel Machado usa en el poema los siguientes arcaísmos:
dél (2): la forma contracta *de él* es común en la grafía del *Poema.*
deste (11): lo mismo con *de este* [6].

---

5. En la siguiente (1908) prefirió el título de *Cantar de mio Cid* para su gran edición del texto, gramática y vocabulario, si bien persistió el de *Poema del Cid* para la de «Clásicos Castellanos» (1913).
6. *Cantar de mio Cid,* ed. R. Menéndez Pidal, Madrid, Espasa-Calpe, 1944, I. p. 199, párrafo 44, 1.

el grande poema (13): *grande*, sin apócope, se usa en el *Poema* lo mismo que con él: «grande duelo» (22); la forma divergente del uso actual se siente como arcaísmo [7].

fizo (13): forma arcaica, usada en el *Poema* por *hizo*. La conservación de f- es la más patente señal de arcaísmo de la lengua castellana, apoyada por las resonancias del habla de los libros de caballerías, que alcanza la «fabla» de don Quijote.

El léxico procede, en parte, del *Poema del Cid: leal, valiente, claro* (pero no junto a *nombre*), *nombre, herir* («acometer», en la expresión *ferir en el az), haz* (pero no junto a *fuerte), fuerte, lanzas, codo, sangre, moros, caballo sudoso (sudiento el cavallo*, con sufijo *-entu*, como en *sangriento), espada* (pero no *roja*, sino *sangrienta), quinta, ganancia, tornábase* (pero no *enojado), dinero, gracia, mas, palabras, ganó, señor, buen, caballero, acaba, quien quiera* (antiguo *quiquier* o *quesquier), saber, más, grande, fizo* [8]. En cuanto a homónimos y topónimos, todos se encuentran en el *Poema del Cid*, salvo que *Ruy* no se emplea solo, sino *Ruy Díaz*, y la duplicación *Rodrigo-Ruy* (14).

Métrica del Poema desde el punto de vista de su arcaísmo

La más clara manifestación de la voluntad de estilo arcaizante en el aspecto métrico la ofrece la asonancia del poema en *á-a* hasta el verso 11; es la tercera en frecuencia en el *Poema* [9]. En el punto en que en este verso el poeta escribe «... el decir se acaba», cambia la asonancia a *-á*. ¿Quiso imitar la irregularidad estrófica de la serie pasando a otra asonante? Pero resulta que Manuel Machado había dividido el poema en tres partes. Y los cuatro versos finales constituían la tercera. ¿Fue una mala comprensión del fenómeno de la *-e* paragógica?; *á-[e]* no podía alternar con *á-a*.

Lo que no coincide con el *Poema* antiguo es la constitución métrica de los versos, que hoy generalmente se tienen por anisosilábicos. Sin embargo, en 1904 la cuestión no estaba tan manifiesta. El problema de la medida de los versos del *Poema* era muy discutido en el fin de siglo. En 1896, Menéndez Pidal estudiaba la leyenda de los Infantes de Lara con el supuesto de que los versos del poema perdido pudieran haber sido octosílabos: el primer Cantar, según esta temprana opinión, luego rectificada, «componíase de más o menos largas series monorrimas de versos, de los cuales no consta el número de sílabas; no puedo creer que fuese irregular y vario, como sucede en el manuscrito del *Poema del Cid*, y para mí la duda sólo cabe entre si estos ver-

---

7. *Cantar de mio Cid*, ed. cit., I, p. 205, párrafo 49, 1; Real Academia Española, *Esbozo de una nueva gramática de la lengua española*, Madrid, Espasa-Calpe, 1973, p. 194, 2.4.7, con los varios matices del uso. El propio Machado escribió: «un grande círculo» (M. MACHADO, *Prosa, El amor y la muerte*, ed. cit. de J. L. Ortiz de Lanzagorta, p. 38).
8. Por orden de su aparición en el poema de Machado.
9. *Cantar de mio Cid*, ed. cit., I, p. 123, párrafo 40, 7.º

sos tenían 7 + 7 sílabas u 8 + 8. Me parece más probable lo segundo,
a juzgar por la mayoría de los hemistiquios conservados en la prosa de
la Crónica» [10]. La opinión de que el metro de fondo, el pretendidamen-
te original, fuese el alejandrino, circuló desde Federico Diez, bien solo
o alternando con otras medidas [11]. La aceptación del módulo del alejandrino tenía este fundamento aceptable desde un punto de vista filológico, si se admitía que el poeta moderno regularizaba los pretendidos «defectos» de medida del texto épico conservado.

La modernidad del poema

La obra de Manuel Machado no pretende ser un pastiche intras-
cendente, una especie de capricho de poeta-filólogo. Las indicaciones
precedentes señalan, en efecto, una relativamente intensa contribución
del fondo antiguo en la elaboración del poema moderno. Por de pronto, en el marco de la parte de los «Primitivos», el «Retrato» de Alvar-
Fáñez se reúne en un segundo lugar junto a «Castilla», evocación del
Cid. El primero y el segundo de los héroes del *Poema* se hallan así
evocados ordenadamente. En «Castilla» se había renovado un episodio
del *Poema* con unidad de serie; «Alvar-Fáñez» es un «retrato», como
declara el poeta. La técnica «pictórica» es evidente en cuanto a que
el poeta recoge una serie de trazos, que proceden de la obra medieval.
La adaptación se verifica, sin embargo, teniendo en cuenta que el lector de la obra no ha de ser un filólogo, sino el comprador imprevisi-
ble de una revista ilustrada, «Blanco y Negro», para la cual fue escrita la poesía; esta revista viene manteniendo un determinado sentido
de comunicación con un público establecido en la zona social de la
burguesía culta. Y además es muy importante prever que el texto no
se presentaría con la letra de imprenta común a las publicaciones
poéticas de la época, sino interpretado por un artista dibujante, José
Arija, en una composición de conjunto: el dibujo y el texto en letra
gótica constituían así una unidad inseparable de índole estética. Sobre sus efectos y procedencia trataré en otra parte de este libro. Aquí
sólo me toca indicar esta unidad artística, que condiciona el «estilo»
del texto, y que condiciona una obra, en cuya creación confluyen, a
un tiempo, dibujo y palabra.

Otra cuestión subraya la modernidad de la poesía, y es la métrica
usada por Manuel Machado, que son dos series asonantes de versos
constituidos por dos hemistiquios 7 + 7, con cesura intensa [12]. Frente
a la relativa libertad métrica de «Castilla», en este caso la uniformi-
dad rigurosa se impone. La adopción del alejandrino era posible por

10. RAMÓN MENÉNDEZ PIDAL, *La leyenda de los Infantes de Lara*, Madrid, H. de
Ducazcal, 1896, p. 415. Véase la cuestión expuesta en *Cantar de mio Cid*, ed.
cit., I, pp. IX y 82, n. 2.
11. Véase la exposición del asunto en el *Cantar de mio Cid*, ed. cit., pp. 78-
83, párrafo 25.
12. Obsérvese en el verso 11 la separación «Deste buen caballero | aquí el
decir se acaba».

un motivo de regularización sobre la base del heptasílabo considerado como verso épico. La cesura intensa sirve para imitar el avance bipartito del conjunto del verso del cantar de gesta [13]. Sin embargo, cabría pensar que en esto habría intervenido el caso del poema de Rubén sobre «Las cosas del Cid», que comienza «Cuenta Barbey, en versos que valen bien su prosa...», de análoga constitución al verso del poema de Barbey d'Aurevilly, que Rubén declara como motivo del suyo. El poema de Rubén está organizado en pareados consonantes, diferentes de la rima asonante de la obra de Manuel Machado.

Un efecto puede apreciarse en cuanto a la disposición de la doble regularización sobre la base del heptasílabo considerado como verso rima asonante -á-a y -á: Manuel nos ofrece en su poesía una estructura en cierto modo paralela a la del *Poema del Cid*. El cuerpo del poema encierra el contenido épico (versos 1-10), y va seguido de un a modo de *explicit* (versos 11-14), que en el caso moderno es una recomendación a la lectura de la obra de origen: la gesta de Rodrigo de Vivar. Para compensar la brevedad del cuerpo del poema, Manuel Machado prodiga el uso de los puntos suspensivos, que son así un indicativo de las partes interiores del mismo: 1.º Rasgos de valentía del héroe (versos 1-5); 2.º relaciones con el Cid (versos 6-8); 3.º el discurso (versos 9-10); 4.º con los puntos suspensivos al principio para indicar los cortes habidos, el *explicit* (versos 11-14). Hay, pues, una rigurosa contextura de desarrollo, señalada por las dos rimas y los puntos suspensivos. Pero Manuel, regularizando la medida, hispaniza la rima, y ofrece la asonancia épica y aun la imitación de las series. Las otras notas señaladas en cuanto al léxico, a la acomodción de expresiones tópicas y al uso consciente de grafías medievales, contribuyen a que resulte más intenso el medievalismo del conjunto. Sin embargo, no existe en este caso la función de la intuición poética que en «Castilla» rehace a la manera moderna una impresión que aún permanece fresca en el texto antiguo. Manuel Machado, contando con el marco artístico que en la impresión del poema rodea la «letra», prefiere dar al retrato un aire más español, más castizo, exagerando la altanería del Alvar Fáñez con el rey Alfonso VI; no es propiamente adecuado decir que Alvar Fáñez se enoja con el Cid al no admitir el quinto ni disponer que hable así a Alfonso, a quien el Cid honra, tampoco que el Cid regale Valencia al rey. ¿Fue acaso en el poeta la sombra del Cid y de otros héroes del Romancero la que sacó a Alvar-Fáñez de sus casillas de caballero respetuoso? Manuel Machado no quiso ceñirse estrictamente a la fuente de los datos, aquí evidente. El retrato subraya este aspecto altanero, de hombre de hechos y pocas palabras, el mejor de los combatientes del Cid, enemigo de moros. Las dos expresiones «... y basta» (2) y «... y os la regala» (10), apoyadas en el uso de esta conjunción *y*, de orden conversacional aquí, denotan el caso, rompiendo incluso el bloque del heptasílabo correspondiente. Y en el centro

---

13. Salvo en el 3.º: «Hería en los más fuertes haces y de más lanzas». Pero situaciones de esta naturaleza son posibles en el *Poema del Cid*, como nota R. Menéndez Pidal en su edición *Cantar de mio Cid*, I, pp. 87-88, párrafo 27.

GLOSA

Ya están ambos á diestra del Padre deseado,
los dos altos varones, el chantre y el cantado:
el gran Sancto Domingo de Silos venerado
y el maestro Gonzalo de Berceo nombrado.

Yo veo al Santo como en la sabida prosa
hecha en nombre de Cristo y de la Gloriosa,
la color amarilla, la marcha fatigosa,
el cabello tirado, la frente luminosa.

Y á su lado el poeta, romeo peregrino,
sonríe á los de ahora, que andamos el camino,
y el galardón disfruta de su claro destino:
una palma de gloria y un vaso de buen vino.

Manuel Machado

La «Glosa» de Manuel Machado a Berceo en la revista «Blanco y Negro».

del *Poema* aparece incrustada parte de la fórmula habitual de las monedas de a duro, con la imagen del rey niño y joven, «Alfonso XIII por la gracia de Dios». Y la polisemia de *gracia* se dispara como un cohete que está a punto de romper la dignidad del conjunto: *gracia* es el perdón que el Cid espera de su rey, pero la *gracia* es algo más para este andaluz que enreda en la parcial fórmula monetaria una disparidad radical de tópicos y la resonancia del término en la vida cotidiana. Sin embargo, la disposición paralela al *Poema del Cid*, con sus dos partes: la exposición (incompleta, claro es, pues el espacio de ocho versos no da para más) y el *explicit* hacen pensar en un propósito didáctico, el de que los nombres heroicos y las obras de una Historia se conozcan mejor entre los lectores de la revista «Blanco y Negro». El poeta Manuel Machado bien pudo reunirlo todo en esta pieza poética, pues para eso era poeta que sabía el oficio con gracia de Dios.

3. COMENTARIO DEL «RETABLO» O «GLOSA» DE BERCEO

La base filológica   RETABLO

       Ya están ambos a diestra del Padre deseado,
     los dos santos varones, el chantre y el cantado:
     el Grant Santo Domingo de Silos venerado
     y el [maestro] Gonzalo de Berceo [nomnado].
5   Yo veo al Santo como en la sabida prosa
     fecha en nombre de Christo y de la Gloriosa:
     la color amariella, la marcha fatigosa,
     el [capillo] tirado, la frente luminosa...
       Y, a su lado, el poeta, romeo peregrino,
10   sonríe a los de ahora que andamos el camino,
     y el galardón nos muestra de su claro destino:
     una palma de gloria y un vaso de buen vino.[1]

El procedimiento usado para el poema «Alvar-Fáñez» vale aquí otra vez, sólo que aplicado al mester de clerecía. En este caso el «Retablo» tiene como base la *Vida de Santo Domingo de Silos*, de Gonzalo de Berceo[2].

1. Como puede verse en la ilustración que reproduce la página de «Blanco y Negro», en su primera impresión la poesºa presenta las variantes: 2: *altos;* 3: *sancto;* 4: *maestro;* 4: *nombrado;* 6: *hecha;* 6: *Cristo;* 7: *amarilla;* 8: **sin** los puntos suspensivos; 11: *disfruta.* La edición de *Alma. Museo. Los Cantares* tiene en el verso 4 *nommado,* tal como había aparecido en *Caprichos,* y que rectifico de acuerdo con la grafía medieval; además, el título aparece cambiado, pues en las anteriores ediciones se llamó esta poesía *Glosa.* Las rectificaciones que hago se justifican en las páginas siguientes.
2. La fecha de aparición de la poesía me hace pensar que su motivo fuese la edición crítica que de esta obra hizo John D. Fitz-Gerald en el mismo año en que aparece la obra de Manuel *La vida de Santo Domingo de Silos.* Edition critique publiée par John D. Fitz-Gerald, París, E. Bouillon, 1904 (vol. 149 de la Bibliothèque de l'Ecole des Hautes Etudes). De todas maneras, la vieja edición de F. Janer en la «Biblioteca de Autores Españoles», LVII, pp. 39-64, siempre quedaba a mano.

El resultado de la confrontación parece paralelo al que ofreció el poema anterior. Sin embargo, Manuel Machado se aparta más del sentido antiguo, y su obra es más bien una *glosa* (como se había titulado la obra), pero intencionada para llegar a un fin sorprendente en el segundo hemistiquio del verso final. La versión está planteada siguiendo el patrón de la pintura de los retablos medievales; pensando en una hipotética visión del cielo, el santo y el cantor están a la diestra del Padre, porque ese es el lado en que se encuentran los justos en textos que se refieren a la suerte del mundo futuro: el propio Berceo había escrito en su obra *Los signos que aparecerán antes del Juicio:*

> serán puestos los justos   a la diestra partida
> los malos a siniestro,   pueblo sines medida;
> el Rey será en medio   con su az revestida... [3]

Y las ilustraciones del Juicio final de los pintores así lo mostraron en tantas ocasiones, que esta partición es un lugar común de la Cristiandad. La constitución equilibrada del poema es clara, y viene apoyada por los ejes verbales de los pronombres articulados del sintagma: la primera estrofa pertenece al relato objetivo (impersonalidad); la segunda está montada sobre el *yo* del poeta Manuel en actitud contemplativa hacia el santo; y en la tercera, prosiguiendo la descripción, Berceo sonríe a los hombres de hoy, aludidos en el implícito *nosotros*, que reúne el yo del poeta con los otros que con él *andan el camino*.

La organización, pues, puede considerarse establecida de esta manera:

1.ª est.

1 [ellos] están	a la diestra del Padre	relato
2 los dos santos varones	*chantre* y *cantado*	objetivo
(A + B)	[Berceo] [Sto. Domingo]	(impersonal)
	B A	

3—Santo Domingo
A

4—Gonzalo de Berceo
B

* * *

2.ª est. estrofa en la que Manuel contempla y describe a Santo Domingo   desde el *yo* contemplativo
A

* * *

2.ª est. estrofa dedicada a Berceo que enlaza con «los de ahora» y les muestra su ejemplo   cerrando hacia el *nosotros* [yo + los lectores actuales del poeta]
B

---

3. GONZALO DE BERCEO, *Los signos del Juicio final.* Ed. Brian Dutton, Londres, Tamesis Books, 1975, tomo III de las *Obras Completas*, p. 125, estrofa 25.

Esta repartición de los dos elementos poéticos que son la armadura del poema se refuerza con el carácter bipartito, propio del verso alejandrino, claramente manifiesta en los versos 2, 7 y 8, y que culmina en elverso 12, final y cierre del poema. El ritmo del poema en su desarrollo se corresponde con el equilibrio hierático de las pinturas primitivas, y esta disposición de aire medieval sostiene el poema hasta el segundo hemistiquio del verso final, que es la clave del poema.

Relación con el autor antiguo

Como en el caso anterior, los materiales de la *Vida* están claros:

«Retablo» 4   y el maestro Gonzalo de Berceo nomnado

Propiamente, en este caso, el esquema paralelo del verso antiguo no pertenece a la *Vida,* sino a los *Milagros:*

Milagros 2   Yo maestro Gonçalo   de Verceo nomnado [4]

El verso correspondiente en que Berceo se nombra a sí mismo en la *Vida* es:

757   Yo, Gonçalo por nomne,   clamado de Berceo. [5]

* * *

La comparación de la tercera estrofa en que el poeta antiguo y el moderno se emparejan en el camino de la romería procede de los *Milagros:*

17   todos somos romeos   que camino andamos

* * *

«Retablo» 6   fecha en nombre de Christo y de la Gloriosa
Vida   1   e de Don Jesu Cristo,   fijo en la gloriosa

* * *

«Retablo» 7   la color amariella   ...
Vida   86   la color amariella,   como omne lazrado

* * *

4. GONZALO DE BERCEO, *Los milagros de Nuestra Señora,* Ed. Brian Dutton, Londres, Tamesis Books, 1971, tomo II de las *Obras Completas,* p. 29. Los números que preceden a las referencias de Berceo indican el de la estrofa, y los textos proceden de las obras citadas.
5. GONZALO DE BERCEO, *Vida de Santo Domingo de Silos,* Ed. de T. Labarta, Madrid, Castalia, 1973, p. 206.

```
«Retablo»  8   el cabello tirado    ...
Vida      86   el capiello tirado   ...
```

*   *   *

```
«Retablo» 12             ...  y un vaso de buen vino
Vida       2   Bien valdrá, como creo,  un vaso de bon vino
```

*   *   *

```
«Retablo» 12   una palma de gloria
Milagros 603   Grado al Padre Sancto   e a Sancta María.
               Ya vestides la palma    de vuestra romería
```

Daniel Devoto comenta así el vocablo *palma:* «La palma es la 'victoria del mártir'; vestirla es traslaticiamente 'haberla alcanzado'; vale por llevarla, como la llevan los mártires en la iconografía cristiana.» [6].

Arcaísmos del poema de Machado

En su caso usa los siguientes arcaísmos en la grafía:

grant (3): ya lo usó en el anterior, y aquí imprime con la consonante final ensordecida, como es frecuente en los manuscritos medievales.

nomnado (4): hemos visto que tomó la palabra directamente de la estrofa segunda de los *Milagros*, en donde rima con *prado-poblado-cansado,* como aquí con *deseado-cantado-venerado.* En la versión inicial de «Blanco y Negro» aparece la forma de *nombrado.*

prosa (5): el sentido se acomoda a la significación medieval de 'poema' tal como lo usa el propio Berceo en el hemistiquio final de la estrofa primera de la *Vida de Santo Domingo,* reiterando la expresión en el primer hemistiquio de la segunda:

de un confessor santo   quiero fer una prosa [7].

fecha (6): es un caso análogo al *fizo* del poema anterior: la *f-* es la forma más manifiesta de colorear de medievalismo el texto.

Christo (6): es grafía común de la palabra en textos medievales.

la color (7): el uso del artículo femenino era frecuente en la Edad Media cuando indicaba, como aquí, el color de la cara.

amariella (7): así usado por Berceo; en «Blanco y Negro», la forma moderna.

romeo (9): es la forma primera del vocablo (< bajo latín *romaeus)* [8], que se encuentra en los manuscritos más antiguos de Ber-

6. GONZALO DE BERCEO, *Los milagros de Nuestra Señora,* prólogo y edición modernizada de Daniel Devoto, Valencia, Editorial Castalia, 1958, p. 239.
7. JENARO ARTILES, *Los recursos literarios de Berceo,* Madrid, Gredos, 1968, pp. 13-14.
8. JOAN COROMINAS, *Diccionario crítico etimológico de la lengua castellana,* Madrid, Gredos, 1954, IV, p. 56, s. v. *romano.*

ceo. El propio poeta (o los correctores de las otras ediciones) prefirió la forma *romero*, también usada en otros textos de Berceo, que se hizo común.

Una especial indicación hay que hacer del hemistiquio «el cabello tirado»; no es propiamente *cabello*, como se ha visto en la expresión paralela, sino *capillo* (o *capiello*), 'capuchón de fraile' (< latín vulgar *cappellus*). ¿Es error del poeta o errata que desde la primera edición se mantiene por inadvertencia?

Otro tanto hay que decir de *maestre*, que es *maestro* en el texto de Berceo; en este caso, cabe que Manuel Machado haya usado la forma *maestre* por su aparente arcaísmo, pero el significado no concuerda, porque *maestre* se empleó en acepciones de orden caballeresco, náutico, etc. [9]; sin embargo, en la versión primera de «Blanco y Negro» había empleado *maestro*.

Sobre otros aspectos del léxico hay que decir:

venerado es palabra muy posterior; el verbo lo registra Percivale en 1591, y *venerable* y *veneración* en Alonso de Palencia.

cantado: no está usado en Berceo en el sentido de alabado en poemas, que son cantos poéticos, pero no necesariamente musicales.

chantre: no está en el vocabulario de Berceo, pero sí en las *Partidas* de Alfonso X y en Juan Ruiz como 'cantor'.

Métrica del poema

En este caso, no hay duda de que Manuel Machado reproduce el verso alejandrino del mester de clerecía, con su estrofa cuatrimembre monorrima, en consonante; la cesura intensa está también patente. El aspecto general de imitación del primitivo autoriza desde dentro del poema este uso métrico, que veremos que coincide con el auge que puede proceder de su imitación a través de los modernos poetas franceses.

La modernidad del poema

Analizados los elementos arcaizantes del poema de Machado, pondré de relieve su intención de modernidad. Desde el pasado, a través de la realización de esta *Vida* del Santo, Berceo «sonríe a los de ahora, que andamos el camino»; este *nunc* e *hic* se asegura en la vida del poeta a través de la imagen de la peregrinación por la vida. La expresión en Berceo recoge el sentido simbólico de concebir la vida como una peregrinación en romería, que acaba con la muerte, que es una liberación para el cristiano, tal como dice en la Introducción a los *Milagros*:

> 18   la nuestra romería   estonz la acabamos,
>   quando a Paraíso   las almas enviamos.

9. J. COROMINAS, *Diccionario crítico etimológico...*, ob. cit., III, p. 186, s. v. *maestro*.

Para el poeta moderno, «andar el camino» es vivir, pero la expresión carece de la resonancia teológica del poeta medieval y tiene, sin embargo, la amarga significación de sentir la conciencia de una vida que se pasa; y más en el caso de la existencia de Manuel en estos años de su vida. La sonrisa del viejo poeta es comprensión, y así muestra el galardón de su destino: la palma de gloria, en una mano, como tantas imágenes religiosas, y en la otra, el vaso de buen vino. La intención de Berceo es bien clara para el público medieval de sus poemas: él se finge juglar precisamente en esta *Vida de Santo Domingo* y pide un vaso de vino como los juglares verdaderos porque el tópico se articulaba con otras expresiones en el conjunto del libro; así el poeta letrado se dice juglar de Dios:

289   cuyos [de Dios] joglares somos   él nos deñe guiar.

Berceo escribe un relato del Santo, que menciona así, con el mismo término que el juglar da a los sucesos del héroe:

754   la gesta del conféssor   en cabo la tenemos.

Pero esto no impide, como es sabido, que la petición juglaresca se espiritualice:

760   En gracia vos lo pido,   que por Dios lo fagades,
        de seños Pater Nostres   que vos [el oyente] me acorrades,

Berceo se vale conscientemente de un artificio literario para así acercarse a sus oyentes y que estos le oigan con la atención que ponen en la audición de la obra juglaresca.

Pero la intención de Manuel Machado es distinta: el vaso de buen vino para él es signo de liberación poética, a través de un concepto de la vida bohemia, que siente profundamente en esta situación de la vida. Beber el vaso de vino es una afirmación de su personalidad y, al mismo tiempo, de su condición de español. Frente al ajenjo, el licor de la bohemia finisecular, y el cocktail y el whisky, la bebida de los comienzos de siglo, de la que Rubén abusa en tantas ocasiones, el vaso de buen vino es una señal de españolía y, a la vez, de linaje en la bebida, si esto cabe. Si Berceo, el lejano poeta medieval, pedía un vaso de buen vino, su eficacia como pago de los buenos versos es la misma para el poeta actual; si sonríe Berceo con la palma de gloria (para él, divina), lo mismo hace el poeta de hoy, al que si no llega la palma de gloria (en este caso, literaria), sí puede hacerlo el vaso de buen vino, como a cualquier español del pueblo, que con él a lo menos anima la vida que pasa, «el camino que andamos», que dice el poeta, y con él las penas son —o parecen ser— menos [10].

---

10. «Más sibaritas, nosotros, los parisienses, apuramos los lentos ajenjos —que duran toda la tarde— alrededor de un elegante velador y repantingados en los divanes de peluche.» («La última balada de Oscar Wilde», en M. MACHADO.

A pesar de parecer esta poesía un juego de artificio filológico-poético, se le quedó en la memoria a Juan Ramón Jiménez, que en un apunte de la personalidad de Manuel como autor de *Alma*, escribe: «De toda su poesía se desprende esta bella sentencia: olvidarlo todo por una mujer o por un vaso de vino.» [11].

4. COMENTARIO DE «DON CARNAVAL»

El poeta enhebra motivos de Juan Ruiz

DON CARNAVAL

Vino en jarra... Picardía
y alegría... Don Carnal,
como ahora nada sage,
viste un traje medioeval.

5   Pardas tierras, ancho llano,
tan liviano en su verdor,
que a tenderse en él convida
y a la vida, y al amor.

Dame un trago de tu vino,
10   ¡oh divino Juan Ruiz!
Y tu sin melancolía
picardía nazca en mí.

Porque cante sólo el hombre,
sin más nombre. Y la mujer,
15   sin más norte ni deseo
ni otro empleo que querer.

Riámonos del que goza,
mozo o moza... Su furor
es ridículo. Y violento
20   el momento del amor.

Mas nosotros, que burlamos,
no evitamos su poder.
... Y ahora son a reír los otros,
y nosotros a querer.

Prosa, en el libro *El amor y la muerte*, ed. cit. de J. L. Ortiz de Lanzagorta, p. 39.)
11. JUAN RAMÓN JIMÉNEZ, *La corriente infinita (crítica y evocación)*, Ed. de Francisco Garfias, Madrid, Aguilar, 1961, p. 42.

25   Y doña Trotaconventos
en sus cuentos lo contó...
Que ella, aunque ya vieja y seca,
si hoy no peca..., ya pecó.

Manuel Machado, en el caso de esta poesía, se sitúa a la sombra
de un gran escritor medieval. La materia poética que en esta ocasión
entra en juego es el poema más cumplido del mester de clerecía, el
Libro de Buen Amor, de Juan Ruiz, Arcipreste de Hita. Para este caso
el poeta moderno eligió procedimientos diferentes de los usados antes;
así, apenas se vale del fácil recurso de los medievalismos léxicos, y su
poesía es cifra reducida de algunos de los numerosos motivos que se
reúnen en el *Libro de Buen Amor:* el primero es el vino, del que resulta una actitud pícara y alegre ante la vida, cuyo fin es el amor en
un sentido sexual, fuerza de un universal panerotismo, todo ello en el
ámbito del desenfreno carnavalesco.

El poeta elogia el vino y el amor. Su interpretación del *Libro de
Buen Amor* se apoya en la opinión de la crítica literaria más común
en su tiempo, que es la manifestada por Menéndez Pelayo en la *Antología de poetas líricos castellanos* [1]. Un párrafo de la misma puede
servir de motivo a la poesía de Machado; según Menéndez Pelayo, el
Arcipreste «fue un cultivador del arte puro, sin más propósito que el
de hacer *reír* y dar rienda suelta a la *alegría* que rebosaba en su alma
aun a través de los hierros de la cárcel; y a la *malicia picaresca,* pero
en el fondo muy indulgente, con que contemplaba las *ridiculeces* y
aberraciones humanas, como quien se reconocía cómplice de todas
ellas [2]. He subrayado intencionadamente las cuatro expresiones que
tienen su paralelo en Manuel Machado (versos 17, 2, 1 y 19, respectivamente); la idea de una complicidad del poeta (sea Juan Ruiz, sea Manuel Machado) con el pecado del Amor sostiene las estrofas quinta y
sexta de la poesía moderna en correlación con la opinión del crítico
literario. Es cierto, sin embargo, que la alegría de la poesía de Machado pudiera relacionarse con la alegría que manifiesta Juan Ruiz en
varias ocasiones de su obra; cuando declara, por ejemplo, en los comienzos de su libro que el sabio recomienda que el hombre, a los
cuidados que tiene en el corazón:

entreponga plazeres   e alegre razón
ca la mucha tristeza   mucho pecado pon. [3]

Pero lo que no cabe admitir, sin el amparo de la interpretación
de Menéndez Pelayo, es la mención de la *picardía,* palabra que no se

---

1. El tomo correspondiente al Arcipreste de Hita fue el tercero, aparecido
en 1892 con los textos escogidos. Cito por la edición de *Obras Completas, Antología de poetas líricos castellanos,* Santander, Aldus, 1944, I.
2. Idem, p. 270.
3. JUAN RUIZ, *Libro de buen amor,* Ed. Joan Corominas, Madrid, Gredos,
1967, estrofa 44.

encuentra documentada hasta 1525 y que en la poesía es efecto de la mencionada interpretación crítica.

Las muchas cuestiones que después de la *Antología de poetas líricos* ha suscitado la obra de Juan Ruiz no podían ser adivinadas por Manuel Machado; y una (y muy importante para la interpretación de esta poesía) es que el Arcipreste no es un autor aficionado al vino como mostraban los otros goliardos. Los consejos que le da don Amor al personaje de la obra son de que ande con tiento en el beber:

> Es el vino muy bueno   en su mesma natura,
> muchas bondades tiene   si s'toma con mesura;
> al que de más lo beve   sácalo de cordura:
> toda maldat del mundo faze   e toda locura.
> Por ende fuy del vino... [4]

Pero este rigor de interpretación textual no lo tiene Manuel Machado, para el cual el vino y el amor, en contra de lo que aconsejaba el Arcipreste, van juntos complementándose.

Los otros datos histórico de la poesía de Manuel Machado son muy simples. Enlazar a Juan Ruiz con don Carnaval es sencillo, y basta con conocer la parte del *Libro de Buen Amor* en que este personaje interviene activamente (estrofas 1067-1314); este *Don Carnal* (verso 2) puede considerarse el único arcaísmo de la poesía, y en el título de la misma, Machado se cuida de que figure a la manera moderna para que no confunda al lector actual.

Por otra parte, si don Carnal abre la poesía, Trotaconventos la cierra; ella, en efecto, *cuenta cuentos* a todos, aunque propiamente sea ella *cuento* en el libro de Juan Ruiz. Pero no importa, pues con esto de contar cuentos la sombra de Boccaccio pasa de manera fantasmal por la poesía: nadie como él supo enredar los lazos de los cuentos de amor. El marco medieval de la poesía de Machado está claramente determinado: la alegría goliardesca del vino y del amor, entre dos personajes característicos, la representación del Carnaval y la vieja urdidora de amores, teniendo en su centro (verso 10) el *divino Juan Ruiz.*

El apunte de paisaje de la estrofa segunda nos deja en la duda; si consideramos sólo el verso 5, parece que los aspectos geográficos evocados coinciden con Castilla, aunque acaso Manuel Machado quisiera referirse a los cantos de serrana; pero estos acontecen en los valles de la sierra y no en los llanos.

La métrica de la poesía

Es indudable que esta poesía posee una estructura métrica muy diferente de lo común. El artificio del verso es sorprendente y conviene

---

4. JUAN RUIZ, *Libro de buen amor*, ed. cit., estrofas 548-549. Véase en particular AMÉRICO CASTRO, *La realidad histórica de España*, México, Porrúa, 1954, pp. 389-394, en donde discute el asunto.

examinarlo con detenimiento, pues ofrece un complicado juego de rimas, diseminado en estrofas de base uniforme. El esquema básico de la estrofa es el siguiente: [5]

ó	o	ó	o		ó	o	ó	o	Ri$_1$
ó	o	ó	oRi$_1$		ó	o	ó	o	Rea
ó	o	ó	o		ó	o	ó	o	Ri^2
ó	o	ó	oRi^2		ó	o	ó	o	Rea

Los octosílabos están compuestos de dos hemistiquios por verso; la unidad del hemistiquio es muy fuerte, de manera que se pueden considerar de cesura intensa. Esto se cumple en los más de los casos, sobre la base de pies trocaicos, cuando no hay enlaces vocálicos y contando con el efecto de acentos de verso secundarios:

1   Vino en jarra... picardía
ó o ó o | ò o ó o

Cuando la cesura cae en el interior de una palabra hay que considerar un efecto rítmico de esta naturaleza:

11   y tu sin me -lancolía
ò o ò o | ò o ó o

Difícil resulta el efecto en este caso en que se rompe el ritmo trocaico en el segundo hemistiquio:

25   y doña Trota -conventos
o ó o ó o | o ó o

Pueden considerarse enlaces de esta naturaleza:

6   tan liviano en — su verdor
14   sin más nombre. Y— la mujer
ò o ó o | ò o ó [o]

Se violenta la acomodación de la fluencia del sintagma con la significación, pero el efecto rítmico se logra.

A veces se consigue un efecto sorprendente, apoyado en la significación; así ocurre en el difícil verso:

es ridículo. Y violento
ó o ó [o] o | ó o ó o

Que podría interpretarse también así:

o o ó o o ó o o

5. Indico: Ri = rima interna, de la que hay dos en cada estrofa; y Rea = rima del eje estrófico, aguda.

La acumulación de rimas es sorprendente: en el reducido espacio de la cuarteta octosílaba juegan tres sistemas de rima: uno, el del eje del verso o final, que es el común y que sirve para constituir la estrofa consonante, en vocal aguda; y dos juegos más de rima interna, llana, consonante, uno de cuyos apoyos se establece en el eje de los primeros hemistiquios situados en los versos pares. La variación de las dos especies de rima así establecidos y el relativo rigor del octosílabo partido en hemistiquios crea una estructura métrica que quiere recordar la del verso de los cancioneros medievales; se busca el efecto de los *rims empeutatz* o *multiplicatius*, que representan el mayor artificio del arte del verso en la Edad Media [6].

Pero el probable modelo de Manuel Machado no está en los lejanos textos medievales, sino en Espronceda, que usó un verso semejante en la poesía «A Matilde»:

> Amorosa blanca vi*ola*,
> pura y s*ola* en el pens*il*,
> embalsama rega*lada*
> la albo*rada* del ab*ril*. [7]

La afición de los románticos por las rimas complicadas, de aparente procedencia medieval, enlaza con la de Manuel Machado, cuyos propósitos en este caso no son sólo un adorno métrico como en el caso de Espronceda, que escribe una obra lírica, sino que pretende dar a la poesía un aire métrico, coincidente con la evocación de la poesía de Juan Ruiz.

Modernidad del poema

Reunidos, pues, estos elementos, su utilización en la poesía se establece traspasando de Juan Ruiz, el poeta de ayer, a Manuel Machado, el poeta de hoy, las motivaciones vitales expuestas. El uso de la primera persona es manifiesto: *Cante [yo];* e inmediatamente el diá-logo del poeta actual, sin respuesta, con el poeta de la Edad Media: *Dame un trago de tu vino* (9) *y tu sin melancolía...* (11). Y luego la unión atemporal de los dos: *Riámonos* (17): reírse del espectáculo de la vida, al tiempo que se exalta la misma vida. En esto está la paradoja, que es más bien, acto de conciencia, presente en la más violenta audacia gramatical del texto: la *picardía* del autor antiguo tiene una cualidad esencial: no es melancólica. De ahí la violencia de la disposición de este sintagma nominal insólito en posición adjetival: *tu* | sin melancolía | *picardía* (11).

6. Véase PIERRE LE GENTIL, *La poésie lyrique espagnole et portugaise a la fin du Moyen Age, II,* Rennes, Plihon, 1953, en especial pp. 121-122. Se trataría de un caso de rima interior, tomada de la disposición que más adelante se adoptaría con el endecasílabo, pero dentro del reducido espacio sintagmático del verso octosílabo, complicada con la rima regular del eje estrófico.
7. JOSÉ DE ESPRONCEDA, *Poesías líricas y fragmentos épicos,* Ed. R. Marrast, Madrid, Castalia, 1970, p. 191. Escrita en Londres, 1832, y publicada en 1841.

No hay, pues, ocasión para las penas de amor, que han causado la melancolía desde la lírica cancioneril de la Edad Media hasta el Romanticismo; tampoco recoge en esta ocasión las derivaciones que conducen a la violenta pendulación entre la depravación consciente y la «mística» soñadora y enervada, propias de la orientación decadentista[8]. Un amor de abierto y confesado sensualismo, tal como se indica en la estrofa tercera, aparece puesto de manifiesto, lejos de ambiguas rarezas. Y éste es el amor que el poeta actual prodiga en su trato con las mujeres de París, y que recordaría luego en el desencantado prólogo-epílogo de *El mal poema*, escribiendo:

> A mí no me fue mal. Amé y me amaron. Digo...
> Ellas fueron piadosas y espléndidas conmigo,
> que les pedí hermosura, nada más, y ternura,
> y en sus senos divinos me embriagué de hermosura... [9]

Observemos, sin embargo, los contextos que rodean la mención de *divino*: lo es Juan Ruiz (verso 10) y lo son los senos de estas mujeres (así, en plural) de *El mal poema;* esta confusión en el léxico del amor humano, lejanamente apoyada en la literatura platonizante del Renacimiento, denuncia, sin embargo, que las implicaciones decadentes entran en juego. El desgarro de lo que sigue en la poesía, obedece a las resonancias humanas que salvan la poesía de Manuel del artificio filológico.

El poeta de hoy, como el medieval *(nosotros*, 21), puede contemplar desde fuera el espectáculo del goce amoroso: el «furor es ridículo» (19), y violento «el momento del amor». Es el desengaño del amor de la carne, la tristeza que sigue al acto sexual, que tan profundamente supo expresar Manuel Machado, y que está implícita en «La canción del alba», una de sus mejores poesías, o en «Chovette»:

> En cualquier parte hay un espejo, un poco
> de agua clara y un peine. Y si la nena
> es bonita, ¡ya está! La noche pasa,
> y el nuevo día llega.
> Y no se te conoce
> la batalla de amor ni a ti ni a ella... [10]

8. Para el caso de Juan Ramón, véase RICHARD A. CARDWELL, *Juan Ramón Jiménez and the «Decadence»*, «Revista de Letras», Universidad de Puerto Rico en Mayagüez, VI, 1974, pp. 329-331.

9. M. MACHADO, *Obras Completas*, Ed. Plenitud, cit., p. 77. Más adelante, en 1933, recordaría sus tratos con estas mujeres: «En nuestra vida de estudiantes y artistas las mujeres que conseguíamos no nos costaban dinero; pero cuando ellas lo necesitaban, unas se iban a Rusia con un príncipe y otras a Norteamérica con algún millonario.» Entrevista con Rafael Narbona, *Lo que eran los poetas a los veinte años. El gran poeta Manuel Machado*, art. cit., «La Voz», 9 octubre 1933.

10. M. MACHADO, *Obras Completas*, Ed. Plenitud, cit., p. 81.

Pero el ritmo entremezclado de la versificación aparece también en la exposición del espectáculo del goce: si los poetas se ríen de los hombres, ellos también se comportan como hombres, y entonces son los demás los que se ríen de ellos. Don Carnal lo dispone así antes «como ahora» (3); los de *ahora*, como también había expresado en el caso de la poesía de Berceo, cuentan porque este comportamiento es «nada *sage*» [11]. Y con esto Manuel Machado juega con las rimas y con nuestra ciencia del francés (¡*sage* en rima interior con *traje!*, 3-4), al mismo tiempo que ofrece una resonancia de Verlaine, el maestro. No, no puede pedirse cordura a los demás ni a uno mismo en esto del amor. Por eso el ritmo entremezclado se hace aún más vivo y reiterativo en la estrofa de cierre, que es un ajustadísimo artificio verbal: obsérvese que la rima interior última se reitera ¡hasta cuatro veces! contando las asonancias y consonancias.

> Que *ella,* aunque ya *vieja* y *seca,*
> si hoy no *peca...,* ya pecó.

Y a la repetición de la rima se une la reiteración léxica del polyptoton que se establece en «en sus *cuentos* lo *contó*» (26), y en «si hoy no *peca...,* ya *pecó*» (28). El juego repetitivo sirve así para asegurar el cuento de los cuentos y la afirmación pesimista de que del pecado de la carne sólo puede librarse la misma carne cuando se siente vieja y seca. El testimonio más trágico de la existencia se afirma así asegurando que la hermosura de la mujer es sólo sombra pasajera, y que, considerado desde esta perspectiva el amor, en su realización física, que es su más difícil y definitiva prueba por el lado humano, resulta un acto grosero, al que se le aplican los adjetivos *ridículo y violento* (verso 19), aniquiladores de cualquier idealismo. El Carnaval nos ofrece la significación de una purgación espiritual: un paso más allá está el camino de la ascética, con la consideración de la muerte, un tema que aparece con insistencia en la poesía de Manuel Machado, y que pertenece también a Juan Ruiz.

5. COMENTARIO DE «EL RESCATE»

El romance «viejo»

EL RESCATE

> Ya Iglesias son las mezquitas.
> Ya torneos son las zambras.
> Ya han entrado vencedores
> los cristianos en Alhama.

---

11. Recuérdese lo que diría en «Cordura»:
> *Sagesse,* cordura... Mi pobre Verlaine,
> di a la vida, contigo tan mala y tan dura,
> que tenga cordura
> también.
(*Obras Completas,* Ed. Plenitud, cit., p. 90.)

5   Fatigoso fue el combate;
     la tropa duerme cansada.
     Sólo velan los soldados
     que en los muros hacen guardia.

     Celinda, divina mora,
10   del moro Alid adorada,
     cautiva cayó, cautiva,
     de Don Rodrigo de Lara.

     Estando todo en reposo,
     con un albornoz tapada,
15   salióse al campo la mora
     y acercóse a la muralla.

     De frío tiembla y de miedo,
     no la descubran los guardas.
     Mas antes la muerte quiere
20   que ser del cristiano esclava.

     Era negro su cabello;
     era morena su cara;
     los ojos grandes, rasgados,
     llenos de llanto llevaba.

25   Por el campo se desliza
     más que el silencio callada,
     que apenas la siente el césped
     donde ella pone la planta.

     No dormía Don Rodrigo
30   en su tienda de campaña,
     y, viendo salir la mora,
     detrás de ella caminaba.

     Allegados a un paraje,
     muy cerca de la muralla,
35   en el punto en que salía,
     asióle una mano blanca.

     Quedóse temblando ella
     sin osarle decir nada,
     e inclinando la cabeza,
40   el pecho de llanto baña.

     —«Mora, la mora divina,
     tan divina como ingrata,
     que el campo y la noche a solas
     prefieres a mi compaña.

45   ¿Por qué de mi tienda huyes,
entre las sombras tapada,
tú que, siendo mi cautiva,
cautivo tuyo me aguardas?

Vuelve, vuelve con los míos
50 a ser conmigo cristiana
en el templo de la Virgen
ante su imagen sagrada.

Reina serás en mis tierras,
pues eres reina en mi alma.
55 ¿Por qué de mi tienda huyes,
entre las sombras tapada?»

Paróse aquí Don Rodrigo
mientras la mora lloraba...
Y ella, al cabo de un momento,
60 de esta manera le habla:

—«Cristiano, si sois tan noble
cual muestran vuestras palabras,
dejad que vuelva la mora
con los suyos a su patria.

65 Damas tenéis en la corte,
más dignas, de vuestras damas.
Dejadme, señor, que vuelva
con los míos a Granada.

Si no os place lo que os digo,
70 llevadme por vuestra esclava...
Mas esperad el rescate
que yo sé de quien lo traiga.»

En esto un moro bizarro
allegóse donde estaban,
75 y así que lo vio la mora,
entre sus brazos se lanza.

Dio el centinela del muro
a voces la voz de alarma,
y en auxilio corren todos
80 de Don Rodrigo de Lara.

—«¡Muera el infiel traicionero!,
que burló nuestras murallas.»
Y rodeándole todos,
blanden sus picas y hachas.

85 —«¡Quietos! —gritó Don Rodrigo—
¡Nadie desnude las armas!
Pena de muerte al que mueva
en mi presencia la espada.»

Y volviéndose hacia el moro,
90 disimulando la rabia,
con la voz serena y noble
le dijo aquestas palabras:

—«En buena lid he ganado
esta mora por esclava.
95 Yo su libertad te entrego;
llévate, moro, a tu dama.

Y, abriendo paso entre todos,
hacia su tienda se marcha,
a tiempo que el horizonte
100 prometía la mañana.

*   *   *

¿A dónde va Don Rodrigo,
sin broquel y sin adarga,
suelta al caballo la brida,
puesta en la cuja la lanza?

105 ¿Dónde va, que atrás se deja
toda la gente que manda,
y entre los moros se mete
con la enseña castellana?

Negra está la negra noche,
110 y la morisma de Zara
terca defiende los muros
contra la tropa cristiana.

Empeñado es el combate.
Muchos caen en la muralla.
115 Aún flota la Media-Luna
sobre las almenas altas.

De pronto, todos oyeron
un grito horrible de rabia
y aumentarse de repente
120 el chocar de las espadas.

Ya la enseña de los moros
al suelo cayó tronchada
y el estandarte de Cristo
undula ya en la muralla.

125   —«¡Victoria por los cristianos!»,
       gritó Rodrigo de Lara...
       «¡Soldados, nuestra es la villa,
       en rescate de la esclava!»

La leyenda romántica

Manuel Machado recoge en el grupo de los «Primitivos» esta obra de su juventud: veinticuatro años tenía cuando el romance apareció en *Tristes y Alegres* en 1894. Más tarde, en 1938, recordaría así sus comienzos literarios: «De los doce a los quince años —¡qué edad!— era yo ya poeta, versificador al menos, y encontraba una gran facilidad para la rima y el ritmo, sin tener que contar las sílabas con los dedos, como les ocurría a muchos de mis condiscípulos. Bien es verdad que había aprendido a leer en el Romancero y en una colección del Teatro Clásico a dos columnas, con viñetas al frente de cada comedia.»[1] Si había aprendido a leer en el Romancero, no es de extrañar que sus primeras obras fueran romances: «Por entonces yo escribía rimas becquerianas, romances clásicos y, lo que es peor, octavas reales, a lo don Alonso de Ercilla, y odas elocuentes, al modo de Gallego y Quintana. Poemas por el aire, de los que se recitaban de Núñez de Arce y Campoamor... Y algunas coplillas al estilo popular.»[2] Manuel sale a la luz de la imprenta de la mano de Enrique Paradas, y la poesía «El rescate» pertenece a este período mimético, en que el Romancero antiguo y el romántico se funden en la obra. «Romance viejo», añadió en esta edición de 1907, título que no estaba en 1894.

Emilio Orozco, el redescubridor crítico de *Tristes y Alegres*, se da cuenta de la ascendencia de la poesía: según él, este es uno de esos romances en los que, aunque con mayor ligereza y lirismo, se perpetúa la leyenda romántica, apoyada en Rivas y Zorrilla...»[3]. Zorrilla dedicó una composición a «La sorpresa de Zahara» que titula «Romance de 1481», aunque sea una pieza poliestrófica, sólo en parte romance métrico[4].

En efecto, en este caso no existe la intención de condensar una extensa materia histórica en una cifra poética, sino lo contrario: narrar un argumento más o menos inventado, de índole legendaria, tal como lo habían hecho los románticos. Por de pronto, la figura de un don

1. M. Machado, J. M. Pemán, *Unos versos, un alma y una época*, ob. cit., p. 33. En esta cita hemos de ver una mención de lo que sería el ambiente del hogar de Antonio Machado y Alvarez y de su mujer, Ana Ruiz; hay que notar la conformidad de estos datos en los dos hermanos. El Romancero al que se refiere es el de Agustín Durán, probablemente en la edición de *Romancero general*, Madrid, Rivadeneyra, 1851, B.A.E., XV y XVI. Agustín Durán (1792-1862) era tío de la madre de Antonio Machado y Alvarez, como puede verse en el cuadro genealógico de David T. Gies, *Agustín Durán*, Londres, Tamesis Books, 1975, p. XIV.
2. Idem, p. 37.
3. E. Orozco, *Poesía juvenil y juventud poética en la obra de Manuel Machado*, art. cit., p. 24.
4. José Zorrilla, *Obras de...*, I, Obras Poéticas, París, Baudry, 1847, pp. 49-54.

Rodrigo de Lara es el centro del relato; si nos atenemos a los hechos históricos, el caudillo cristiano que ganó la plaza mora de Alhama en 1482 fue Rodrigo Ponce de León, marqués de Cádiz [5]. El hecho, por su importancia en la política bélica de la época, obtuvo notable repercusión en la literatura, en especial en el Romancero; uno de los romances sobre Manuel Ponce de León, sobrino del marqués de Cádiz, refiere el caso de que este señor cristiano dio la libertad al moro alcaide de Ronda para que fuese a encontrarse con su amada Fátima. Se trata de un episodio que recoge una versión más de la leyenda de la generosidad con el vencido, establecida en la frontera entre moros y cristianos sobre el caso de Abencerraje y Jarifa [6]. Las versiones de la leyenda fueron varias, y Manuel recoge el esquema argumental aplicándolo a este «Rodrigo de Lara», que tiene cautiva a la mora Celinda y a la que deja que vaya a unirse con Alid, su amante moro. El capitán cristiano, para compensar a su gente de los rescates que pudieran haber percibido por la mora y su caballero amante, es el primero en escalar la torre propiciando así la toma definitiva de Zahara; y este hecho de armas es el rescate con que paga a los suyos la libertad que él concedió a los enamorados. En la Historia fue el mismo marqués de Cádiz el que tomó esta plaza en 1484. La valentía del caballero cristiano se demuestra en el combate con la audacia y la bravura; y la generosidad que dio muestras al dejar que se fuesen los enamorados moros, es el indicio de la virtud del alma, que en este caso se aplica en beneficio del que es un enemigo. Este romance nos muestra que las lecturas del *Romancero* de su pariente Durán habían herido vivamente la imaginación del joven Manuel. Con esto, pues, inicia en su obra la corriente del andalucismo literario por su modalidad más difundida: la poesía de fronteras y su brillantez evocativa.

Formulación del romance

Manuel Machado escoge la estrofa del romance de rima continua, en *á-a*, con división en cuartetas. En esta ocasión no se vale de las formas complejas y escoge la versificación más sencilla; la indicación, inconveniente si se la considera con rigor, de «romance viejo» marca este sentido. Por lo demás, el desarrollo es lineal, sencillo, casi elemental; juzgo que es obra primeriza del autor. De los procedimientos formulísticos del romance apenas usa algunos: la repetición de palabras-clave como *cautivo* (11 y 47-48): cautiva ella por las armas, y él, por amor; la sucesión de los versos evita el encabalgamiento. El léxico es el de la tradición romántica; anoto *cuja*, palabra que Cova-

5. Véase el minucioso relato de JUAN DE MATA CARRIAZO, *Historia de la guerra de Granada*, en la *Historia de España*, tomo XVII, Madrid, Espasa-Calpe, 1969, I, pp. 439-452.

6. Véase mi obra *El Abencerraje y la hermosa Jarifa. Cuatro textos y su estudio*, Madrid, Revista de Archivos, Bibliotecas y Museos, 1958; me ocupo de estos romances, que se encuentran en el *Tesoro de varias poesías*, de Pedro de Padilla, en las pp. 225-227.

rrubias recoge en la acepción de *lanza en cuxa* «cuando el hombre de armas no la lleva en el ristre»; es decir, que era la posición de relativo descanso, pues la lanza se apoyaba en una bolsa de cuero. No sé si Machado llegó a recoger el sentido del término, dado el contexto en que lo usa. Un hecho fonético de un relativo interés indico: la necesidad de la aspiración en algunos versos para que sean octosílabos. Así el número 60: «de esta manera le *h*abla»; el número 84: «blanden sus picas y *h*achas». El uso de *aquestas* (verso 92) indica un premeditado arcaísmo poético; *zambras* (verso 2) y *albornoz* (verso 14) ponen una leve nota de arabismo en la composición; el *undula* del verso 124 recoge recomendación del *Diccionario* de la Academia, que en la edición de 1884 prefiere *undular* a *ondular* [7].

De la poesía entera queda sólo apenas una estrofa que se salva de la evidente falta de vigor poético; la mora Celinda tiene los mismos rasgos de la mujer andaluza:

> Era negro su cabello;
> era morena su cara,
> los ojos grandes rasgados...

No es de extrañar que el poeta, cuando declare que tiene el alma de nardo del árabe español, piense que las moras fueron como estas mujeres de su tiempo, en las que encuentra los rasgos de la belleza andaluza.

6. COMENTARIO DE «OLIVERETTO DE FERMO»

El personaje del retrato y el retrato poético

Manuel Machado desarrolla en este caso un asunto que no es español, sino italiano; no caben, pues, preciosismos lingüísticos más que en los nombres propios que desde el título mismo sirven para señalar el carácter italiano de la obra. Por de pronto, el título y la aclaración que le sigue sitúan históricamente el asunto de la poesía: Oliverotto da (u Oliveretto de) Fermo, nacido en Fermo hacia 1475, murió en Senigaglia el primero de enero de 1503. Fue un afortunado capitán del Renacimiento, un característico *condottieri* que luchó primero con Paolo y Vitellozo Vitelli y luego pasó al servicio de César Borgia, interviniendo en las intrincadas luchas de la época. En su propósito de ser señor de Fermo, urdió una famosa conjura contra sus parientes, de la que dio cuenta Machiavelli en su *Príncipe*, a la que me referiré más adelante. Acabó de mala manera, estrangulado por or-

---

7. Véase J. COROMINAS, *Diccionario crítico etimológico...*, ob. cit., III, p. 560, s. v. *onda*.

den del propio Borgia. Una biografía muy compleja que Manuel Machado reduce a un corto poema de rigurosa constitución métrica:

OLIVERETTO DE FERMO
Del tiempo de los Médicis.

Fue valiente, fue hermoso, fue artista.
Inspiró amor, terror y respeto.

En pintarle gladiando desnudo
ilustró su pincel Pintoretto.

Machiavelli nos narra su historia
de asesino elegante y discreto.

César Borgia lo ahorcó en Sinigaglia.
... Dejó un cuadro, un puñal y un soneto.

El artificio métrico

El artificio de la poesía se establece mediante una acusada disposición métrica. El verso se fija rigurosamente sobre la medida siguiente:

o o ó o o ó o o ó o

El decasílabo se constituye, sobre todo, apoyando los acentos de verso en palabras plenas, que vertebran el sentido con ritmo marcado:

o	o	ó	o	o	ó	o	o	ó	o
Fue	va	lién	te,	fue-her	mó	so	fue-ar	tís	ta
Ins	pi	ró-a	mor,	te	rró-	r-y	res	pé	to
En	pin	tár	le	gla	dián	do	des	nú	do
i	lus	tró	su	pin	cél	Pin	to	ré	tto.
Ma	chia	vé	lli	nos	ná	rra	su-his	tó	ria
de-a	se	sí	no-e	le	gán	te-y	dis	cré	to
Cè	sar	Bór	gia	lo-ahor-	có-en	Si	ni	gá	glia.
De	jò-un	cuá	dro-un	pu	ñá	-l-y-ún	so	né	to.

Sólo dos palabras (*César*, 7, y *dejó*, 8) escapan al propósito de marcar el acento de verso con el de palabra, ateniéndonos al esquema propuesto. El logro rítmico está conseguido, y la base fónica del conjunto del sintagma se pliega al designio del poeta. Los tres golpes de acento establecen, como puede verse en el análisis precedente, tres ejes de verso paralelo, y simétricos: el fin de verso (que es el normal) y otros dos. En total, la representación neutra del conjunto silábico del verso es esta:

tatatán — tatatán — tatatán (e)

Se trata del ritmo que Emilio García Gómez [1] estudia como decasílabo anapéstico en su variante grave; y Tomás Navarro [2] considera como decasílabo dactílico simple:

oo óoo óoo óo

La impresión de que se trata de una evocación italiana viene favorecida por la rima consonante en *-eto* (de poco uso en español), y que, situada en los versos pares, organiza cuatro estrofas simétricas en el desarrollo del poema, establecidas libremente por el poeta.

La base de tres pies marcados en cada verso favorece la tendencia hacia la disposición trimembre, que es perfecta en el verso 1 e imperfecta en los 2 y 8, sirviendo este último como cierre de la composición. Las tres palabras a) *cuadro;* b) *puñal,* y c) *soneto* concentran la situación que aparece diseminada en la primera estrofa: a) *hermosa, amor;* b) *valiente, terror,* y c) *artista, respeto.* Aquí tenemos, pues, el aprovechamiento de un artificio retórico de lejanas raíces, usado por poetas que tienden al sentido «clásico» en la ordenación de los materiales y que estudió con detenimiento Dámaso Alonso. Este mismo crítico es el que señaló una de las características de la creación de Manuel (y de Antonio): «el arte de los finales de Manuel es mucho más variado», comenta, y esto viene aquí en su punto [3]

Examen de las referencias históricas de la poesía

Una organización sintáctica sencilla desarrolla el sintagma de manera simple, disimulando el complejo artificio artístico. Los «datos» históricos son directos, del orden de los retratos literarios condensados. Se trata de evocar a un aventurero italiano («del tiempo de los Médicis», señala el título), en el que se reúne el riesgo de la vida, la mención de un desnudo en la pintura y la referencia del más agudo de los escritores del Renacimiento, Machiavelli.

Comenzaré por referirme a este último. En efecto, Machiavelli, en el capítulo VIII del *Príncipe,* trata «di quelli che per scelleratezze sono pervenuti al principato» [4]. Refiriéndose a otras dos maneras de alcanzar el principado, escribe: «Questi sono quando o per qualche via scellerata e nefaria si ascende al principato, o quando uno priva-

1. EMILIO GARCÍA GÓMEZ, *Todo Ben Quzman,* Madrid, Gredos, 1972, III, p. 89.
2. TOMÁS NAVARRO TOMÁS, *Métrica española,* 3.ª ed., Madrid, Guadarrama, 1972, p. 509, n.º 27.
3. DÁMASO ALONSO, *Ligereza y gravedad en la poesía de Manuel Machado,* en *Poetas españoles contemporáneos,* Madrid, Gredos, 1952, p. 68.
4. NICCOLO MACHIAVELLI, *Il Principe,* Torino, Classici Italiani, s.a., p. 29.

to cittadino con il favore delli altri suoi cittadini diventa principe della sua patria.»[5] Muestra del primer caso son el siciliano Agatocles, ejemplo de la Antigüedad, y Oliveretto de Fermo, ejemplo de los tiempos modernos. Escribe Machiavelli que: «... in brevissimo tempo, per essere ingegnoso, e della persona e dello animo gagliardo, diventò el primo uomo della sua milizia.» Y sigue: «Ma parendoli cosa servile lo stare con altri, pensò, con lo aiuto di alcuni cittadini di Fermo, a' quali più cara la servitù che la libertà della loro patria, e con il favore vitellesco, di occupare Fermo.»[6] Y en efecto, en la sobremesa de un banquete mata a su tío materno, al señor del lugar, y a otros parientes, imponiéndose a todos por el terror hasta que César Borgia acabó con él un año después de estos crímenes.

La referencia histórica es clara. No lo es, sin embargo, el nombre de este *Pintoretto* del verso 4. Por de pronto, no existe, al menos en mis fuentes de información, un pintor de este nombre[7]. Es un error tratar de rectificar por Tintoretto, como se hizo alguna vez, pues la evocación estética que se establece queda fuera del sentido artístico de este pintor. Más bien me inclino a pensar que Manuel Machado hizo en este caso un juego poético, tal como él creía que un creador podía permitirse. Lo había indicado en *La guerra literaria*: cuando dice que él pintaba los cuadros tal como los evoca en su espíritu y no como están en el museo, añade: «... teniendo muy buen cuidado de cometer ciertas inexactitudes que son del todo necesarias a mi intento. Artimañas son éstas, si queréis, pero ya os dije que iba a iniciaros en los secretos del taller.»[8] ¿Sería ésta una sonada artimaña del poeta, que se saca de la manga un pintor para su propio juego evocativo?

Obsérvese, por otra parte, que Manuel cita el nombre de lugar Senigaglia (o Senigalla) en la forma aproximada de Sinigaglia. La invención de este nombre de Pintoretto creo que se estableció sobre el modelo de Bernardo di Betto (1451-1513), llamado Il Pintoricchio o Pinturicchio[9], aplicándole la terminación *-eto*. De Pinturicchio sí supo Manuel Machado, pues lo recuerda en la lista de los pintores que conoce y que citaré en el estudio del soneto dedicado a Fra Angélico[10].

Pudiera ser que Manuel Machado mezclase recuerdos confusos de sus visitas al Museo del Louvre; así pienso si vio en el Museo de París el «Retrato de Condottiere», de Antonello de Messina, que es una de las mejores interpretaciones de la sicología de estos audaces

---

5. Idem, p. 29.
6. Idem, p. 31.
7. Así no figura en el extenso diccionario de ULRICH THIEME y FELIX BECKER, *Allgemeines Lexicon der Bildenden Künstler*, Leipzig, Seemann, 1933, XXVII, pp. 65-67.
8. M. MACHADO, *La guerra literaria...*, ob. cit., p. 44.
9. No he encontrado en los estudios de la obra de Pinturicchio noticias de un cuadro que recordase en más o en menos este gladiador desnudo que evoca el poeta.
10. M. MACHADO, *La guerra literaria...*, ob. cit., p. 46, que son Fra Angélico, Giotto, Ghirlandaio, Cimabué, Perugino y el mencionado Pinturicchio, a los que hay que añadir los flamencos Van Laethem, Van der Goes, los Van Eyck, Jan Gossaert (Mabuse), p. 48.

hombres del albor renacentista. En cuanto al desnudo, ¿se le cruzó en la imaginación de «Apolo y Marsias» de Pietro Perugino, aunque no se trata de un guerrero?

Modernidad de la poesía

Hemos llegado con esta poesía al grado más alto del artificio poético en esta corriente de la evocación histórica al estilo moderno. Y en este punto es de interés señalar que una obra de esta naturaleza dentro del conjunto de *Alma*, en la primera aparición poética en 1902, llamase la atención de Unamuno. El «Oliveretto de Fermo» se empareja con «Castilla» y con las otras piezas poéticas de *Alma*. Unamuno se debate y lucha con el encanto de la poesía del andaluz Machado y se pregunta si vale la pena de vivir: «¿Qué es la vida? Y, ¿qué no es la vida? La vida no es, se hace; se hace día a día, momento a momento.» [11] Machado ofrece a Unamuno los retratos que son eso, propósitos de vida; y Unamuno dice de este y de los otros: «presentándome sus retratos, de firme trazo, de sobrio color, tan depurados por el Arte que no me indigno de que se le llame a Oliveretto de Fermo «asesino elegante y discreto» [12] Considerada la poesía desde este ángulo, observamos que Unamuno perdona el amoralismo de la evocación en gracia de la fuerza de la vida del hombre histórico. Para Machado representaría la expresión de la libertad artística en el hombre que hace de su vida una obra de arte: coinciden en él valentía, belleza y poesía al servicio de un heroísmo que no le importa sea negativo. Otro sevillano, Rafael Cansinos (un poco más joven que Manuel, pues nació en 1883), entendió que esta poesía «da a toda la comunidad poética la actitud fiera del cinismo y de la amoralidad estéticas. Los artistas del Renacimiento, iracundos y libertinos, se convierten en modelos de lo que debe ser un artista. Revive en la pléyade literaria, con un furor circunstancial, el desprecio del burgués, del filisteo, que la escuela bohemia acentuará y recargará después, malogrando la parquedad aristocrática del gesto primitivo. Se empieza a escribir para «epatar al burgués» [13]. Es posible que Cansinos considerase la cuestión desde el espíritu de grupo a que nos hemos referido, y en relación con la sociedad burguesa, que podía recibir con recelo esta poesía. Sin embargo, este desafío no lo es tanto al contorno en que vive el artista actual como en cuanto a que es representación de la vida del hombre que vive con un sentido de agresividad creadora; por eso su evocación sirve de cifra a una época histórica de crisis de la conciencia: el paso de la Edad Media al Renacimiento en Italia, el lugar donde el hundimiento de los valores morales se ofrece en compañía de la ma-

11. MIGUEL DE UNAMUNO, El «Alma» de Manuel Machado, en Obras Completas, III, Madrid, Escelier, 1968, p. 1080; se publicó en «Heraldo de Madrid», 19 de marzo de 1902 (como rectifica Brotherston).
12. Idem, p. 1080.
13. RAFAEL CANSINOS ASSÉNS, Manuel Machado en La nueva literatura (1898-1900-1916), Madrid, Sanz Calleja, 1916, pp. 188-189.

nifestación más aguda del arte que está a punto de madurar. Este es
el último de los «Primitivos». ¿Cabría decir que es el primero de los
«Modernos»? ¿Qué arriesgada atracción siente el poeta andaluz por
esta figura histórica que está muy lejos de su indolente actitud? El
caso es que la exposición de este ideal de vida en grado de intensa
exaltación coincide con el que procede del influjo del pensamiento de
Nietzsche, que en esta época se extiende por los jóvenes intelectuales.
Italia representó para el filósofo alemán el lugar donde mejor habían
prosperado los hombres que desafiaron la moral en nombre de la
vida. El verso segundo de la poesía de Machado: «Inspiró amor, terror y respeto», podría servir para lema de uno de estos hombres, y
más precisamente para la vida de César Borgia. No es en vano que
Emilio Ferrari, en su discurso de la Academia de 30 de abril de 1905,
sobre *La poesía en la crisis literaria actual*, señalase a Nietzsche como
uno de los favorecedores del Modernismo; y dice de él: «Su tipo ideal
sería el déspota: Napoleón, si no existiera el monstruo: César Borgia.» [14] En efecto, Nietzsche menciona a César Borgia con relativa frecuencia, de tal manera que «Andrenio», cuando reseña la poesía de
Manuel Machado y de otros poetas, escribe: «En la afición que muestran los modernistas al Renacimiento suele andar la mano de Nietzsche.» [15] G. Sobejano, en su fundamental estudio sobre Nietzsche en
España, señala que Manuel presenta también este influjo, aun contando con factores contrarios en su obra, como son la afición por Verlaine, su declaración de tener el alma de nardo del árabe español, su
sentido popular y su creciente religiosidad. Con estos factores en contra, «Machado suma su voz al coro modernista que en la España de
principios de siglo, y en parte por la lección de Nietzsche, exalta la
libertad, la fuerza y la razón suficiente de la belleza» [16]. Como indica
con acierto Sobejano, también Nietzsche llega a los modernistas en
este afán por la belleza en sí, exaltando su fuerza si es preciso hasta
la crueldad. Machado, como he mostrado, extrema en esta poesía la
belleza formal hasta el grado más intenso para mejor poder comuni-
carnos así el contenido amoral del retrato, y de esta manera resulta
la impresión de hallarnos ante un pieza artística, obra de un artífice
que modela la efigie de los primeros hombres modernos.

---

14. Madrid, 1905, p. 18.
15. EDUARDO GÓMEZ DE BAQUERO, *Crónica literaria* en «La España moderna»,
XIV, n.º 159, p. 171.
16. GONZALO SOBEJANO, *Nietzsche en España*, Madrid, Gredos, 1967, p. 206.

EL AMBIENTE ARTISTICO

El estudio que he verificado de este grupo de poesías al que Manuel Machado dio el nombre de «Primitivos», no queda completo si nos atenemos solamente a su aspecto literario. La peculiar condición de estas obras requiere además la consideración del contorno estético que las rodea. En los casos más caracterizados, la poesía concebida con este criterio se comunica al público en las páginas de las revistas ilustradas de moda (el «Blanco y Negro», en algunos de los casos aquí tratados), y el libro que la contiene se imprime con las portadas y las páginas adornadas con grabados y marcos artísticos. Estos otros elementos y lo que con ellos se relaciona desde un punto de vista artístico, condicionan el carácter de la publicación y también el medio de su comunicación con el público. El título común de «Primitivos» que les puso Manuel Machado es un indicio determinante para valorar el sentido artístico de los diversos elementos que componen la intención estética de estas obras. La mención de «primitivos» también se había aplicado a un determinado grupo de obras de la pintura, y en el período de fin de siglo se ha divulgado en grado suficiente como para que su uso sea general en el caso de las personas de un cierto cultivo intelectual. El concepto artístico en el que se estudian y valoran estos «primitivos» recae en los efectos artísticos del Prerrafaelismo, difundido por Europa como una manifestación peculiar del espíritu inglés.

Los resultados artísticos del movimiento prerrafaelista se habían manifestado en dos sentidos. Uno fue de carácter teórico, propio de los críticos de arte, y aseguró una estética y una crítica históricas de la pintura que asignaba unos valores propios a las obras anteriores a los tenidos hasta entonces por «clásicos» (tomando a Rafael como divisoria). La otra vertiente se refiere a la creación y uso de una técnica o manera de pintar obras realizadas en el ámbito de una estética que, asegurándose sobre la percepción de la teoría artística de los primitivos, creó una pintura nueva, propia de los tiempos modernos. Ambos aspectos del Prerrafaelismo se complementan e interfieren en su acción, tanto en los artistas creadores como en el público de la sociedad desde la década de 1850 hasta el fin de siglo. El grupo de artistas de la Hermandad fue exigente en sus fines y este criterio lo siguió un público minoritario. Pronto, sin embargo, esta exigencia artística que se imponía pasó a otros aspectos artísticos, además del de la pintura y de la literatura; y, de esta manera, favoreciendo una corriente que iba ampliándose cada vez más en cuanto a las modalidales de la expresión artística (joyería, orfebrería, metales nobles y de aplicación práctica, porcelana, cerámica, mosaicos, marquetería, mobiliario, carteles de anuncios, arquitectura civil, no ya en construcciones de lujo, sino en las propias de la vida común, dibujos sobre tapices y telas) fue logrando una difusión cada vez más amplia en el público culto de Europa. De esta manera, el Prerrafaelismo se vio acompañado de una orquestación artística general como acaso sólo en los períodos de gran intensidad creadora había existido, y esto es un grado en el que el público se iba comprometiendo de una u otra manera con el gran espectáculo del arte de fin de siglo.

Por otra parte, y en esto noto su coincidencia con lo que ha de ser el Modernismo, el Prerrafaelismo fue un movimiento de gran complejidad y difícil de precisar en una forma elemental: «More an aesthetic than an ethical movement in art and literature, it maintained, to some degree, the values of both, preserving the principles of Beauty and Truth so vital to the development and continuation of art in an age that had itself reacted against Romanticism. Complex and contradictory; often inconsistent, as expansive movements in art and literature tend to be, Pre-Raphaelitism seems today remote and vague.» [1] Hay que contar, pues, con la complejidad propia del Prerrafaelismo, en particular puesta de manifiesto en su desarrollo, desde las manifestaciones primeras de 1848 y las derivaciones internas establecidas sobre la fuerte personalidad de sus últimos cultivadores, como Rossetti, que lo condujo hacia sus manifestaciones literarias. Por otra parte, desde la perspectiva española no se distinguió siempre lo que fueron otras manifestaciones artísticas inmediatas, con las que se mezclaron las apreciaciones del arte de fin de siglo; así ocurrió con otros movimientos que, de manera paralela al Prerrafaelismo, tuvieron en su base la nueva percepción artística de una época histórica, como ocurrió con las restauraciones gótica y celta (*Gothic y Celtical Revival*) por una parte, y con las manifestaciones del Neobarroco y del Neorrococó. Como estas modas artísticas coincidían en que las realizaban artistas con una conciencia muy despierta de la teoría estética, la corriente del Esteticismo (*Aesthetic Movement*) las acompaña de una manera declarada, y así se vierte en las diferentes manifesta-

---

1. WILLIAM E. FREDEMAN, *Pre-Raphaelitism. A Bibliocritical Study*, Cambridge, Harvard University Press, 1965, p. 5.

El Prerrafaelismo poético de Rossetti tal como aparece manifestado en la portada de una Antología de poetas primitivos italianos.

Rossetti: el rostro ensoñado de la mujer ideal entre los prerrafaelistas.

ciones artísticas nobles, y aun llega a la artesanales a través de las manifestaciones tituladas *Arts and Craft*. Si a esto se añaden las influencias orientales de la India y el Japón, se podrá tener una idea de la complejidad a que aludía, que rodea y hace difícil la consideración aislada del Prerrafaelismo.

Conocimiento del Prerrafaelismo en España

El conocimiento del Prerrafaelismo se limitó primero a los conocedores del Arte y a los viajeros que, con una profunda base cultural, hubiesen viajado por el extranjero, sobre todo por Inglaterra. Hay que contar también con los adelantos en el arte de la impresión, que se aplicaron a las grandes revistas ilustradas de fin de siglo; en sus páginas aparecieron las noticias de este movimiento artístico e ilustraciones con los cuadros de los pintores. Así, por ejemplo, «La Ilustración Artística» dedicó un artículo a Eduardo Burne-Jones, que es una breve biografía, con noticia de sus obras y reproducción de varias de ellas [2]. Su autor comienza señalando que en 1852 entraron en el Exeter College, en Oxford, Burne-Jones y Guillermo Morris y comenta: «¡Quién hubiera podido decir entonces que aquellos dos literatos en ciernes habían de iniciar, andando los años, un movimiento artístico que tanto había de influir en el buen gusto, no sólo de Inglaterra, sino del mundo entero!» Menciona después la maestría que ejerció en él Rossetti y los viajes a Italia, y sus difíciles comienzos: «En 1877 inauguróse una exposición en la Galería Grosvenor, en la que figuraban algunas obras suyas inspiradas en las tendencias prerrafaelistas, y sucedió entonces lo que sucede siempre con los grandes innovadores, lo que por aquel mismo tiempo acontecía a Böcklin en Alemania: que el público se rió de aquellas pinturas, que la crítica rutinaria las censuró y que los periódicos satíricos las caricaturizaron. Sólo un crítico salió a defenderle, el ilustre Ruskin, quien vaticinó que «la obra de Burne-Jones era la única, entre todo cuanto a la sazón se producía en Inglaterra, que sería reconocida como *clásica* por la posteridad». Los influjos sobre su obra los señala así: «En las obras de Burne-Jones se advierte la influencia que en el artista ejercieron primero sus lecturas de los clásicos antiguos a que se dedicó en sus juveniles años; después, el conocimiento de los poetas italianos adquirido en su trato con Rossetti, y, finalmente, su pasión por las poesías de su poeta predilecto, Chaucer. La historia de Perseo, la leyenda de Pigmalión, Circe, la fiesta del Peleus, etc., atestiguan su amor a la antigua literatura, y el ciclo de San Jorge marca la transición de la tradición cristiana a la poesía caballeresca, que ha sido la fuente más abundante de inspiración para el genial artista.» Esta suma de referencias, que tocan a las diferentes corrientes antes señaladas, ilustran de esta percepción de la renovación artística europea en su manifiesta complejidad. El lector español de la revista, que era el que había de impul-

2. N.º 944, pp. 75-76. No tiene nombre de autor, pues está firmado X. Las citas que siguen son de estas dos páginas.

sar el Modernismo más allá de las minorías creadoras, no podía matizar en el conjunto, y de esta diversidad lo que mejor percibía (probablemente como consecuencia de la historia del arte español, pintura
y poesía sobre todo) era la relación con los italianos que está en la
base del Prerrafaelismo; y así continúa el articulista: «A pesar de los
puntos de semejanza que sus lienzos tienen con los de Botticelli, Man-
tegna y otros pintores de la edad de oro del arte italiano, nadie podrá tacharle de imitador de estos: más bien es de creer que sus sentimientos tuvieron sorprendente afinidad con los que animaron a los
artistas de aquel período en Italia.» Lo que es más importante en el
juicio de que este arte es contrario al realismo dominante: «Enemigo por temperamento de las tendencias modernas, del realismo, nunca pintó nada que viera con sus propios ojos.» En 1900 se reconoce,
sin embargo, el triunfo del pintor, que había muerto el año anterior:
«Esto explica por qué gustaron tan poco en un principio sus cuadros: el público no comprendía un género extraño para él y no acer-
taba a identificarse con aquel mundo fantástico que le llevaba a los
dominios de la fábula. Mas no tardó aquel mismo público en acos-
tumbrarse a aquellas que en un principio calificó de extravagancias,
y Burne-Jones fue al fin reconocido como el primero y el más popular
de los pintores ingleses, viéndose de este modo cumplida la profecía
de Ruskin.»

Me he extendido en las citas porque el artículo representa lo que
puede leerse en una revista de 1900, ilustrada con grabados sobre los
cuadros de Burne-Jones, que lee un público de la burguesía media de
la época. Esto quiere decir que el Prerrafaelismo y su arrastre artístico alcanzaba en 1900 una difusión entre el público en el que podía
proyectarse un aprovechamiento literario de los elementos estéticos
implicados en el movimiento. Hay que contar, sin embargo, con la contradicción que implicaba, pues el arte de Burne-Jones apareció junto
al de Madox Brown y al de Millais, y esto suponía que se reunían un
arte de evocaciones históricas, de índole conservadora, con otro de
orientación socialista y otro de sentido intimista, por sólo citar estos
tres artistas. Pero con todo, el aire de novedad era común a ellos, y
así lo acusaron los jóvenes escritores españoles del fin de siglo. En
1899 Baroja visita París por vez primera; tiene veinte años y lo curio-
sea todo: lugares, gentes, ideas. Años más tarde recuerda lo que más
le llamó la atención en el fin de siglo; Baroja había sido un viajero
abierto y reúne así el abanico de las ideas artísticas que percibía en
el ambiente cultural: «Ya la tendencia del prerrafaelismo, que venía
de Inglaterra con su *The Blessed Damozel*, de Dante Gabriel Rossetti;
la del espiritualismo de Maeterlinck, la del *dilettantismo* de muchos
estetas ingleses discípulos de Ruskin y el amoralismo de Nietzsche
produjeron confusión en la cabeza de las gentes.» [3] No dejaba de
inquietarle que este haz de tendencias, si se extendía en exceso, podía
crear un barniz cultural con el que presumirían el comisionista o la

3. Pío Baroja, *Desde la última vuelta del camino*, en *Obras Completas*, VII
Madrid, Biblioteca Nueva, 1949, p. 689.

Burne Jones en las revistas es-
pañolas de fin de siglo. («La Ilustración Artística», 1900, núm. 944).

patrona de la casa de huéspedes, pero el caso fue que tal diversidad artística llegó también a poetas verdaderos, como Rubén Darío y los hermanos Machado entre otros, que aprovecharon su fuerza creadora.

Para el caso de Manuel y Antonio Machado hay que contar con que es muy probable que hubiesen conocido los propósitos artísticos del Prerrafaelismo desde su adolescencia, en las enseñanzas recibidas de Manuel Bartolomé Cossío en la Institución Libre de Enseñanza. Un discípulo de este pedagogo y crítico de arte recuerda que M. B. Cossío «huía de teorías sistemáticas en materia de arte y estética. Luego hemos podido ver sus coincidencias o divergencias más o menos parciales con unos u otros críticos y filósofos. Los conocía bien y unas veces nos encontrábamos con Hegel, otras con Nietzsche, otras con Ruskin, y otras con nadie»[4]. La amistad entre Manuel Machado y M. B. Cossío queda probada por varios testimonios. Según me comunica Pablo G. del Barco, en el archivo de Manuel Machado en Burgos hay varias cartas del profesor Cossío[5]; cuando Manuel publica un libro (y en esto Antonio también le acompaña), envía un ejemplar al viejo maestro, que no tarde en contestarles, agradeciéndolo, con algún comentario. En una carta del 2 de enero de 1915, después de la lectura de *Canciones y dedicatorias*, escribe: «... Y su género no creo que haya nadie que lo represente en España mejor que Vd. Es muy interesante la mezcla o fusión de París y Andalucía: Verlaine sevillano o Sevilla verlainizada.» En otra de 11 de marzo de 1922 escribe: «Siga Vd. "cultivando su jardín", pues sin que me ciegue el emocionante recuerdo de haberle visto jugar, ¡ay!, en el de esta querida casa, y hasta donde yo alcanzo, que no es mucho, las frutas de su cercado siguen siendo dulces y sabrosas.» Con ocasión del nombramiento de Manuel como jefe de investigaciones históricas en el Archivo le da la enhorabuena y añade: «En esta ocasión pienso sobre todo en sus abuelos y en su buen padre.» La línea del linaje queda patente en el recuerdo del que se llama viejo amigo. En 1926 M. B. Cossío pronunció unas palabras[6] en un homenaje a los dos hermanos, que comenta así en una carta de 22 de mayo de 1926: «Aunque cada día siento con más fuerza que aquellas palabras no eran para el público, sino para la intimidad; para el ángulo del jardín cerrado y oculto en que fueron leídas; para decirlas en voz baja, con un poco de castizo misticismo, como de *amante* a *amada;* porque sólo la *amada*, no siendo las palabras otra cosa que amor, había de penetrarlas plenamente y de gozarlas con entera pureza. Que Antonio tenga esta también como contestación a su preciosa carta desde Segovia que le agradecí infinito, aunque no he sabido responder hasta ahora.»

4. Joaquín Xirau, *Manuel B.[artolomé] Cossío y la educación en España*, México, El Colegio de México [1945], p. 231.
5. Estas cartas aparecerán próximamente con el título de *El archivo de Manuel Machado (Cartas a Manuel y Antonio Machado);* agradezco a Pablo G. del Barco por haberme enviado el texto de las que cito y otros escritos de Manuel, que indico más adelante.
6. Recogidas en *Desdichas de la fortuna o Julianillo Valcárcel*, Madrid, 1926.

Estas subidas expresiones de afecto indican una comunicación llena de cordialidad, y en relación con ellas hemos de considerar la formación artística que los hermanos habían recibido del maestro de Arte y Estética. De ahí que aparezcan párrafos en Manuel como el siguiente para declarar las diferencias entre los primitivos del Norte (flamencos) y los del Sur (italianos); escribe: «Las condiciones materiales del país y de la luz, el carácter de la vida social, la fuerza de las democracias y la existencia del pueblo como entidad política importante, guiaban a los artistas a la pintura de la realidad y aun del retrato.» [7].

Ruskin fue el pensador más característico y que encabezó y orientó los principios estéticos del grupo prerrafaelista, contando con que sus componentes en la mayor parte fueron artistas de acusada personalidad. La Hermandad, que no Escuela, tuvo en Ruskin una especie de profeta civil, un incitador a las aventuras espirituales, sobre todo de orden artístico. Saliéndose de los viejos moldes de la Estética, escribió libros que divulgaron los principios de una teoría entusiasta de la belleza. Si bien esta teoría no era sistemática y fracasó en cuanto a los empeños de una moralización del arte, la fuerza de su pensamiento llegó muy lejos y adoptó incluso orientaciones de orden político, de carácter socialista, que le llevaron a impulsar obras de beneficio para la comunidad. Su difusión por España en el filo del siglo está testimoniada por obras que buscaban un público amplio, y en 1900 su muerte removería curiosidad por su proteica obra [8]. Y esto tanto en el campo de sus defensores como en el de sus detractores. El conocimiento de Ruskin y del Prerrafaelismo estaba relativamente extendido, y en un ensayo de Ramón A. Urbano, que defiende la posición clasicista en la pintura (y en la poesía, en segundo término), indica lo siguiente, que muestra un buen conocimiento del grupo: «Fueron, en un principio, decididos apóstoles del *pre-rafaelismo* (además de Ruskin) Hughes, Rossetti, Madox Brown y Millais; puede decirse que ellos incubaron la larva, oculta muchos años después en un sueño del que, al fin, ha despertado mariposa; cuyas alas (el simbolismo y el impresionismo) se queman y desaparecen en la luz vivísima de la crítica y de la cultura artísticas de Europa.» Para este crítico de arte el prerrafaelismo «en la época contemporánea resurge bajo el nombre de *modernismo*, y a veces usa también la antigua denominación con que Ruskin tratara de sintetizar su original carácter y, sobre todo, su acomodaticia raíz histórica» [9].

El enlace artístico entre el Prerrafaelismo y el Modernismo artís-

---

7. M. MACHADO, *La guerra literaria...*, ob. cit., p. 48.

8. JOHN RUSKIN, *La belleza de lo que vive*, trad. de Atilio Figuier, Barcelona, Presa Hermanos, s.a. (en el prólogo se menciona la muerte de John Ruskin en 1900; la edición parece muy de principios de siglo). Es una antología de sus obras, obra modesta pero bien orientada para su propósito.

9. RAMÓN A. URBANO Y CARRERE, *Discurso sobre el Modernismo en las Artes*, Málaga, La Ibérica, 1905, p. 22.

tico fue diagnosticado muy a comienzos del siglo, y el hecho de que, desde Málaga, lo haga un escritor que niega el valor artístico del grupo, pero que lo conoce, resulta de interés para nuestro fin. El Prerrafaelismo fue una de las novedades que recogieron los artistas (para nosotros, los escritores) en sus viajes por Europa, y cuya función hay que considerar con detenimiento.

LA EXPOSICION UNIVERSAL DE 1900
Y EL PRERRAFAELISMO

CONSIDERACIÓN DEL PRERRAFAELISMO EN LA EXPOSICIÓN DE 1900

Los hermanos Machado vivieron en el París del mismo fin de siglo, precisamente en el año 1899. Sus biógrafos indican que Manuel fue por delante, en marzo, y que Antonio le siguió en junio; estuvieron allí sólo unos meses, pues Antonio volvió en octubre y luego, Manuel en diciembre[1]. Ambos pudieron conocer el optimismo cultural con que París se preparaba para recibir el nuevo siglo con la Exposición Universal, que había de reunir lo más grande del arte del pasado y del presente de Europa. Juan B. Enseñat, cronista de ia Exposición en «La Ilustración Artística», recoge así esta impresión de demostración culminante: «Hay en la Exposición muchos sitios donde bastará ver las cosas de paso, mientras que hay otros donde es indispensable pensar. A esta última categoría pertenece la calle de las Naciones. No puede pasearse por esta calle sin experimentar la necesidad de abstraerse y de buscar la ley de ese gigantesco esfuerzo que ha procurado presentarnos no solamente la síntesis de la actividad productora de hoy, sino que también la de la riqueza gloriosa creada por el genio de todas las edades»[2]. Para los efectos de este libro me interesa realizar una exploración de la presencia del Prerrafaelismo y de las consecuencias de este magno certamen mundial. Si los hermanos Machado estuvieron al filo del 1900, Rubén Darío[3] hizo el viaje a París precisamente con motivo de la inauguración, y

1. MIGUEL PÉREZ FERRERO, *Vida de Antonio Machado y Manuel*, Madrid, El Carro de Estrellas, 1947, pp. 87 y 95-96; así lo aceptan los otros críticos.
2. JUAN B. ENSEÑAT, *Crónicas de la Exposición de París. La calle de las Naciones*, «La Ilustración Artística», n.º 961, 1900, p. 346.
3. Véase mi libro *Rubén Darío y la Edad Media*, ed. cit., pp. 86-88.

esto fue motivo para que expusiese su opinión sobre las manifestaciones artísticas del Prerrafaelismo que se exponían en el pabellón
inglés. Me parece a mí que es muy probable que en las conversaciones que tuvieran los Machado con Darío saliese a relucir la cuestión
de los diferentes movimientos artísticos de Europa, y en particular
este del Prerrafaelismo, con todas las adherencias estéticas que he
comentado. La visita de los dos Machado a París les había servido
para informarse de lo que estaba en el aire cultural de la época,
sobre todo en cuanto a las modas artísticas y en otros muchos aspectos; en su libro sobre Antonio Machado, M. Horányi [4] estima que
«la última fase importante de la maduración espiritual del joven poeta fue su primer viaje a Francia en 1899...», y lo mismo, o acaso con
más motivo, puede decirse de Manuel.

Por este motivo reúno aquí algunas opiniones para testimoniar un
término medio de la cuestión, proyectado pronto sobre el público,
y que debieron conocer los dos hermanos. La crítica más común
que corría por las revistas y libros enlaza, en este caso, el predeterminismo de nación y raza con las características de la obra expuesta:
es una pintura hecha por ingleses, para los ingleses, en Inglaterra.
Pero esta consideración, común en este tiempo, no impide reconocer
que en es arte inglés de la época existe un extraño atractivo para todos [5]. Un crítico español de arte, Rodríguez Codolá, que da una versión «oficial» de sus juicios ante los cuadros, escribe: «Afanosos de
sinceridad, cuidan de los pormenores más nimios y los reproducen
textualmente, de manera que los ojos más exigentes de verdad real
distingan con claridad cuanto integra el cuadro, y puedan especifi-
carlo, como haría un botánico con los ejemplares de un herbario» [6]
Este realismo lineal habría de chocar con el triunfo del Impresionismo y sus consecuencias, pero el crítico señala que este propósito les
conduce a resultados diferentes: «...pero hay que tener presente que
esa sinceridad en la reproducción no les ha conducido a todos por
el mismo camino, pues si a unos los ha llevado a pintar asuntos legendarios o de imaginación, o fisonomías humanas concienzudamente
observadas, para dar en ellas con lo íntimo de sus pensamientos, a
otros los ha encauzado hacia el estudio del mundo físico en sus aspectos poéticos» [7]. Los asuntos legendarios sobreviven aún con este

4. MÁTYÁS HORÁNYI, *Las dos soledades de Antonio Machado*, Budapest, Aka-
démiai Kiadó, 1975, p. 20.

5. Así se expresa LEONCE BÉNÉDITE en el capítulo dedicado a Gran Bretaña
en la reseña general *Exposition Universelle de 1900. Les Beaux-Arts et les Arts
Décoratifs*. Paris, Gazette des Beaux Arts, s.a. (parece publicación contemporánea): «Quels que soient les sentiments individuels qu'on éprouve en pénétrant
dans la section anglaise, il est une impression qui est unanimement ressentie:
c'est qu'on est en face d'un art national, qui porte fortement marquées les caracté-
ristiques de la race.» (p. 397). Y reconoce así el insólito atractivo de este arte
inglés: «Cet accent étranger, tout nouveau pour nous, leur donne un attrait
incontestable» (p. 397).

6. M. RODRÍGUEZ CODOLÁ, *La pintura en la Exposición Universal de París. 1900*
[Barcelona, Salvat, 1903], p. 57.

7. Idem, pp. 57-58.

aire de novedad y son compatibles con la percepción imaginativa de la realidad.

El comentarista francés señala que, en la pintura, el movimiento prerrafaelista se encuentra en 1900 en cierto modo sobrepasado, y que sus propios cultivadores avanzan hacia otras fórmulas: «Ce réalisme, à la fois aigu et poétique, fut à ses débuts la marque distinctive du mouvement préraphaélite. Nous ne trouvons plus guère, aujourd'hui, de contemporains de ce petit groupe actif dont l'influence s'est fait sentir si tard chez nous, et même à la suite de la littérature et de l'industrie mobilière d'outre-Manche»[8].

La apreciación del crítico francés tiene interés porque señala un efecto de la repercusión del Prerrafaelismo sobre las Bellas Artes, en particular la literatura y la artesanía. El cronista de la Exposición J. B. Enseñat se muestra inquieto sobre una manifestación de la modernidad que aparece en el certamen; se refiere a lo que le parecen las extravagancias del arte moderno: «Entre estas extravagancias figuran las del *modern style*, de importación británica, que pretende no poner en nuestras manos un solo objeto usual que no sea un objeto de arte; pretensión que no hay que confundir con la inteligencia y el gusto de las materias que pueden hacernos apreciar, lo mismo que una obra de arte, el objeto popular creado por el humilde artífice y destinado al uso del pueblo»[9]. En efecto, este *modern style*, como lo llama el cronista, impulsará un desarrollo de la artesanía que habría de producir grandes efectos en la vida de la época, hasta el punto de que pocas veces una conmoción artística se ha extendido con tal extensión y en tan poco tiempo. España recibió también estos efectos, notables y reconocidos en Cataluña, pero también presentes con eficacia en las otras regiones.

G. Brotherston anota especialmente que Manuel tuvo poca relación con el Modernismo catalán, pero esto no puede tomarse como una nota negativa, sino al revés: el poeta poseía en su medio castellano un número suficiente de circunstancias favorables a las nuevas corrientes y no tuvo que acudir al foco catalán, tan activo y emprendedor en su dominio[10]. En toda España y en grados diversos[11], la expansión triunfante del «estilo moderno», en el que la procedencia inglesa y los efectos del Prerrafaelismo eran patentes, levantó a principios de siglo edificios con intención de que fuesen elegantes y a la moda, y los llenó de una artesanía en consonancia, que a veces, si faltaba el acierto creador, venían a caer, ¡ay!, en lo cursi y pobretón, pero que eran indicio de una voluntad de dignificación artística. Las páginas de las revistas ilustradas testimoniaban este cultivo artístico. Ejemplo claro lo ofrecen las dos ilustraciones de «Blanco y Negro»

8.   L. BÉNÉDITE, *Exposition Universelle de 1900...*, ob. cit., p. 398.
9.   J. B. ENSEÑAT, *Crónicas de la Exposición...*, art. cit., p. 346.
10.   G. BROTHERSTON, *Manuel Machado...*, ob. cit., p. 99, n. 2.
11.   Véase, por ejemplo, el libro de ALBERTO VILLAR MOVELLÁN, *Arquitectura del Modernismo en Sevilla*, Sevilla, Publicaciones de la Diputación Provincial, 1973.

contemporáneas de la aparición de las poesías «primitivas» de Manuel Machado. En una de ellas aparece un tapiz («imitación del estilo gótico del siglo xv») de claros perfiles prerrafaelistas [12]. En la
otra ilustración aparecen unas obras del artista José Arija, el mismo
que le pone un marco de dibujo a la poesía de Manuel Machado.
Arija es profesor de Modelado y vaciado en la Escuela de Artes y
Oficios de Madrid. En este mismo año de 1904, en que hizo estos dibujos, ganó la medalla de oro de la Exposición de Bellas Artes en
el grupo de arte decorativo. Desde el año 1891, en que publicó en
«Blanco y Negro» el calendario de la revista, impulsaba la ilustración
artística con dibujos de carácter arqueológico, «familiarizando al público con los estilos antiguos» [13]. Son suyas numerosas obras de decoración, un arte característicamente modernista: así el comedor de
Fornos, las rejas del palacio del duque de Arévalo, la ornamentación
de parte del salón de baile del casino de Madrid y de algunas salas
de la casa de « A B C». En un «Blanco y Negro» de la época se nos informa que proyecta las rejas de un ascensor y un telón repostero para
un teatrito. El comentario del artículo es: «Ambas obras [...] prueban hasta qué punto van filtrándose en nuestras costumbres todos
los refinamientos de la gran vida...» [14]. Y esto se señala bajo el título
de «La casa moderna».

De la pintura inglesa contemporánea que se exhibió en la Exposición de París, me referiré sólo a dos pintores fundamentales. De
Eduardo Burne-Jones escribe el mencionado crítico Bénédite: «Voici
bien Burne-Jones, mais dans sa dernière manière, plus académique,
plus sage, bien éloignée, hélas! de ses premiers ouvrages si émou-
vants, dont on a pu admirer quelques nobles échantillons au Pavillon
britannique; le voici, avec son dessin long et brisé, les plis cassés de
ses draperies, l'appauvrissement du ton et l'affaiblissement du ca-
ractère. Et, néanmoins, le *Rêve de Lancelot* et le *Conte de la prieure*,
celui-ci un peu plus ancien, moins sec et plus coloré, nous retiennent,
malgré nous, par un incontestable sentiment de profonde poésie» [15].
Cuadros poéticos, ésta era la fórmula que se doblará en poesía pictórica. El crítico español dice algo semejante, pero insiste en la «profunda impresión» que causan los cuadros ingleses: «La leyenda, que
ofrece ancho campo a la fantasía pictórica, fue la que inspiró a Burne-Jones para las obras que de él se exhibían en el pabellón de la
Gran Bretaña. Esas composiciones, de indiscutible interés, están realizadas con sujeción al credo ruskiniano. Sólo una vez pude verlas,
pero la exquisita distinción de aquel arte refinadamente poético y
expresivo, de aquella pintura que, de conformidad con lo que predica
el apóstol, no es un entretenimiento, ni un excitante para los neuro-

12. Apareció en el «Blanco y Negro» de 5 de marzo de 1904; las poesías de
«Alvar-Fáñez» y «Retrato», en 13 de febrero y 4 de junio del mismo año.
13. Véase *Enciclopedia Universal europeo-americana*, Apéndice, I, Espasa-
Calpe, 1930, p. 836.
14. «Blanco y Negro», 13 de febrero de 1904.
15. L. BÉNÉDITE, *Exposition Universelle de 1900...*, ob. cit., p. 398.

páticos, ni objeto de pasatiempo, antes al contrario, me causó profunda impresión, sin que esto quiera decir que estime en absoluto benéfica su tendencia, si es que alguien intentara continuarla» [16]. La dirección arcaizante de los prerrafaelistas coexiste con la socialista de Ford Madox Brown y con la intimista de John E. Millais. Sólo para contraste con la primera, que es la que destaco deliberadamente en este libro, indicaré la opinión que mereció un cuadro de este pintor al francés Bénédite: «Le regretté sir John E. Millais, du moins, nous donne, avec une peinture des dernières époques de sa carrière, une œuvre fortement impressionnante, qui nous ramène, par sa simplicité extrême, sa vision aiguë, nette et volontaire, au plus beau temps de ses succès. C'est un *Vieux Jardin* solitaire, aux hautes bordures de buis taillés et alignés, à la fontaine qui murmure mélancoliquement dans la solitude et la lumière rose du soir. On ne peut exprimer avec des moyens plus simples la poésie pénétrante des vieilles choses qui continuent à vivre» [17]. Esta expresión poética de la pintura la notó también el crítico español Rodríguez Codolá: «Del núcleo de hermanos pre-rafaelistas que lucharon bravamente y sin desmayo, teniendo por defensor entusiasta a Ruskin, el predicador infatigable de la religión de la Belleza, podían estudiarse, aparte los de Burne-Jones, tres cuadros originales de Millais, el pintor de la expresión sentimental. De entre ellos, el que interesaba al momento era un *Vieux jardin*, solemnemente plácido, sin un alma viviente, con cercos de bojes cortados con irritante regularidad, y en el fondo, asomando entre el macizo del arbolado, antigua casa señorial: en primer término una fuente, de cuyo caño surge, en suave curva, el chorro de agua, que al quebrar en el gran tazón parece murmurar cosas del tiempo viejo, de las que fue testigo, al caer de la tarde, en días muy lejanos...» [18]. El crítico de arte casi llega al tono poético para comentar el cuadro de Millais, pero lo que quiero señalar es que en esta misma época el cuadro de Millais podría haber servido como ilustración para la poesía «El jardín gris», de Manuel Machado. La opinión de Bénédite y Rodríguez Codolá es la de dos críticos de la pintura y, por tanto, procede de conocedores del arte. Hay que tener también en cuenta la de otros visitantes de la Exposición, como el cronista de «La Ilustración Artística». De Millais, por ejemplo, escribe: «La obra tiene un título muy significativo: *El azul encantador de la pequeña Verónica*, y representa una niña con flores azules en la mano. No es poposible poner la muestra sentimental más en evidencia, y no es posible tampoco pintar de un modo más amanerado ni más seco. Pues bien: los lienzos de esa especie abundan en la sección inglesa.» De Burne Jones escribe: «Burne Jones, muerto como Leighton y Millais, se halla mejor representado por dos lienzos: *El sueño de Lancelote*

16. M. RODRÍGUEZ CODOLÁ, *La pintura en la Exposición Universal de París*, ob. cit., p. 58.
17. L. BÉNÉDITE, *Exposition Universelle de 1900...*, ob. cit., p. 398.
18. M. RODRÍGUEZ CODOLÁ, *La pintura en la Exposición Universal de París*, ob. cit., pp. 58-59.

y *Las cacerías de Cupido,* y por una serie de dibujos que han podido contribuir a desarrollos literarios, pero que no pasan de ser obras de un frío convencionalismo y de escasa inspiración, reflejo de una ciencia que se inspira en las abstracciones del arte, y no de un arte que arranca de las realidades de la vida» [19]. Esta otra opinión puede valer como la representación de un gran número de visitantes, desconcertados ante el arte prerrafaelista, y contrasta con el esfuerzo por comprender que manifiestan los jóvenes escritores como Baroja, Rubén Darío y los Machado, que por esto merecen en esta circunstancia de su vida el título de «modernistas». Así, sobre el efecto que produjo la visita a la Exposición de París en Rubén Darío, traté en mi mencionado libro *Rubén Darío y la Edad Media;* de París fue a Italia, donde se sumergió en el otro aspecto del Prerrafaelismo: la contemplación directa del origen de esta sensibilidad estética, los italianos anteriores a Rafael. El caso de Baroja, al que antes me referí, es ilustrador; no cabe pensar con él que se moviese por el halago artístico de una moda social; Baroja estuvo en París coincidiendo con los Machado [20], y el escritor vasco también sintió la atracción prerrafaelista en sus formas de origen: «Dos o tres veces a la semana iba al Museo del Louvre, y veía siempre que iba la sala de los primitivos italianos, y me entusiasmaba con Botticelli, Fra Filippo Lippi, Paolo Uccello y los demás prerrafaelistas» [21]. No se le ocultaba a Baroja que aquel goce artístico, mezclado con otros excitantes intelectuales del momento, era un signo de renovación y, por tanto, de modernidad. La experiencia era común a estos españoles que buscaban ponerse a la hora de Europa; si el Prerrafaelismo podía considerarse en Inglaterra en proceso de desintegración, para ellos, mezclado con las otras novedades literarias, podía ejercer una función innovadora. Y con esta exploración ofrecemos más datos para una cuestión que es fundamental para establecer el diagnóstico de la época de juventud de estos escritores. Un crítico que estudia con detenimientos estos años críticos del comienzo de siglo, se pregunta: «Para entender plenamente en su realidad histórica la juventud del 98 y su cambio de postura será también necesario preguntarse por sus contemporáneos europeos: ¿Fueron acaso tan distintos? ¿Está la ideología de la madurez del 98 tan alejada de las principales corrientes europeas de su tiempo? En última instancia, preguntamos [...]: ¿Es España tan diferente?» [22]. En el fondo de la consideración del aspecto concreto que me ocupa, está la preparación de una respuesta establecida con los datos que aquí reúno.

19. J. B. ENSEÑAT, *Crónicas de la Exposición...,* Diferentes escuelas de Pintura, «La Ilustración Artística», 1900, n.º 972, p. 522.
20. «En el segundo o tercer mes de estancia en París acudía al mismo restaurante o figón a donde iban los hermanos Machado. Era un restaurante de obreros y algunos artistas.» (P. BAROJA, *Desde la última vuelta del camino. Memorias,* ob. cit., p. 720.)
21. Idem, p. 702.
22. CARLOS BLANCO AGUINAGA, *Juventud del 98,* Madrid, Siglo XXI, 1970, páginas 326-327.

V

LAS RELACIONES PERSONALES

La Hermandad modernista:
Rubén Darío y Manuel Machado

Cuando se trata de comprender el desarrollo de la literatura española en el fin del siglo, hay que contar con la hermandad literaria de los escritores, muy acentuada en algunos casos. Y no se trata ya de la hermandad de carne, como en el caso de Manuel y Antonio [1], sino de la que los reunió primero por razón de las afinidades de gusto, y unió después con lazos de amistad, de gran afecto, en su obra literaria. Manuel Machado lo ha reconocido en varios lugares; en París, en casa de Gómez Carrillo, encontró reunido un grupo decisivo para la literatura de la época: «Bajo aquel mismo techo morábamos por entonces Enrique Carrillo, Amado Nervo, Rubén y yo; habíamos vivido y habíamos bebido juntos... Y aun habíamos amado juntos una vez que a cierta mujercita de Montmartre le habíamos parecido bien ambos... Lo cual estuvo a punto de enemistarnos, españoles al fin. Los buenos oficios del gran poeta Moréas, nuestro gran amigo y contertulio del Café Cyrano, nos pusieron definitivamente en paz bajo un diluvio de copas de champaña y versos magníficos del maestro griego, que era entonces el primer poeta de Francia» [2].

La estrecha relación entre Darío y Manuel Machado es cuestión manifiesta: «Nos quisimos como hermanos. Si bien yo fui siempre, y por muchos conceptos, el hermano menor;» «...nuestra intimidad

---

1. Véase el artículo de Ricardo Gullón, «Relaciones entre Juan Ramón y Manuel Machado», en *Direcciones del modernismo*, Madrid, Gredos, 1971[2], pp. 210-227, en el que se refiere a las relaciones entre ambos hermanos: «Es un caso de identificación profunda, que no impidió el libre y autónomo desarrollo de la personalidad» (p. 212).
2. Manuel Machado, *Rubén Darío y yo*. «Arriba», 5 febrero 1946, p. 5.

era absoluta»[3]. El hermano menor, aseguró Manuel Machado con respecto a Rubén; y con esto confesaba que la relación se estableció en el sentido de Rubén a Machado, pues el hermano menor suele admirar e imitar al mayor. Dámaso Alonso, refiriéndose al siglo de oro que representa en la historia de la poesía española la creación de la generación de Rubén Darío y la siguiente, escribe: «Todo esto, todo, nace directa e indirectamente de las *Prosas profanas*, de Rubén Darío...»[4]. Y Manuel Machado es el primero de la lista de la generación; fijar el orden estricto en que sucedió, es imposible. La misma pretensión de Juan Ramón Jiménez es muy difícil de comprobar; en su curso sobre el modernismo dijo: «Rubén Darío, lo sé por él mismo, lee Verlaine después que yo, porque lo que él conocía eran los parnasianos [...] De modo que los Machado y yo cogimos eso directamente; por ello el simbolismo viene en otra forma»[5]. Parece difícil aceptar que haya habido una prelación ordenada por corrientes. En cambio, el nombre de Rubén Darío, con su prestigio ante los otros, pudo encabezar esa *Brotherhood* o hermandad poética. Y un indicio de esto se encuentra en las poesías que se dedicaron unos a otros. Eran presentes de confraternidad, y la dedicatoria tiene el valor del indicio espontáneo que señala el carácter de cada elección.

En los *Cantos de vida y esperanza* (Madrid, 1905), Darío dedicó a Manuel Machado la poesía «¡Aleluya!». El título indica cuál fue la intención poética de Rubén: usar el lenguaje y la disposición exultante del cristianismo hacia Dios, puestos al servicio de la expresión del amor humano carnal:

¡ALELUYA!

A Manuel Machado

Rosas rosadas y blancas, ramas verdes,
corolas frescas, y frescos
ramos, ¡Alegría!

Nidos en los tibios árboles,
5 huevos en los tibios nidos,
dulzura, ¡Alegría!

El beso de esa muchacha
rubia, y el de esa morena,
y el de esa negra, ¡Alegría!

3. Idem, p. 5.
4. D. ALONSO, *Ligereza y gravedad en la poesía de Manuel Machado*, ob. cit., p. 53.
5. JUAN RAMÓN JIMÉNEZ, *El modernismo. Notas de un curso (1953)*, México, Aguilar, 1962, p. 227. También en RICARDO GULLÓN, *Conversaciones con Juan Ramón Jiménez*, Madrid, Taurus, 1958, p. 56.

Una taberna de Mont-
martre («Ilustración Ar-
tística», 1900, núm. 966).

Rubén Darío, el amigo
de Manuel y Antonio.

Palacio de la Electricidad en la Exposición de París de 1900 («La Ilustración Española y Americana», 1900, núm. 279).

10   Y el vientre de esa pequeña
de quince años, y sus brazos
armoniosos, ¡Alegría!

Y el aliento de la selva virgen,
y el de las vírgenes hembras,
15   y las dulces rimas de la Aurora,
¡Alegría, Alegría, Alegría!

La poesía está en una línea determinada de la obra de Rubén que estudié en mi libro [6]. Esta exaltación del amor humano innominado responde al ambiente de la vida del grupo en París, y representa su versión poética de acuerdo con los tópicos establecidos para su expresión; y más en particular en cuanto a la afición de Manuel por las mujeres, que manifiesta con frecuencia en su poesía. Y Manuel dedicó a Rubén todo un libro, de título verleniano: sus *Caprichos*, tan mal recibido por Manuel Abril [7]. En el mencionado artículo que Manuel dedicó a Rubén en 1946 recuerda con alguna emoción que su amigo se dedicó a glosar y apostillar alguna de las composiciones de los *Caprichos*, como la titulada «Rosa» [8]. Las manifestaciones de la amistad serían muchas, y hay que contar con las de repercusión literaria [9]. Manuel llevó a término en su vida el aserto poético de Darío: «Mi esposa es de mi tierra, mi querida de París», y es muy posible que los amigos hablaran de esto en la intimidad confidencial. Poesía y vida iban a la par, entremezclándose en su existencia bohemia. A la muerte de Rubén, Manuel escribiría:

Y eres, en nuestras mentes y en nuestros corazones,
rumor que no se extingue, lumbre que no se apaga. [10]

Quiero dejar esto bien sentado porque para mí es fundamental este cruce de las experiencias poéticas de Manuel y de Rubén. En estas evidentes coincidencias quiero ver una común contribución al espíritu del fin de siglo, del que ambos participan; si la precedencia favorece a Darío, es porque esto ocurría en el orden de sus relaciones personales: el americano era un maestro al que los jóvenes españoles aceptaban por propia voluntad, y seguir de cerca sus pasos era un reconocimiento a la vez de su maestría y de la amistad, que la bohemia de París contribuiría que fuese común entre todos: «Nuestro afecto tenía, en todo caso, esa severa y varonil ternura,

---

6. Véase mi obra *Rubén Darío y la Edad Media*, ob. cit., pp. 51-52.
7. Véase la reseña de MANUEL ABRIL, en «La Lectura», año V, tomo III, 1905, pp. 667-670.
8. M. MACHADO, *Rubén Darío y yo*, art. cit., p. 5.
9. Es muy interesante comparar el poema «Aleluya» con «Caracol», dedicado a Antonio Machado, por lo que supone de comprensión intuitiva de ambos hermanos.
10. Dedicatorias. *Obras Completas*, Plenitud, cit., p. 207.

esa seriedad emocionada de lo fraternal» [11]. La difícil fórmula de la maestría fraternal entraba en juego, con todas sus consecuencias.

COINCIDENCIAS POÉTICAS EN RUBÉN Y MANUEL MACHADO

a) El caso de «Castilla»

Voy a examinar tres casos en que coinciden los dos poetas. Es sabido que Rubén había añadido a su edición segunda de *Prosas profanas* (París, 1901) varias poesías de modalidad medievalizante: «Las cosas del Cid», «A maestre Gonzalo de Berceo» y las siete piezas de «Dezires, layes y canciones». Aunque luego lo haré desde otro punto de vista, voy a referirme a las cuestiones que plantea esta relación. Primeramente me referiré a la poesía «Castilla», que merece una consideración propia porque, como he dicho, resulta la obra más conocida del autor, y porque ha entrado en juego en muchas interpretaciones de la época. Luego trataré del caso de Berceo, estableciendo la misma situación que en los orígenes de la literatura española con los mesteres de juglaría y de clerecía; y finalmente me referiré a las cuestiones métricas que plantean los «Dezires...» de Darío.

En el primer caso, el poema «Cosas del Cid» había aparecido antes en «La Ilustración Española y Americana» de Madrid, correspondiente al 30 de marzo de 1900 [1]; resulta, pues, muy probable que Manuel y Rubén Darío hubiesen hablado de esta obra en sus conversaciones. Este poema del americano es, pues, anterior a «Castilla» y a las otras obras medievalizantes de Manuel. El poema sobre el Cid de Darío se apoya en *Le Cid* de Barbey d'Aurevilly (el Cid da limosna al leproso). Marasso ha indicado la fuente, y cómo ésta sirve a Rubén Darío de motivo para su paráfrasis [13]; el poema de Rubén tiene una parte que va cerca del francés, pero luego por su cuenta le añade la extensa coda original («este sorbo de licor castellano», escribe), y fue el ofrecimiento que le hizo una niña de una rosa y un laurel. La niña aparece así:

> ... una niña vestida de inocencia:
> una niña que fuera una mujer, de franca
> y angélica pupila, muy dulce y muy blanca.

Insinúa Marasso que esta niña recuerda la del *Poema del Cid* en

11. M. MACHADO, *Rubén Darío y yo*, art. cit., p. 5.
12. El poema salió dedicado «A Francisco de Icaza», n.º XII, p. 194.
13. ARTURO MARASSO, *Rubén Darío y su creación poética, Buenos Aires*, Kapelusz [1954], pp. 143-146; es el poema «Le Cid» del libro póstumo de Barbey d'Aurevilly *Poussières*, París, Lemerre, 1897; había sido publicado también en la *Revue Illustrée* de 1887.

el episodio que sirve a Manuel Machado como motivo de su poesía. Esto me parece posible, y en este caso Manuel Machado establece su obra más cerca de la fuente original del motivo. El poeta español prefiere arrimarse al verdadero original primitivo y no a la versión francesa, no sin que, como se verá, deje de recoger de ella alguna sugerencia poética. La realidad del *Poema* antiguo es para él más operante que en el americano, dentro de unas pautas comunes en el tratamiento de la materia poética.

b) *Las poesías sobre Berceo*

Lo mismo puede decirse del «Retablo»; Rubén Darío había escrito un poema sobre Berceo titulado «A maestre Gonzalo de Berceo», que, como dije antes, se incorporó a la segunda edición de *Prosas profanas* de 1901. La poesía de Manuel Machado apareció el 4 de junio de 1904. Rubén Darío establece un paralelo entre el moderno alejandrino francés de Víctor Hugo y el antiguo, de Berceo; ambos se comparan diciendo que valen el uno una «copa de champaña», y el otro, un «vaso de bon vino»; el poeta dice que la «primitiva cárcel» resulta extraña. Observemos que *primitiva* tiene aquí el valor estético de los prerrafaelistas. Por eso él quiere que brille con su «moderno esmalte», que es el soneto de la composición. Así se explica la contradicción de cantar al poeta clerical en el verso renacentista. Manuel Machado, sin embargo, prefiere permanecer cerca del poema de origen, y en este caso prueba la aventura de usar el mismo verso alejandrino de Berceo, flanqueado por la extensa e intensa experiencia que los modernos franceses habían realizado con igual verso. Por eso en este caso toma el mismo motivo del «vaso de buen vino» y le da otro tratamiento. Si Darío limitó el arcaísmo a la mención del «vaso de *bon* vino», Machado va más allá, y no sólo rehace el verso alejandrino, sino que incrusta otros arcaísmos y, lo que es más importante, da a la poesía una estructura primitiva de fondo, tal como hemos visto.

c) *Las estrofas de aire medieval*

Rubén Darío publicó en la «Revista Nueva», de Madrid, en 1899, varias poesías en las que la imitación de la estrofa medieval era clara y además reconocida [14]. El contenido, sin embargo, era erótico, a la manera bohemia, con una apreciación sensual de la mujer destinada al amor de la carne. En «Don Carnaval» vimos que Manuel lleva el propósito de alcanzar el virtuosismo estrófico hasta el más alto

---

14. Véase mi libro *Rubén Darío y la Edad Media*, ed. cit., pp. 61-66; estas poesías aparecieron: «Dezir a la manera de Johan de Duenyas», «Otro dezir», «Lay, a la manera de Johan de Torres», «Canción, a la manera de Valtierra», en «Revista Nueva», I, 1899, pp. 626-630; y «Que el amor no admite cuerdas reflexiones. A la manera de Santa Ffe»; «Loor, a la manera del mismo», y «Copla esparça, a la manera del mismo», en la misma revista, número y año, pp. 673-675.

grado de refinamiento, pero la imitación medievalizante se establece a través de una fórmula romántica; y el contenido es diferente, pues el andaluz revierte la significación de la obra del Arcipreste en un sentido contrario al de Darío, ridiculizando este amor que exalta el americano. Casi se diría que, a la manera de las sátiras medievales, hunde en el pecado lo que exaltó en la carne, según el concepto cristiano de la vida, frente al paganismo de Rubén, cuya interpretación del sentido cristiano tomó otros rumbos.

V I

ASPECTOS DEL PRERRAFAELISMO

EL PRERRAFAELISMO EN LA OBRA DE
MANUEL MACHADO

a) *Fra Angélico*

El criterio artístico de Manuel Machado con respecto al Prerrafaelismo se halla entreverado por este conjunto de sugestiones literarias y artísticas. Parece ser que en el verano de 1902, en una segunda estancia en París, hizo un breve viaje a Inglaterra y a Bélgica.
¿Pudo entonces conocer la obra de los maestros modernos de la Hermandad Prerrafaelista? ¿Tuvo ocasión en Bélgica de ver el cuadro
de «Doña Juana la Loca», aun teniendo en cuenta la mención de un
grabado del mismo, al que me referiré más adelante? La cuestión
queda en el aire y, por otra parte, ha de tenerse en cuenta que el
desarrollo del arte de la ilustración, favorecido por las revistas, pudo
extender un conocimiento indirecto en círculos amplios. Por eso hay
que partir de que se pudo llegar a una estrecha relación que condu-
jese a soluciones artísticas paralelas en los diversos países europeos
que tienen una larga historia intelectual y artística común; la moda
fue un cauce regularizador y comunicante, y en cada escritor se
repite en grado diverso el fenómeno comunitario.

Ya vimos que la relación entre pluma y pincel, propia de los parnasianos, se limitaba en el proceso histórico a los autores anteriores
a la maestría de los clásicos asegurados por la crítica histórica conservadora. Antes de Rafael también existe maestría, pero diferente
en el sentido estético; y Manuel Machado dedica uno de sus sonetos
de *Apolo* [1] a la *Anunciación* de Fra Angélico:

---

[1] El libro *Apolo. Teatro pictórico*, de Manuel Machado, apareció en Madrid, V. Prieto y Cía., 1911; la poesía a *La Anunciación*, pp. 15-16; la de «Doña

Fra Angélico, «La Anunciación». La campanada blanca de maitines...

Escuela de Brabante, «Doña Juana de Castilla». Hierática visión de pesadilla...

BEATO ANGELICO

LA ANUNCIACION

La campanada blanca de maitines
al seráfico artista ha despertado,
y, al ponerse a pintar, tiene a su lado
un coro de rosados querubines.

5   Y ellos le enseñan cómo se ilumina
la frente, y las mejillas ideales
de María, los ojos virginales,
la mano transparente y ambarina.

Y el candor le presentan de sus alas
10   para que copie su infantil blancura
en las alas del ángel celestial,

que, ataviado de perlinas galas,
fecunda el seno de la Virgen pura,
14   como el rayo del sol por el cristal.

Por de pronto, si bien el soneto es una forma de la tradición española, en este caso se trata de un esquema métrico del mismo de escasa frecuencia en nuestra literatura: el soneto de rima independiente en los cuartetos. El Modernismo, pues, modifica el estatuto métrico del soneto en este aspecto de la rima exterior buscando así una nota de modernidad.

Manuel Machado organiza el soneto de una manera armónica: el primer cuarteto inició la impresión del color blanco al mismo tiempo que va describiendo la situación del caso: el artista angélico se dispone a pintar una escena religiosa. El segundo cuarteto concentra la atención sobre la figura principal del cuadro: la Virgen. Rompe el primer terceto hacia la nota de candor e inocencia que se desprende de la figura descrita —y pintada—, y el segundo terceto se precipita hacia el misterio —que es decir la poesía— del asunto religioso: la Anunciación; y el rayo de sol es así el símbolo que con su luz dorada cierra el desarrollo. Hay, pues, un orden en la creación poética rigurosamente establecido, que va desde la vibración acústica de la campana, al comienzo del poema, hasta la nota de color de oro, en el cierre, que es como representan los pintores primitivos la materia del rayo.

Algunos de los elementos que componen el poema pueden estu-

Juana la Loca», pp. 21-22; y la de Botticelli, pp. 25-26. Las dos primeras tienen una lámina delante de cada poesía con la reproducción del cuadro. En la edición de las *Obras Completas*, II, Madrid, Mundo Latino, 1922, la parte de *Apolo* aparece fechada en 1910. El libro está dedicado a Francisco Giner de los Ríos.

diarse y analizarse desde observaciones que el propio Machado hizo
posteriormente examinando él mismo el proceso creador que ocurrió
en él. La teoría se confirma, en este caso, por el propio autor. En
efecto, con ocasión de una conferencia de Manuel Machado, cuyo
texto encabeza un libro de crítica y ensayos, el poeta nos ofrece una
serie de consideraciones que se refieren algunas a este soneto: «El
solo nombre de Beato Angélico evoca los de sus contemporáneos tan
sabidos Giotto, Ghirlandaio, Cimabué, Perugino, el Pinturicchio, inge-
nuos pintores de escenas santas, albor del Renacimiento, con sus
vírgenes de comba frente, hierática apostura y dulces ojos divina-
mente perfilados; con sus párpados uniformes y sus inocentes ilu-
minaciones de oro y seda. Por eso se mientan en el soneto las frentes
virginales y las manos de nácar, y se termina la estrofa con una frase
sacramental y litúrgica que da la sensación de la ingenua religiosidad
de los prerrafaélicos» [2]. He aquí, pues, una declaración que expone
en síntesis lo que supuso para el poeta la experiencia artística del
Prerrafaelismo: un nombre determinado, el de Fra Angélico, asocia
los de ́aquellos otros pintores que este movimiento valora desde
un nuevo punto de vista de la crítica. Manuel señala también los
efectos de la técnica empleada para establecer esta relación entre
pintura y poesía y, lo que es más importante, sus efectos en la expresión. El poeta, que en esta ocasión examina su propia obra como
crítico, comienza por comentar el primer verso:

           1   La campanada blanca de maitines

(Téngase en cuenta que para dar a la poesía la profundidad espiritual que quiso evocar el poeta, hay que tener delante o recordar el
cuadro de la *Anunciación* de Fra Angélico [3], del Museo del Prado.)
Siendo así, comenta Manuel: «Hacedme gracia del asonante *campanada blanca*, hecho adrede con el fin de contribuir a la sensación del
albor y de candor que se persigue» [4]. Examinemos el verso en cuestión desde el punto de vista de su organización melódica:

           La campanada blanca de maitines
           o   òo   óo   óo   òo   óo

Se trata de un endecasílabo que posee un efecto peculiar: el asonante que el poeta denuncia como propósito evocador de una impresión de blancor, produce al mismo tiempo una resonancia paralela
en relación con la onomatopeya del toque de campanas:

              La càmpanáda blánca...
              tantán-tantán-tantán...

    2. M. Machado, *La guerra literaria*, ob. cit., pp. 46-47.
    3. Me refiero a la atribución más general a Fra Angélico de este cuadro del
Museo del Prado, que algunos creen que es de Zanoli Strozzi.
    4. M. Machado, *La guerra literaria*, ob. cit., p. 45.

La reiteración de las *áes* es así coincidente y, al mismo tiempo, esta reiteración vocálica produce ella por sí misma una asociación con el color blanco, que intuitivamente usaron los románticos, como el mismo Machado establece con el ejemplo de Espronceda: el «empleo [de este uso] es ya viejo. Quién no recuerda el verso de Espronceda hecho por el mismo procedimiento:

las altas casas con su blanca luz

Y Espronceda no era ningún modernista. Era simplemente poeta, es decir, vate, adivino, precursor»[5]. Sin embargo, esta asociación establecida en el grado fonético para Machado ha de corroborarse en el grado morfológico-léxico: «Vamos a la adjetivación de un sonido por un color: *campanada blanca*. ¿Hay realmente sonidos colorados y colores sonoros? Yo creo que sí, nosotros creemos que sí, y utilizamos estas transfusiones como elemento del arte, lo mismo que se utilizan en la vida la electricidad, el magnetismo y aun el hipnotismo, sin saber todavía muy bien lo que son estos fenómenos»[6]. La afirmación es clara: existe una sinestesia que enlaza los sentidos y de la que se aprovecha el poeta para asegurar los efectos de la evocación pictórica. Sin embargo muestra una cierta reticencia para admitir la teoría, que todos conocen, de Rimbaud: «De aquí a sentar una teoría más o menos caprichosa de las vocales coloreadas, como han hecho Rimbaud y otros fantaseadores, hay largo trecho»[7]. ¿A qué viene la reticencia? A mi parecer a que en este desdoble de Machado en crítico que examina al poeta que es él mismo, no se siente seguro de que otro poeta (aunque haya sido Rimbaud) pueda establecer congruencias tan precisas entre colores y sonidos como las que aparecen en el célebre soneto de las vocales. Machado sabe que el crítico-poeta tantea en el aire, cegado por la luz de la creación, y que todo puede parecer posible con tal de que el fenómeno poético no se cierre en un sistema demasiado riguroso. Y así escribe: «Pero si reducir estos fenómenos a un sistema no ha sido posible todavía, y pudiera llamarse loco al que lo da por hallado, no menos puede llamarse necio al que los negase en absoluto»[8]. Machado, en cierto modo más audaz e inconsciente, ofrece una explicación científica al caso: «Sabido es que, en física, color y sonido no son sino vibraciones del éter, y que el calor y el movimiento se transforman fácilmente en fluidos eléctricos. Y aun en el lenguaje corriente estas transfusiones están aceptadas a condición de haberse convertido en lugares comunes. Y nadie se estremece cuando se dice, por ejemplo, una *brillante* sinfonía o una pintura *cálida*...»[9]

Si Manuel ha mostrado con esto algo de lo que hay dentro del

5. Idem, p. 45.
6. Idem, p. 45.
7. Idem, p. 45.
8. Idem, p. 46.
9. Idem, p. 46.

«taller poético», también indica que esta «técnica» pertenece a los
presupuestos del arte prerrafaelista: «Pues así he llamado yo *blanca*
a la campanada de maitines, como precursora y evocadora del alba,
alba que tiene en mi soneto la doble significación de la madrugada
real y de los cándidos albores de la pintura italiana, de la pintura
en general, que constituye el asunto de la composición. Refiérese
esta más directamente al conocido tríptico de la *Anunciación* que se
admira en nuestro Prado» [10]. La posibilidad de entremezclar la madrugada «real» (quiere decir vivida) y la percepción artística de los
«cándidos albores de la pintura italiana» (sobre la que se basa la
estética prerrafaelista) configura la expresión poética, que así queda
en relación ineludible y necesaria con el cuadro que le sirvió de motivo y tema para el poema. Sin embargo, hay un aspecto que queda
poco claro en esta relación: las alas del ángel no son blancas en el
cuadro del Museo del Prado, sino doradas. Los colores primitivos
que dominan la composición pictórica son azul, rosado y oro: del
primero no se dice nada; el segundo aparece mencionado en los *rosados querubines;* el tercero se concentra en el rayo de sol, que es la
representación del enlace entre el cielo y la tierra a través del hecho
sorprendente del misterio. La evocación no aparece descrita del lado
del cuadro, sino de la impresión que dejó en el poeta, que no es muy
fiel a la realidad pictórica objetiva. ¿Sería que no recordaba con
pormenor la distribución de los colores? ¿Se valió para rememorar
la experiencia de la visión del cuadro de alguna reproducción en
blanco y negro, de la que no pudo desprender la realidad cromática?
¿Y de los otros temas del cuadro: Adán y Eva, arrojados del paraíso,
con su profusión vegetal, las predelas, miniaturas con tanta anima-
ción cada una de ellas? En el comentario del propio Manuel que
antes transcribí vimos que el poeta se deja llevar más bien de la
corriente de los primitivos italianos, maestros de los prerrafaelistas,
y que la cadena de nombres (Giotto, Ghirlandaio, Cimabué, etc.) le
conduce a anegarse en estas confusas y variadas sugerencias que
toman cuerpo poético en el soneto.

Sin embargo de lo dicho, Manuel no elabora todavía impresiones
puras (como ocurre con el soneto dedicado a Botticelli); en este caso
no se lanza a la aventura de ir directamente a la expresión de la conmoción estética que le produjo el cuadro; necesita un soporte argumental, de orden «histórico», sobre el que montar la comunicación
del efecto percibido, y esta es la evocación literaria del pintor que
se dispone al amanecer para su trabajo artístico. El fraile aprende
a *iluminar* la figura de la Virgen; pintar así no es sólo poner color,
sino también luz en la obra; con esto el poeta quiere expresar el peculiar encanto de los colores de la pintura primitiva. Esta iluminación lo es de la pintura, pero revierte en el contemplador del cuadro; el alma del pintor comunica esta luz, y el poeta expresa así este
grado peculiar de la comunicación. La evocación del poeta no se

10. Idem, p. 46.

sale de los motivos que le ofrece la contemplación del propio cuadro: todo lo que dice procede de él y está en él. La autenticidad, pues, consiste en esta limitación, que, así considerada, es recreación en la palabra de lo que existe en el color. De ahí la selección de los sustantivos básicos, procedentes de la contemplación del cuadro: *frente, mejillas, ojos, mano, seno de la Virgen*. La finalidad poética es evocar el tratamiento que Fra Angélico da en su cuadro a estos elementos. Y el procedimiento del poeta es doble: la evocación del trabajo artístico no resulta sino condicionada por el mismo cuadro; el coro de querubines que rodea al seráfico artista no está en la pintura (pero procede del recuerdo de otros cuadros religiosos), pero sí está en ella el «ángel celestial». Por eso el artista es *seráfico* (2), y los ángeles son *coro de rosados querubines* (4), y el *ángel, celestial* (11). Y el otro aspecto del procedimiento es la descripción directa mediante los adjetivos elegidos de color primero: *campanada b l a n-c a* (1) que el propio poeta explicó; los *r o s a d o s querubines* (4) *mano t r a n s p a r e n t e y a m b a r i n a* (8) *p e r l i n a s galas* (12); y adjetivos calificadores que tienen un eco espiritual: *frente y mejilla i d e a l e s* (6), *ojos v i r g i n a l e s* (7), *Virgen p u r a* (13). La evocación de los tonos de la pintura primitiva, blancos y rosados, aparece así matizándose para alcanzar su culminación en los tercetos: el primero, con su insistente nota de color blanco: *candor* (9), *infantil blancura* 110) y la reiteración de las *alas* (9 y 11), con lo que estas tienen de aéreo y de hermoso, y, finalmente, el movimiento, que es la clave de la significación teológica del cuadro: el descenso del prodigio divino, que acontece desde lo alto, «como el rayo del sol por el cristal» (14).

De nuevo tenemos aquí uno de estos felices finales de que hablaba Dámaso Alonso, al que me referí en páginas anteriores: un verso de cierre lleno de poder evocador, para cuyo comentario necesitaré establecer una exégesis que llegue a los versos de las Sagradas Escrituras y luego se desparrame por el arte medieval.

Manuel se vale de una simbología muy común en la Edad Media y que obtuvo numerosas manifestaciones artísticas: el rayo de sol que atraviesa el cristal, el misterio de la traslucidez. Desde la consideración de Dios como luz (San Juan, I, 4-9), pasando por las numerosísimas interpretaciones de los neoplatónicos cristianos y los escolásticos, se viene a dar en su aplicación a la Anunciación, como en un sermón atribuido a San Bernardo: «Como el esplendor del sol atraviesa el vidrio sin romperlo y penetra la solidez de su impalpable sutileza, sin horadarlo cuando entra y sin romperlo cuando sale, así el Verbo de Dios, la luz del Padre, penetra en la morada de la Virgen y sale de su seno intacto.» [11]

Pero no sólo la oratoria religiosa trató el caso, sino también la poesía; y así encontramos que Rutebeuf (probablemente sin que lo haya conocido Manuel Machado) escribió estos versos:

> Comme l'on voit le soleil chaque jour
> qu'en la verrière entre et sort et s'en va,

sans le briser, tant y frappe et reffrappe,
ainsi vous dis que resta sans dommage
La Vierge Marie.

Pero sí pudo haber leído Manuel lo que un contemporáneo del francés, nuestro Gonzalo de Berceo, escribió en los *Loores de Nuestra Señora:*

En el vidrio podría   asmar esta razón,
com lo pasa el rayo   del sol sin lesïon;
tú así engendrasti   sin nulla corrupción,
como si te passasses   por una visïón.

El cristal, non es dubda,   frío es por natura,
pero veemos ende   essir la calentura;
pues quando Dios quisiesse,   non era desmesura,
que tú, seyendo Virgo,   oviesses creatura.

Podemos dar a esto,   otra razón certera,
provar lo que dezimos   q'es cosa verdadera;
estrella echa rayo   e remane qual era,
tú engendrasti virgo   d'essa misma manera.

La expresión, comunísima en la tradición medieval, pudo hallarse inspirada en el Evangelio apócrifo del Seudo-Mateo, en el que el ángel dice a María: «He aquí que la luz vendrá del cielo para habitar en ti, y por ti ella resplandecerá en el mundo entero» (IX, 1).[12] Si se observa el cuadro de Fra Angélico, puede verse la representación pictórica de esta luz que viene de lo alto hasta la Virgen; y esto es lo que en el soneto sirve para rematar la pieza poética con la comparación del rayo de sol a través del cristal. Manuel elige así estos elementos de la realidad religiosa de la Edad Media, tanto por su valor simbólico, como por las resonancias connotativas de índole estética que levantan; y una de ellas es, indudablemente, la asociación con el grandioso espectáculo de las vidrieras medievales: el misterio de la Anunciación queda así recordado ante los fieles por esta relación con la belleza de la luz pasando a través de los crista-

---

11. Tanto esta como la siguiente cita proceden del estudio de Louis Gro-
DECKI, *Fonctions spirituelles*, que forma parte de la obra *Le Vitrail Français*, Paris, Ed. 2 Mondes [1958]; en las pp. 40 y 45 se hallan otras numerosas referencias a las repercusiones literarias del asunto. La cita siguiente, de Rutebeuf (alrededor de 1245-1280), procede del *Miracle de Théophile*, en L. Clédat, *Rutebeuf*, París, 1903, p. 78. Y la de Berceo corresponde a las estrofas 209-211 de los *Loores* según la edición crítica de Brian Dutton, *Obras Completas* de Berceo, III, Londres, Tamesis, 1975; Manuel pudo haber leído estas estrofas en la comunísima edición de la «Biblioteca de Autores Españoles», *Poetas anteriores al siglo XV*, p. 100. Sobre la presencia de esta imagen en la literatura española, véase Robert Ricard, *Paravicino, Rabelais, el sol y la vidriera*, publicado en el volumen *Estudios de literatura religiosa española*, Madrid, Gredos, 1964, pp. 259-263, donde hay amplia bibliografía sobre el asunto.
12. Véase Jean Villette, *L'Ange dans l'Art d'Occident...*, París, H. Laurens, 1940, IV, pp. 218-225.

les multicolores de las ventanas y rosetones, y entrando en el interior de las iglesias, que, de esta manera, resplandece a un tiempo de luminosidad y del sentido espiritual desprendido de ella. Todo el soneto, pues, está traspasado de luz, tanto en la descripción indirecta del cuadro con la evocación del artista en trance de inspiración espiritual, como en la culminación de este acertado verso del cierre, que tantas sugerencias luminosas deja en el alma del lector o del oyente.

Los efectos asociativos entre el sonido y el color que indicó el poeta, pueden prolongarse aún más. Observemos la constitución del primer cuarteto:

1   La càmpanáda blánca de mai-tínes
    o ò   o ó o   ó o ò   o ó o

2   al seráfico artísta ha despertádo
    ò o óo o   ó o ò o   ó o

3   y al ponérse a pintár tiene a su ládo
    ò   o ó   ò o   ó o   ò o ó o

4   un córo de rosádos querubínes
    o óo ò o óo   òo   ó o

Resulta que la resonancia de la vocal *a* no cesa en el primer verso; en el segundo hay otras dos vocales *aes* tónicas (en posición de acento de verso): *seráfico, despertado;* otras dos en el tercero: *pintar, lado;* y una en el centro del cuarto: *rosados.* Con la *a* juega el efecto la *i* (rima *maitines-querubines*) y *artista.* Siendo este un soneto que cambia las rimas de un cuarteto al otro, se observa, sin embargo, que se mantiene el juego de las tónicas del eje en las rimas *í|á.* Los primeros versos de los tercetos riman en *á-a,* y los terceros en *-á,* con el sorprendente efecto acústico-significativo de *cristal,* palabra que, en una recitación que acuse estos matices, deja en el aire como una resonancia semejante a la que sigue al tocar con un golpecillo una copa de buen cristal.

El poeta, que fue a París y conoció las técnicas más modernas de la poesía europea y las convirtió en modalidades modernistas, quiere mostrar que está al día recogiendo un tema de la religiosidad europea. Y Manuel, que fue escritor educado en la Institución sin un compromiso directo con una determinada religión, en casos como el del soneto que examino, usa expresiones de la catolicidad medieval que son comunes a todos, sin distinción de nación ni de credo —católicos, protestantes, evangelistas, etc., e incluso ateos—, porque representan las formas más elevadas de la espiritualidad europea, origen del arte y también defensa frente al positivismo materialista. El tema religioso se convierte así en una cuestión de estética, con resonancias sociales, al que se aplica las consecuencias de la teoría y de la práctica artística del Prerrafaelismo. Y esto resulta compatible, en la variedad que implica el Modernismo, con la poesía bohemia que canta, al mismo tiempo, la noche turbia del alcohol y de la carne. Y para testimoniar su diversa validez, no hay más que onsiderar que en 1938, durante la guerra de España, Manuel pudo desgajar este soneto del conjunto de *Apolo* y lo incluyó en un libro de orientación religiosa: *Horas de Oro. Devocionario poético.* El sentido del conjunto del libro era enteramente diferente; de haber sido una versión literaria de una impresión estética, pasa a ser testimonio de la «conversión» del poeta. Dedicada la obra al jesuita José Zameza, parece ser que Manuel había ido acercándose a la Iglesia Católica desde el verano de 1935, y que los acontecimientos políticos de 1936 dieron énfasis público a ésta situación espiritual [13]. Es sintomático, sin embargo, que este desplazamiento del soneto dedicado a Botticelli se llevase a cabo sin graves disonancias. Bastaba para esto con dar predominio al sentido religioso que se desprendía de las motivaciones prerrafaelistas, cuya pintura era, sobre todo, de iglesia y de devoción, para que la obra se adaptase al cuadro de conjunto del nuevo libro. Y esto vale para mostrar un aspecto más de esta reelaboración del conjunto de los libros poéticos, esta renovación de la macroestructura de las obras literarias.

   b) *Van Laethem. «Doña Juana la Loca».*

Por su educación artística, Manuel Machado sabe que, además de los primitivos italianos, están los flamencos: «Los Países Bajos, que empezaban a ser nuestros con el matrimonio de Madama de Castilla y don Felipe el Hermoso, tenían también sus pintores primitivos, al par de los de Italia.» [1] El cuadro elegido ha sido el retrato de doña Juana la Loca. Por una parte, quiere ofrecer la «significación artística y pictórica de este retrato» [2]; nota su condición hierática, propia de su carácter de primitivo: «Primitivos, sin embargo, no supieron librarse en un principio del hieratismo en las figuras y la minucia en el detalle, que los caracteriza.» [3] Y, sobre todo, valora la versión ingenua de los paisajes cuando aún no existía en la pintura el efecto de la perspectiva, más o menos real: «sobre todo, aquellos divinos fondos de paisaje y de ciudad sin perspectiva, tan cercanos de los ojos como lejanos en el recuerdo, deliciosos paisajes de nacimiento y de juguete, que nos evocan siempre los días de nuestra niñez, capaces, con su encanto inefable, de hacernos desear —por momentos, claro está— que no se hubiese descubierto nunca la perspectiva.» [4]

El cruce entre el recuerdo infantil del poeta y el efecto pictórico de los pintores primitivos produce esta conmoción de la experiencia

   13. Véase G. BROTHERSTON, *Manuel Machado...*, ob. cit., pp. 63-64, en especial n.º 4 de la p. 63.
   1. M. MACHADO, *La guerra literaria*, ob. cit., p. 48.
   2. Idem, p. 49.
   3. Idem, p. 48.
   4. Idem, p. 48.

artística que pretendían los prerrafaelistas: la antigua técnica no era una aproximación al clasicismo, sino algo diferente y pleno en sí mismo. Por eso, Manuel señala que en el soneto se cuenta con esta conmoción producida por «aquel fondo impagable, en cuyo ingenuo último término se distingue perfectamente el palacio que doña Juana hizo llevar consigo al coronarse princesa de Brabante»[5]. Sin embargo, esto no lo es todo; en este caso la personalidad histórica de la mujer retratada entra en juego: «he querido yo dar en mis versos la sensación moral y física de la persona de doña Juana, vástago débil y desmedrado de la Casa de Castilla, quebradiza y enferma, y tan interesante en su atonía y su mutismo, minada ya de la vesania que estalló a la muerte del Rey y que la ha hecho célebre en la Historia»[6]. El contenido histórico del argumento es muy intenso, y las Crónicas han dejado abundante noticia de la que los románticos se valieron para sus obras. En este caso domina el criterio de restricción; todo ha de caber en el soneto, cuyo contenido obtiene, con el condicionamiento indicado, este desarrollo:

VAN LAETHEM

DOÑA JUANA LA LOCA

Hierática visión de pesadilla,
en medio del paisaje está plantada
—alto el brïal y la color quebrada—,
la Reina Doña Juana de Castilla.

5   Liso el pelo a ambos lados de la frente,
bajo el velludo de la doble toca...
Ausente la palabra de la boca,
y, de los ojos, el mirar, ausente.

Abierto el regio y blasonado manto,
10   como una flor enferma el débil talle
deja ver, encerrado en el corpiño.

Y en una lejanía —mas no tanto
que se pierda el más mínimo detalle—
14   hay el paisaje que soñara un niño.

En este caso [7], Manuel Machado ha preferido una disposición descriptiva que de la pintura pasa al soneto: a) Primer cuarteto, marco de la figura en el paisaje; b) segundo cuarteto y primer terceto: la

5. Idem, p. 49.
6. Idem, p. 49.
7. El cuadro a que se refiere Manuel Machado en este soneto pertenece al Museo Real de Bruselas, y es uno de los laterales de un tríptico de la escuela

figura; c) los «lejos» del paisaje. La mirada del poeta sigue este curso y la contemplación evita desviarse de una percepción objetiva, de índole histórica. El primer verso es un acierto por condicionar todo lo que sigue:

> 1   Hierática visión de pesadilla.

Esta síntesis precede, sin artículo (con los acentos del verso 2.º, 6.º, 10.º), marcando con fuerza las tres palabras fundamentales, como remachando el efecto impresivo en la sucesión de las voces proparoxítonas, y oxítonas, acabando en la paroxítona. No es un retrato, sino una *visión*, con la resonancia medieval de la palabra.

Del efecto de la reina en el paisaje se pasa a los dos rasgos más caracterizadores, que van entre guiones, por cuanto son un adelanto que los recoge antes de que se sepa de quién son. Y luego el **sintagma** sencillo, directo, tomado de la prosa cronística, que es endecasílabo «por casualidad», pero, por eso mismo, de gran efecto:

> 4   la reina doña Juana de Castilla.

La descripción adelantada de los rasgos se continúa en los dos versos primeros de la primera parte del segundo cuarteto, que acaban en puntos suspensivos. Y luego, la apreciación más punzante del conjunto: doña Juana es mujer enajenada, ausente de sí misma: la palabra, de su boca; el mirar, de sus ojos. Para lograr la mayor eficacia, el poeta repite la palabra *ausente* al principio y al fin, y los términos del sintagma, que son paralelos, se cambian de orden:

> 7   *Ausente* la palabra de la boca
>   1   2   3

> 8   y de los ojos el mirar *ausente.*
>   3   2   1

El primer terceto ofrece más concesiones a la apreciación personal del poeta: la comparación *como una flor enferma* (10) justifica el adjetivo *d é b i l talle* (10). Y finalmente, en el segundo terceto, Manuel

---

de **Braganza**; el otro representa a don Felipe el Hermoso. (Véase A. J. WANTERS, *Catalogue historique et descriptif des tableaux anciens du Musée du Bruxelles,* Bruselas, 1906, pp. 224-225.) Manuel Machado recoge la atribución a Jacques Van Laethem, pero hay otras varias: a Thierri Bonts, Van der Goes, Jacob Jasnz de Harlem y Jean Gossart. El retrato en cuestión había sido noticia por los motivos circunstanciales que menciona Machado: «Larga es la historia de este retrato, hoja de un tríptico cuyo *panneau* central se ha perdido y que figuró con su compañero lateral (el retrato del príncipe don Felipe, esposo de doña Juana) en la última Exposición del Toisón de Oro en Bruselas, de donde ha podido obtener la reproducción fotográfica la Junta de Iconografía Nacional, que preside el ilustre marqués de Pidal y de que es secretario el insigne escritor don Jacinto Octavio Picón.» (*La guerra literaria,* ob. cit., pp. 48-49.)

expresa lo que explicó en la prosa del comentario: el efecto vivo que
le causa este aspecto concreto del cuadro, los «lejos» del mismo, mi-
nuciosos en detalles, semejantes a dormidos recuerdos de la infancia.
De nuevo, en esta parte los guiones entran en juego para encerrar
esta referencia propiamente técnica, con la expresión *mínimo detalle*,
casi conversacional. En contraste, la intención de precisión del autor hace que aparezcan los términos del vestido de la época *brïal* (3),
reforzado por la separación silábica, *velludo* (6) y *corpiño* (11).

Notaré, finalmente, el acierto del principio y del fin de la poesía,
establecido sobre el contraste entre el verso primero y el último:

> 1   Hierática visión de pesadilla [...]
> 14 [...] hay el paisaje que soñara un niño.

¿Qué niño? ¿Cuándo? La sugestión ha de quedar en el aire, pues
así conviene a este acierto de formular los versos finales más estimu-
lantes para la imaginación del lector: los sueños de la niñez —los
sueños que obsesionan a los dos hermanos— quedan impresos —en
el alma y en la página de la poesía— para siempre. Se presiente que
son los de Manuel, pero son también los del arte primitivo, estimu-
lante como la niñez, como una oreada de aire fresco que nadie sabe
de dónde viene, pero que nos deja confusos.

Entre el estremecimiento de la tragedia que representa en el cuadro (y en la vida histórica) la reina doña Juana, y el asomarse a la
nostalgia de su niñez (vivencia del poeta), se monta un arco en tensión, que recorre el entrecortado curso del soneto.

c)   *Sandro Botticelli, «La Primavera»*.

Manuel Machado escogió para este soneto una de las pinturas más
conocidas del período prerrafaelista y sobre la que más se había escrito en todos los órdenes. El peligro está en que el cuadro ha tras-
cendido de los círculos de la minoría intelectual y su conocimiento
se ha extendido hasta llegar a las páginas de las revistas de moda.
En un «Blanco y Negro» de 1904 apareció una página con una ilustración de una figura del cuadro de Botticelli. El comentario que lo
acompaña es una breve lección, en la que sale a relucir Ruskin como
autoridad probatoria: «El cuadro de *La Primavera*, más que representación de ninguna realidad tangible, parece el ensueño de un poeta.
Las ideales figuras de una belleza vaporosa e inverosímil que en él
aparecen son, no como ha sido nunca la humanidad, sino como la
concebiría el cerebro de Ruskin o el de cualquier gran pensador que
sólo a la hermosura consagrara sus especulaciones. Flores y mujeres
forman el asunto del cuadro, sin que haya nada que distraiga, separe
o distinga en él las mujeres de las flores. Ese cuadro es la fórmula
pictórica del platonismo elegante que dominaba la segunda mitad del
siglo xv en todas las cortes de Italia.» [1]

---

1.   «Blanco y Negro», texto al pie de la ilustración, 9 de abril de 1904.

Botticelli, «La Primavera». Oh, el sottovoce
balbuciente, oscuro...

El poeta también comentó, en la guerra literaria, el soneto que le dedicó, y lo hizo en estos términos: «Paso por alto la estrofa sobre Botticelli, en cuyo retablo de *La Primavera* está ya casi en pleno el Renacimiento. No quiero fatigaros. La composición es más lírica que las otras, casi completamente personal. Yo supe de ese cuadro en París, y su recuerdo va en mí asociado a otras impresiones que no son del caso.» [2] En este caso, el poeta sólo da unas indicaciones vagas, pero suficientes. En París supo del cuadro. ¿Quién le informaría de él? ¿En qué circunstancias? Manuel insinúa que este conocimiento de la pintura llevó consigo unas experiencias que calla por discreción. Dado el sentido de la glosa poética, suponemos que recoge una aventura de esta bohemia artística, en la que la relación sexual adopta una interpretación de aventura estética, a través del decadentismo finisecular. La transferencia de la experiencia humana al mundo del arte condiciona la evocación del cuadro más famoso de Botticelli.

SANDRO BOTTICELLI

LA PRIMAVERA

¡Oh, el *sottovoce* balbuciente, oscuro,
de la primer lujuria!... ¡Oh, la delicia
del beso adolescente, casi puro!...
¡Oh, el no saber de la primer caricia!...

5   ¡Despertares de amor, entre cantares
y humedad de jardín, llanto sin pena,
divina enfermedad que el alma llena,
primera mancha de los azahares!...

Angel, niño, mujer... Los sensüales
10   ojos adormilados, y anegados
en inauditas savias incipientes...

¡Y los rostros de almendra, virginales,
como flores al sol, aurirrosados,
14   en los campos de mayo sonrientes!...

El soneto es todo él un sintagma voluntariamente incompleto: no existen verbos de oración básica o principal. Los puntos suspensivos sirven para dejar abierta la posible terminación de las oraciones, que no es necesaria desde el punto de vista poético. El poeta no expresa la acción verbal, el argumento acontecido. Es una sucesión entrecortada de sintagmas nominales, todos (menos el primer terceto) levantados por la entonación y por la exclamación *Oh*, que sería retórica, de no compensarla el balbuceo sustantivo —y sustan-

---

2. M. MACHADO, *La guerra literaria...*, ob. cit., p. 50. Esta poesía en la edición de 1911 de *Apolo* está dedicada a don Francisco Alvarez Ossorio.

cial— de la poesía. El cuadro de Botticelli está, en este caso, al fondo del tema poético; no lo suscitó, sino que lo apoya. En los tercetos se revela más nítidamente este fondo, sin que llegue al primer término objetivo de la contemplación artística. Los términos pueden asociarse desde la experiencia del poeta hasta el cuadro del pintor. El tema del cuadro «La Primavera» ofrece la base inicial para la exaltación del amor; sus figuras son equívocas como lo es la forma adolescente y la representación asexuada del ángel. De ahí el arranque: *Angel, niño, mujer...* (9). La pintura prerrafaelista, fundamentalmente religiosa, se aplica aquí a la representación del tema profano. Las figuras de Botticelli presentan, en efecto, esos *sensüales* (con diéresis, para mayor eficacia) *ojos adormilados* (no dormidos) (9-10). El terceto de la terminación va acercándose al cuadro:

```
12   ¡Y los rostros de almendra, virginales,
13   como flores al sol, aurirrosados,
14   en los campos de mayo sonrientes!
```

Careciendo de verbos principales, los adjetivos se potencian para que el sintagma se enriquezca, en este caso de colores y rasgos asociados con ellos. Los rostros de las figuras son aurirrosados. He aquí un término que Machado aporta a la poesía y que está en la línea de las invenciones lingüísticas de Rubén Darío. En el prólogo a *La guerra literaria*, cuando se defiende de los que lo tachan de galicista e innovador, escribe: «Los que han dejado morir medio idioma castellano por ignorancia del cultivo de sus raíces y por el miedo de remozarlo con savia de lo popular y lo cosmopolita, no me harán perder el tiempo en desenterrarles sus muertos agarbanzados.»[3] La innovación léxica *aurirrosados*, de claro matiz cosmopolita (por emplear el mismo término, tan grato a Rubén), o modernista, es también un desafío a los puristas que encanijan la lengua. No basta el léxico común, y el poeta, para ser más fiel a la impresión, usa esta palabra nueva, en la que se reúnen el oro y el rosa, los dos colores más representativos de la pintura primitiva. La delicadeza y la armonía de esta reunión entonan con los campos primaverales; son los *campos de mayo* (14), que pisan levemente las hermosas mujeres que parecen andar ingrávidas, deslizándose por el tapiz vegetal sin aplastar las flores, mientras sonríen enigmáticamente en un afán de esparcir benevolencia universal.

La clave de la tensión interna que sostiene la ambigüedad de las figuras se halla en la oposición semántica de las dos palabras que cierran la rima primera de los tercetos:

```
9    [...] sensüales
12   [...] virginales
```

3. Idem, p. 12.

La adolescencia es una vacilación entre la virginidad infantil y la sensualidad de la madurez. Botticelli fue el maestro que pintó estas figuras, que son, a un tiempo, vírgenes y que avanzan hacia el placer. En esto, Manuel recogía la experiencia del maestro Rubén Darío, que en «El Reino Interior» se había valido de «La Primavera», de Botticelli, como motivo poético [4]; en Rubén, el cuadro aparece evocado en el conjunto de la alegoría de su alma, vacilante entre el Vicio y la Virtud, mientras que Manuel se refiere a una experiencia de amor adolescente. Y este es el motivo de los dos cuartetos donde nos comunica estos estremecimientos líricos entrecortados. El acierto del primer verso es grande: el *sotto voce* es término musical y al mismo tiempo es italiano, como el pintor evocado; la doble adjetivación *balbuciente, oscuro* se lanza, con la fuerza del encabalgamiento, hacia el segundo verso, *de la primera lujuria*, que se rompe en hemistiquios patentes. En la segunda parte, *la delicia* se extiende hacia el verso tercero donde se remansa, también roto, con la enorme fuerza del adverbio *casi* junto al adjetivo *puro*. Lo puro o lo es o no lo es radicalmente, y esto lo sabe el poeta, pero prefiere dejar el contrasentido, el desconcierto así manifestado, y el cuarto verso se refiere negativamente a la ciencia del amor, pero amor de los sentidos. En el segundo cuarteto la alusión íntima crece; después del hecho amoroso, queda la «resaca», la experiencia que es en seguida nostalgia, la inexpresividad de lo que no se sabe qué es, si pena o alegría: *llanto sin pena* (6) dirá, en una contradicción, reiterada al punto por una expresión del lenguaje tópico de la lírica amorosa: *divina enfermedad* (7) de orden espiritual: *que el alma llena* (7). La inefabilidad viene también con la mención de un lugar impreciso (muy, muy al fondo, Andalucía, el patio de Sevilla): *Despertares de amor entre cantares* (6) y la impresión sensitiva *y humedad de jardín* (7). Y cada vez más dirigido hacia su experiencia de hombre andaluz, que sabe cuánto puede el simbolismo de las flores, el verso central, eje del soneto: *primera mancha de los azahares* (8). La flor del patio andaluz y la nostalgia del jardín húmedo rompen con el prestigio artístico del cuadro de Botticelli, al menos en el arranque del poeta. Pero no por entero; en París no valen *cantares*, y el poeta prosigue por la vía prerrafaelista. La pintura del italiano se asegura después de esta vacilación, y los tercetos discurren firmes en esta vía prerrafaelista.

La sintaxis incompleta del poema tiene además otra compensación rítmica: las rimas interiores, que a veces aparecen en la extensión estrófica, *balbuciente* (1) *con adolescente* (4), y otras dentro del mismo verso, *despertares* con *cantares* (5) y *adormilados* con *anegados* (10). Este refuerzo de la rima traba aún más los elementos sueltos que el poeta reúne en su impresión del cuadro.

4. Véase mi libro *Rubén Darío y la Edad Media*, ed. cit., pp. 133-137. La poesía de Rubén apareció en el libro *Prosas profanas*, Buenos Aires, Coni, 1896, cerrando la obra.

Si en otras poesías ya comentadas (mucho más en las de los «Primitivos», y, en forma más atenuada, en los dos sonetos precedentes), el poeta siguió de cerca la hechura de la obra antigua, en este caso de *La Primavera* el tratamiento poético de los materiales pictóricos resultó mucho más libre y personal. La fuerza íntima del caso —amor adolescente— se sobrepone a la impresión estética del cuadro, y la poesía resulta más original en punto a que el origen del poema está en el poeta y no en el cuadro. Esta manera de realización equivale en la Pintura a la creación de los artistas de la Hermandad Prerrafaelista, cuando, desde la experiencia del estudio del arte primitivo, anterior a Rafael, pintan los temas modernos, bien personales o colectivos. Los dos aspectos de la estética prerrafaelista son válidos: la valoración de los primitivos, reconociéndoles su intención original y el aprovechamiento de su experiencia para crear un arte nuevo, con asuntos propios y de la época (reales, en consecuencia), que enlaza con el artista primitivo por el mantenimiento de un ideal humano de espiritualidad y de rechazo de las formas de vida que están prefigurando la sociedad industrial.

d) *Quintaesencias del Romancero.*

En esta misma línea de libre recreación estética de un motivo antiguo hemos de considerar la sugestión que algún personaje del Romancero tradicional ejerció en Manuel Machado. Se trata de Gerineldo, protagonista de uno de los romances más extendidos en el folklore actual de España, y que lo sería aún mucho más a principios de siglo. Por otra parte, este romance estaba también abundantemente documentado en los Romanceros impresos, aunque no creo que sea necesario acudir a ellos en este caso, o por lo menos no han sido decisivos en la realización de la poesía. Es muy posible que el romance llegase a Manuel en la época de su infancia sevillana y que lo oyese cantar a las mujeres de la casa. Téngase en cuenta que a la letra acompaña una música simple y reiterativa, propia para los trabajos del campo o de los caseros. Oído el romance desde la niñez, el futuro poeta sólo recogería primero el encanto de la melodía, en la que poco a poco las palabras irían tomando un sentido, oscuro al principio, pero pronto mezclado con los atisbos de las primeras noticias del amor. Por otra parte, el léxico medieval que aún subsiste en la larga transmisión da un peculiar encanto a esta *copla*, que es como llama el pueblo andaluz a los romances populares. Y el contenido posee una gran carga de sensualidad, que es a la vez natural —espontánea— y cortesana —esto es, artificiosa—. El pueblo tiene así una versión de la lejana vida de los señores del pasado (no hay que establecer distingos en la perspectiva histórica de los oyentes), y este Gerineldo es la imagen del criadito joven, al que su dueña seduce para satisfacer su apetencia de amor. El romance ha sido de los más conservados en el fondo tradicional y ha permanecido en numerosas variantes.

Daré una de ellas, recogida por mí, de viva voz, en Antequera, que acaba con un manifiesto desplante del mocito ante el rey:

```
 1    —Gerineldo, Gerineldo,      Gerineldito pulido,
      ¡quién te pillara esta noche   tres horas a mi albedrío!
      —Como soy vuestro criado,     señora, burláis conmigo.
      —No me burlo, Gerineldo,      que de veras te lo digo.
 5    A las diez se acuesta el rey,  a las once está dormido;
      a eso de las once y media     yo te espero a mi albedrío.
      chinelas de seda gastas       para no ser conocido.
      —¡Oh! ¿Quién ronda mi palacio?   ¡Oh! ¿Quién ronda mi castillo?
      —Gerineldo soy, señora,       que vengo a lo prometido.
10    La princesa abrió la puerta    y en su lecho lo ha metido,
      y entre besos y caricias      se han quedado dormidos.
      A eso de la una y media       el rey pidió su vestido.
      —Que lo suba Gerineldo,       que es el mozo más cumplido.
      Unos dicen: —No está aquí;     otros dicen: —Ha salido.
15    El rey, como es muy astuto,    al cuarto de la infanta ha ido
      y se ha encontrado a los dos,  los dos que estaban dormidos.
      —¿Qué hago yo en este caso,    ¡ay, Dios mío! ¿Qué hago yo?
      Pondré mi espada por medio     pa' que sirva de testigo.
      A lo frío de la espada        la infanta se ha removido.
20    Ya despierta la princesa      tres horas el sol salido:
      —Levántate, Gerineldo,        mira que estamos perdidos,
      que la espada de mi padre      sirviendo está de testigo.
      —¿Por dónde me iré yo ahora,   por dónde me voy, Dios mío?
      Me iré por esos jardines      cogiendo rosas y lirios.
25    El rey, como lo sabía,        al encuentro le ha salido:
      —¿Dónde vienes, Gerineldo,    tan pálido y descolorido?
      —Vengo del jardín, mi rey,    de coger rosas y lirios.
      La fragancia de una rosa      mi color se ha comido.
      —No lo niegues, Gerineldo,    que con mi hija has dormido,
30    y antes que se ponga el sol    tienes que ser su marido.
      —Tengo juramento hecho        con el cielo y las estrellas:
      mujer que ha sido mi dama     de no casarme con ella.
```

Lo cual no impide que en otras versiones del mismo lugar el pajecito se avenga, con las razones más menos contundentes del padre, a casarse con la impaciente princesa, y en vez del desplante acaba así:

> que quise, que no la quise   me desposaron con ella.

En su primera obra, *Alma*, Machado publicó dos poesías que se refieren a este Gerineldo. La primera es [1]:

---

1. Según G. BROTHERSTON, *Manuel Machado...*, ob. cit., p. 155, esta poesía apareció el 16 de marzo de 1901 en la revista «Electra», con la siguiente variante: verso 19: «Esa figura», y con el título «Humo».

LIRIO

Casi todo alma,
vaga Gerineldos
por esos jardines
del rey, a lo lejos,
5   junto a los macizos
de arrayanes...
             Besos
de la reina dicen
los morados cercos
de sus ojos mustios,
10   dos idilios muertos.
Casi todo alma,
se pierde en silencio
por el laberinto
de arrayanes... ¡Besos!
15   Solo, solo, solo;
lejos, lejos, lejos...
Como una humareda,
como un pensamiento...
Como esa persona
20   extraña que vemos
cruzar por las calles
oscuras de un sueño.

El otro romance es el siguiente:

GERINELDOS, EL PAJE

Del color del lirio tiene Gerineldos
dos grandes ojeras;
del color del lirio, que dicen locuras
de amor de la reina.

5   Al llegar la tarde,
pobre pajecillo,
con labios de rosa,
con ojos de idilio;
al llegar la noche,
10   junto a los macizos
de arrayanes, vaga,
cerca del castillo.
   Cerca del castillo,
vagar vagamente
15   la reina le ha visto.
De sedas cubierto,
sin armas al cinto,
con alma de nardo,
con talle de lirio.

Desde un punto de vista métrico, Machado conserva la disposición de la estrofa de romance, pero en grado menor, pues la base de ambas poesías es el verso hexasílabo; en «Lirio», el romancillo es continuo hasta el verso 10. En esta parte, el verso 6 aparece intencionadamente roto en su presentación gráfica, y desde el verso 11 al fin, 22, está dispuesto en tres cuartetas, en las cuales el verso 14 repite el verso 6, pero esta vez sin rompimiento de la línea del verso, actuando como una velada resonancia del primero. En «Gerineldos, el paje», hay una cabeza de forma 6 + 6 | 6 | 6 + 6 | 6, seguida de dos estrofas romancísticas de ocho versos la primera y siete la segunda, con repetición de verso al fin de la una y comienzo de la otra. El preciosismo de la construcción estrófica en ambos casos es evidente, aun tratándose del romance, que es la forma más sencilla en la métrica española. De este artificio cuidadoso se beneficia el contenido evanescente y ensoñado de la poesía; el aire dieciochesco que pudiera adoptar la composición se alía con este libre tratamiento de la vieja leyenda, para lograr así una impresión extraña, de refinamiento a la vez espiritual —diríase que musical— y sensual, pero considerado desde la resonancia de la canción popular.

Para escribir estas dos poesías hay que contar con el conocimiento del romance folklórico, pues si no es así, apenas tienen sentido. Obsérvese que el verso que desde el romance de origen irradia sobre la poesía de Machado es el siguiente, que contiene palabras que Gerineldo dirige a la princesa.

24   Me iré *por esos jardines*   cogiendo *rosas y lirios.*

Y que luego, en forma aproximadamente paralela, se reitera en la respuesta del mozo al rey:

27   Vengo del *jardín,* mi rey,   de coger *rosas y lirios.*

En «Lirio», el verso 3 procede de las palabras del romance que he impreso en cursiva. En «Gerineldos, el paje» hay referencias abundantes a *lirios* (1, 3, 19) y a la *rosa* (7). Hay en el romance una mención de las idas y venidas del joven: del jardín a la cámara de la reina y de ésta al jardín. Es decir, que en «Lirio» *vaga* (2) por los jardines; la reina lo ha visto «vagar vagamente» en «Gerineldos el paje» (15-16). Se convierte así el pajecillo (6) en este ser que anda por los jardines y al que la *reina* (15) acosa para el amor y lo deja sin apenas carnes. En el romance, ella es una infanta, la hija del rey. Manuel se refiere a la «reina», sin señalar más, porque del argumento de rigor sólo le importa este vagar de una parte a otra con la impresión de un amor que espiritualiza la relación carnal. En «Lirio», se asemeja a una extraña persona vista en el sueño; en «Gerineldos, el paje», sólo hay una estampa vaga, perdida en la realidad.

Otro verso válido para entender la relación entre la poesía de Antonio y la tradición popular, podría ser este:

28   La fragancia de una rosa   mi color se ha comido.

Que es la excusa que Gerineldo da al rey para justificar la pali-
dez que lo denuncia. La metáfora, vieja en sus raíces últimas y que
tuvo su culminación en el *Roman de la Rose*, permanece poderosa:
es la rosa del amor, pero de una especie peculiar, pues es la infanta
la que acosa y seduce al pajecillo. Para Manuel, este amor convierte
la belleza del paje (recuérdese que el rey dice que Gerineldo «es el
mozo más cumplido») en esta sombra huidiza a través de los jardines; el amor pluscuamsatisfecho en la carne lo deja, sin embargo,
en la soledad y la lejanía:

15   Solo, solo, solo
16   lejos, lejos, lejos

¿Qué escondido símbolo representa el paje? Por lo menos queda
así como una figura de ensueño, traída desde la infancia hasta el
presente para cifrar el hastío del amor logrado que convierte los be-
llos ojos del paje en

10   dos idilios muertos.

¿Decadentismo? ¿Dolor de alma del poeta que busca representaciones simbólicas a su experiencia? ¿Necesidad verbal del poeta que
siente para expresar, de algún modo, estos confusos estados de conciencia? ¿Y por qué no una mezcla de todo, cuya realidad última
es la poesía?

Resulta curiosa la interpretación que dio Unamuno a los dos poemas, comentando el aspecto histórico de las poesías de *Alma* en cuanto recogen esta tendencia parnasiana, desde el *Poema del Cid* hasta
el siglo xviii; el pensador increpa al poeta así: «¿Cómo tú? ¿Pero
tú gozas, tú quieres, tú vives, y amas, y sufres, y mueres? Pues si
quieres, y vives, y amas, y sufres, y mueres, ¿por qué no unes tu
voz al coro de los miserables, de los que sufren hambre y sed de
justicia? Y en vez de contestarme me habla de *Gerineldos, el paje*, el
paje, es decir, el esclavo. [Y aquí copia unos versos de la poesía.]
Gerineldos es paje, es esclavo; pero la reina, su señora y dueña, se
entrega a él, y él es, por un momento, dueño de su señora y dueña,
dueño en el amor. Y el esclavo se consuela de su esclavitud, y la ha
vencido.» [2]

Según Brotherston, Unamuno ha querido excusar a Machado de la
consideración de autor alejado de la realidad social, aislado en su torre
de marfil, y así convierte la figura ensoñada de Gerineldo en un símbolo de la redención social. [3] Unamuno, después de señalar esta interpretación del amor que redime la diferencia de las clases, añade
un apunte de interpretación del caso de Gerineldo: «Y me viene a

2. M. DE UNAMUNO, El «Alma», de Manuel Machado, art. cit., p. 1081.
3. G. BROTHERSTON, Manuel Machado..., ob. cit., p. 108.

las mientes una fantasía que se me ocurrió hace algún tiempo, y que
pugna por cobrar expresión. La fantasía es que habitaban un castillo, desde hace siglos, los señores de una comarca, y allí cerca habitaban sus esclavos. Sucedíanse en el castillo los reyes a los reyes y
las princesas a las princesas, y en las cabañas se sucedían los siervos a los siervos. Tanto lujo y voluptuosidad de vida, tanto ocio y hastío, acabaron por engendrar, al rodar de los siglos, una princesita
imbécil, el más refinado producto de aquel señorial linaje; y de otra
parte, tanta miseria y dureza de vida, tan rudo trabajo y resignación
desesperada engendraron, al rodar de los siglos, un zagal imbécil,
último producto del tugurio de los siervos. Y en vano fue que qui-
sieran mantenerlos encerrados; los dos imbéciles, la princesita y el
zagal, se escaparon al bosque, se vieron, se sonrieron a los ojos y, sin
decirse palabra, se amaron en el seno de su imbecilidad. Y de allí
surgió el redentor de unos y de otros, de los reyes y de los esclavos.
¡Ah, si cogiera esta fantasía el poeta!...»[4] Unamuno así ofrece una
versión muy alejada del sentido primero del romance popular y
de las poesías de Machado. De todas maneras, el paralelo representa un esfuerzo, un combate más de los muchos de la vida de Unamuno, esta vez con el encanto del poeta: «¡La raza mora!» Pero es
que la raza mora de este Machado es una raza mora que se ha bau-
tizado en París y ha oído a Musset y a Verlaine, y en algunos de sus
cantos hay dejos fatales de Leconte de Lisle, como en su *Oasis*, y de
José-María de Heredia, como en sus *Flores*. ¿Y qué? Todos nos buscamos a través de los demás, y no hay otro modo de llegar a encontrarse. Y él canta su canto, y hasta cuando las palabras sean de otros,
es la música suya. Y muchas veces de su música surge su letra, la
suya.»[5] No creo que, para probar la relación de Manuel con una conciencia social de la época sea necesario llegar a ese punto, pues he
indicado otros aspectos de ella. Más bien había que señalar la at-
mósfera voluptuosa de las composiciones, relacionable con el decadentismo de la época si se atiene al texto y no a su
motivo popular. G. Brotherston[6] se refiere a que la voluptuosidad que
se desprende de las poesías está en la línea de la obra de Villaespesa. En los días en que escribiría estas poesías, había aparecido, en
efecto, *La copa del Rey de Thule* (noviembre de 1900),[7] y Manuel
le había dedicado un artículo crítico, publicado en «El País» el 30
de enero de 1901. Sin embargo, lo que parece más evidente es el
aprovechamiento de esta fuerza poética de la poesía popular, tomada de la misma fuente de origen, pero transformada según las nuevas
maneras. Menéndez Pidal lo señaló así: «El andaluz Manuel Machado inicia una asimilación de las formas poéticas populares, no a
modo de glosa o calco, sino como motivo de una original expresión; así

4. M. DE UNAMUNO, El «Alma», de Manuel Machado, art. cit., p. 1081.
5. Idem, p. 1082.
6. G. BROTHERSTON, Manuel Machado..., ob. cit., p. 111.
7. Véase ANTONIO SÁNCHEZ TRIGUEROS, Francisco Villaespesa y su primera
obra poética (1897-1900), Granada, Universidad, 1974, p. 121.

dos rápidas y elegantes fantasías: «Gerineldos, el paje» y «Lirio» [8]. El camino queda abierto, y un poco más adelante, los «romancistas actuales», como llama Menéndez Pidal a Alberti y García Lorca y otros más, realizarán su nueva obra. [9]

e)   *Dante: el dolor de recordar la pasada alegría.*

Lo mismo que Manuel Machado toma el motivo de la pintura de los primitivos prerrafaelistas para los tres sonetos antes comentados de *Apolo*, también lo hizo de un autor paralelo en la literatura, Dante, un «primitivo» al que Darío acude también en varias ocasiones. El caso se presenta en *Phoenix* [1], y la obra es otro soneto, pero fuera de lo común, pues los versos son octosílabos. El título es lo que enlaza directamente la poesía con Dante. He aquí el texto:

> «NESSUN MAGGIOR DOLORE...»
>
> ¡Qué tristes almas en pena
> son las viejas alegrías!...
> ¡Y qué fantasmas de días
> las noches de luna llena!...
>
> 5   ¡Qué lamentable cadena
> de pobres melancolías
> las horas largas y frías
> de la barquilla en la arena!...
>
> ¡Qué broma absurda y pesada
> 10   es la aventura de amor,
> hoy sin amor evocada!...
>
> ¡Dolor!... ¿Dónde lo hay mayor
> que recordar la pasada
> alegría en el dolor?

El título procede del «Infierno», de la *Divina Comedia*, de Dante, y además el terceto final es una traducción libre del resto del texto italiano:

> ...Nessun maggior dolore
> che ricordarsi del tempo felice
> nella miseria... [2]

8.   RAMÓN MENÉNDEZ PIDAL, *Romancero hispánico*, Madrid, Espasa-Calpe, 1953, II, p. 434.
9.   Véase PEDRO SALINAS, «El romancismo y el siglo XX», en *Estudios Hispánicos. Homenaje a A. M. Huntington*, Wellesley, Wellesley College, 1952, pp. 499-527, que sólo nombra de pasada a Manuel Machado, p. 525.
1.   MANUEL MACHADO, *Phoenix. Nuevas canciones*, Madrid, M. Altolaguirre, 1936, p. 66.
2.   DANTE ALIGHIERI, *Tutte le Opere*, Milán, Mursia, 1965, ed. de Fredi Chiapelli, *Divina Comedia*, Inf. V, vv. 121-123. En sucesivas notas indicaré esta edición con la mención DANTE, *Opere*.

Con esto, Manuel realiza un tratamiento de la materia poética de Dante semejante al que Bécquer dio en la Rima XXIX a otro fragmento del mismo episodio: Dante se halla en el círculo del Infierno correspondiente a los lujuriosos, y Francesca da Rimini relata el primer pecado de amor con su cuñado Paolo Malatesta.[3] Bécquer había situado la Rima bajo otra cita del mismo canto: «La bocca mi bacciò tutto tremante» (V, 136), y en ella recreaba la situación con un paralelo entre el beso del pecado de los amantes medievales y el del poeta con su amada, sólo que el fin de Bécquer era llegar a la conclusión:

> ¿Comprendes ya que un poema
> cabe en un verso?

El fin de Machado es diferente y mantiene un mayor paralelismo entre el gran poema medieval y la breve poesía moderna. Es poesía de nostalgias, de signo negativo. En cierto modo, con el aire becqueriano que acusa, recordar la aventura de amor pasada desde la indiferencia de un presente es para Manuel Machado corroborar lo mismo que había dicho en «Don Carnaval», a la sombra del Arcipreste; si allí era risible y ridículo contemplar el espectáculo del amor por el amor, aquí resulta triste y melancólico evocarlo cuando pasó, y también parece una «broma absurda y pesada». Bécquer había formulado, a su modo, estos temores por el dolor que se desprendía del ejercicio de la memoria en materia de sentimientos:

> Llevadme por piedad a donde el vértigo
> con la razón me arranque la memoria.
> ¡Por piedad!, ¡tengo miedo de quedarme
> con mi dolor a solas![4]

Las olas gigantes a las que pedía Bécquer, detrás de la sombra de Lamartine, que se lo llevaran en una Rima llena del estruendo de la naturaleza romántica, se cambian por este testimonio de la tristeza del poeta, que sería escéptica si no hubiese por medio un dolor de sencilla humanidad. La poesía de Machado representa lo contrario de la rebeldía que Bécquer manifiesta; es la aceptación de la vida tal como se ofrece, la expresión más sencilla de la existencia, según la cifró en el acertado final de una poesía del mismo libro, titulada precisamente «Rima»:

> Y voy viviendo, mientras no me muero[5].

---

3. Véase el comentario que hago en mi libro *Poética para un poeta. Las «Cartas literarias a una mujer» de Bécquer*, Madrid, Gredos, 1972, pp. 163-165.
4. GUSTAVO ADOLFO BÉCQUER, *Rimas de...*, Ed. Robert Pageard, Madrid, C.S.I.C. 1972, p. 288.
5. M. MACHADO, *Phoenix...*, ed. cit., p. 70.

Al cambiar la agitación por la desesperanza, Machado se vale de dos metáforas de enorme significación poética: en el primer cuarteto, una imagen que parece una greguería de Gómez de la Serna: los días de amor evocados, que antes habrían sido de sol, son ahora fantasmas que se identifican con las noches de luna llena, y en el segundo cuarteto, la barquilla que navegó por el amor está ahora tendida en la arena. No hay gritos porque esto sea así, sino esta queja en tono menor —por eso es un soneto de octosílabos— que se rompe en la piedra del absurdo; el dolor está ahí, y Machado, el poeta de hoy, acude a Dante, el poeta de ayer, de la misma manera que cada hombre que siente esta pena volverá a intentar lo mismo que dijeron los dos poetas.

En 1936 sigue válido el criterio poético de aprovecharse de los Primitivos, de los de la Literatura; sólo que en esta poesía, el poeta se siente intensamente maduro, y para expresar su desilusión no vacila en arrimarse a la sombra del viejo árbol dantesco. Y Machado no lo siente como una servidumbre, pues la función del viejo maestro es sólo dar con su autoridad una confirmación a lo que siente el hombre de hoy, tristemente desilusionado, con dolor en el corazón pero serenidad en el juicio de la vida.

Y, para cerrar este capítulo, he de señalar que Manuel escribió otras poesías de orden histórico y artístico, referidas a asuntos que están fuera del marco que me he señalado para este libro, con procedimientos análogos. Esto indicaría otro aspecto de su complejidad, pues no se ciñó a una época determinada en sus evocaciones poéticas. Sin embargo, dentro de este conjunto de obras la especie medieval (o, si se quiere, la anterior al periodo de los Siglos de Oro) se halla representada en forma suficiente para mencionarla como una de sus partes características.

En la primera edición de *Apolo* (1911) aparece la letra de algunas de las poesías junto a un grabado de buena calidad con la reproducción del cuadro glosado. Es cierto que esto ocurre también con poesías referentes a épocas distintas de la Edad Media y del Prerrenacimiento, y que el Parnasianismo está en el fondo del asunto, pero el procedimiento se acomoda especialmente a la concepción prerrafaelista del arte y se reúne armónicamente con los principios estéticos enunciados.

VII

EL MODERNISMO Y EL 98 EN RELACION
CON LA CONCEPCION POETICA DE LOS PRIMITIVOS

EL CONCEPTO Y TÍTULO DE MODERNISMO

Las consideraciones que he establecido en los capítulos precedentes prueban que en la poesía de Manuel Machado hay un filón importante en que los temas procedentes de la Edad Media se tratan de una manera diferente de como lo habían hecho los románticos; Manuel conoce también esta manera romántica de la leyenda, pero la sobrepasa al referirse al Medievo, aprovechando la experiencia estética de los artistas de fin de siglo, en especial en lo que toca a la teoría y a las realizaciones de Prerrafaelismo. Sus viajes le ayudaron en esta formación de la nueva manera, y el ejemplo de Rubén Darío le aseguró en esta dirección.

Me parece ahora conveniente verificar un examen de cómo esta concepción poética, determinada por la moda, teoría y realización del Prerrafaelismo se puede relacionar con la otra concepción poética del Modernismo, y también en lo que toca a sus efectos sobre el grupo que se conoce comúnmente como generación de 1898. Los estudios que se vienen realizando sobre Manuel y Antonio Machado han de ofrecer datos concretos para este examen; ellos ocuparon en el grupo histórico una situación destacada, y lo que de ellos proceda vale para mí más que las generalidades establecidas por inercias críticas. Con esto pienso contribuir al problema, tan vivo hoy en la crítica histórica, de una periodización eficaz que contribuya a una defensa de este punto de vista, a veces injustamente atacado. De tanto en tanto, la historia de la literatura requiere revisiones para ajustar estos conceptos básicos que utiliza en la ordenación y agrupación de las obras literarias. Si la *historia* de la literatura, como indica su nombre, es un estudio que alinea las obras a través del tiempo, desde el pasado hasta el presente, ocurre que esta ordenación temporal no es ella, por sí misma, suficiente para que podamos per-

cibir, en forma orgánica, el proceso de la literatura; para eso nece-
sitamos valernos de las cuadrículas que son los grandes conceptos
que la crítica literaria, en conjunción con la de las otras Artes, va
creando con este fin. Estos conceptos no aparecen ni espontánea ni
regularmente, sino que son efecto de valoraciones sucesivas del proceso artístico, formuladas en determinadas ocasiones, y que tienen
hondas raíces en el pensamiento de una época. El resultado es que
la sucesiva formulación de estos conceptos establece un ajuste en
los cuadros reguladores del acontecer histórico de la literatura, dentro del cual las obras se reúnen en períodos y se agrupan por afinidades de creación. En la crítica actual, la discusión sobre la legiti-
midad de estos ajustes constituye uno de los aspectos más debatidos
en la ciencia literaria. Las calificaciones habituales, Renacimiento,
Barroco, Romanticismo, y este mismo de Modernismo, etc., se están
revisando para procurarles mayor homogeneidad en su contenido,
una mejor coordinación estética en las relaciones con las otras Artes
y también dando al hecho artístico autonomía para que pueda ser
considerado en una dimensión general, sin encerrarlo estrictamente en el marco de una nación, como pretendieron los románticos,
confundiendo lengua y pueblo con nación. Por otra parte, estas revisiones han valido para sacar a la ciencia literaria del estrecho marco
del estricto estructuralismo, haciendo que intervengan en el estudio
de la literatura factores sicológicos, sociales y estéticos que habían
quedado apartados [1].

Este preámbulo viene a propósito del concepto de Modernismo,
término que ha tenido, en lo que va de siglo, alternativas muy diversas, y que hoy se está revalorizando después de haber quedado muy
circunscrito y limitado en su uso, y hasta evitado por algunos críticos.

Usada la palabra modernismo por vez primera por Rubén Darío
en 1888, [2], quiso primero con ella señalar sólo la condición moderna
que aparecía en los rasgos de un escritor; en 1890 ya la usa para designar una tendencia o corriente de opinión literaria, sobre la cual
se levanta fácilmente la polémica. La palabra entra así en la danza
de la controversia, con todo el fuego dialéctico que pronto incendia
la discusión de los asuntos literarios. El Modernismo se extendió
primero como un término despectivo, con el que los críticos tradicionales de fin de siglo designaron a un grupo de escritores, poetas
fundamentalmente, y también prosistas, que pretendían modernizar,
esto es, poner a la moda, a la moda de Europa, y, sobre todo, a la
de París, la literatura hispánica, española o hispanoamericana. Ma-

1.   La bibliografía sobre el Modernismo es muy amplia y polémica, como
aparece con sólo asomarse al libro *Estudios críticos sobre el Modernismo*, se-
leccionados por HOMERO CASTILLO, Madrid, Gredos, 1968. Me interesa destacar
sobre todo esta concepción desde el caso de Manuel Machado, casi siempre
citado de refilón en muchos de los estudios.
2.   Véanse las referencias, aducidas por otros autores, en ALLEN W. PHILLIPS,
Rubén Darío y sus juicios sobre el Modernismo, en *Estudios críticos sobre el
Modernismo*, ob. cit, pp. 119-121.

nuel Machado resulta para esto un caso ilustrador, y su conferencia sobre el Modernismo, que tantas veces cito en este libro, es una pieza fundamental; y no lo es porque sea una exposición orgánica del asunto o porque haya ejercido la función de los manifiestos iniciales. Hay que reconocer que es una pieza endeble, que responde a una circunstancia determinada y volandera. Pero su valor como testimonio es lo que resalto, pues Manuel se sincera en estas palabras y nos da lo que tanto buscamos en la crítica: una confesión de sus motivos, de los móviles de su creación. Así, para comenzar, de ella, de su mismo título, *La guerra literaria*, se desprende que la calificación de modernista adoptó un cierto aire de desafío (recuérdense los paralelos, en la lucha social, de «anarqu*ista*», «social*ista*») en relación con la época, puesto que el sufijo -*ista* se monta sobre moderno, y modernista es, con carácter combatiente, el que sigue la moda hasta los límites más extremos de la innovación, implicando, al mismo tiempo, en la aventura artística su propia vida.

Hay que tener en cuenta que la palabra *moderno* había tenido en el léxico literario de los Siglos de Oro una valoración negativa. El *Tesoro de la lengua castellana*, de Sebastián de Covarrubias (1611), trae esta significación: «Moderno, lo que nuevamente [esto es, por vez primera] es hecho, en respeto de lo antiguo.» Y es curioso que Covarrubias lo emplee precisamente como término de una incipiente ciencia literaria, pues sigue: «Autor moderno, el que ha pocos años que escribió, y por eso no tiene tanta autoridad como los antiguos.» [3] La palabra, desde los Siglos de Oro, venía usándose en la lengua española con este resorte interno de oposiciones, dispuesta para entrar en juego cuando la ocasión se presentase para acoger otros significados. Así fue como a fines del siglo XIX sirvió, en la forma de Modernismo y modernista, para concentrar los ataques de los grupos conservadores, a los que las nuevas orientaciones les parecían contrarias a la continuidad del arte y, sobre todo, de la literatura española.

El actual *Diccionario* de la Academia (1970) todavía refleja este sentido negativo del término, establecido en la edición de 1899, y define el Modernismo como una «afición excesiva a las cosas modernas, con menosprecio de las antiguas, especialmente en artes y literatura». La persistencia de esta definición hasta la edición de 1970 indica lo difícil que es romper una opinión establecida después de un periodo de combate y enfrentamiento. En la enciclopedia Espasa se recoge, después de la definición citada del *Diccionario* académico, esta opinión, que recae sobre todo en la literatura: «cuando el afán de renovarse, buscando algo nuevo y original, llega al límite, suele caerse en la extravagancia y entonces nacen las escuelas modernistas, que, por lo general, son caricaturas del verdadero arte y prueba completa de su decadencia.» [4]

---

3. SEBASTIÁN DE COVARRUBIAS, *Tesoro de la lengua castellana o española*, Ed. M. de Riquer, Barcelona, Horta, 1943, p. 809.
4. *Enciclopedia Espasa*, Madrid, Espasa-Calpe [hacia 1917], p. 1231.

En el fondo, la cuestión no es sino un episodio más de una versión, en el dominio de la crítica, de un viejísimo tópico literario, la llamada querella o discusión entre antiguos y modernos, que acompaña desde sus orígenes el curso de la literatura europea. La agudización del encuentro se vio reforzada por un planteamiento, común en un gran número de países, que, desde París, adonde acudían los jóvenes escritores (y los Machado fueron allí), irradiaba por el ámbito europeo; los límites de lo que había sido la Europa romántica eran aún válidos, y este Modernismo de los americanos de habla castellana y de los españoles recoge una conmoción que había sido general en la literatura europea y, más aún, en el arte en general. El término más amplio que entró en juego para la apreciación de estas modalidades extrañas que entrarían en relación con la literatura española fue el de *cosmopolitismo* y sus derivados, que ya usó Juan Valera en 1889 para juzgar a Rubén Darío.[5] Era más amplio que *europeísmo*, en cierto modo implícito en él, pues el Modernismo había de ser el nombre que reuniría la más amplia mención de las novedades poéticas que aparecían como consecuencia de la relación de los escritores españoles, sobre todo los jóvenes, con Europa, acabada en la punta de París. Por otra parte, hay que registrar los otros nombres que, con diferentes propósitos de renovación, aparecen para designar los grupos, las corrientes, los aspectos más llamativos de esta agitación literaria. Así están los que con más o menos motivos se consideran o los llaman parnasianos, simbolistas, estetas o esteticistas, decadentes o decadentistas, prerrafaélicos o prerrafaelistas, místicos, instrumentistas, mercuriales (lectores del «Mercure de France») e impresionistas, por citar los que aparecen en las páginas de las controversias, críticas y referencias de libros, revistas literarias y periódicos. Estos cauces vienen a desembocar en las denominaciones más generales de arte o estilo, como son «Art Nouveau», «Modern Style», o con denominación más optimista y frívola, arte de la «Belle Époque», o finalmente en la que proclama la peculiar situación cronológica, aceptada en francés, «art de fin de siècle», que se encabalga con el «novecentismo». Cada uno de estos nombres tiene su propio ámbito estético y puede definirse con relativa precisión, pero en todos ellos hay campos de significación que son comunes y características que, según se consideren, pueden pertenecer a uno o a otro. Lo señalé antes en relación con el *Gothic Revival* y con el *Celtic Revival*, cercanos pero diferentes del Prerrafaelismo, y lo mismo podía establecerse en otros casos. Hay que contar con esta indefinición de fronteras en los conceptos artísticos, y más cuando los usan escritores que los toman indirectamente de noticias o en visitas, a veces apresuradas, a París, Londres y otras ciudades europeas, o a través de idiomas que no se dominan lo suficiente. En este caso, el término «Modernismo» tuvo la ventaja de que abría sus límites semánticos más

---

5. Véase L. Monguió, *De la problemática del Modernismo: la crítica y el cosmopolitismo*, en *Estudios críticos del Modernismo*, ob. cit., pp. 254-266.

Mujeres de fin de siglo: la lectora.

Mujeres de fin de siglo:
a la manera de Beatrice.

Un cliente del Moulin
de la Galette.

que los otros y podía crear el ámbito de una denominación, en cierto modo neutral y orientadora.

La noticia de esta agitación creadora fue llegando sucesivamente a los escritores españoles, y estos nos han dejado noticia de la curiosidad por los libros, revistas y periódicos extranjeros. Para el caso de Manuel Machado, sabemos que recuerda así la ocasión, y esto en cierto modo es la confesión de su experiencia: «Allá por los años 1897 y 98 no se tenía en España, en general, otra noción de las últimas evoluciones de las literaturas extranjeras que la que nos aportaron personalmente algunos ingenios que habían viajado. Alejandro Sawa, el bohemio incorregible, muerto hace poco, volvió por entonces de París hablando de parnasianismo y simbolismo y recitando por la primera vez en Madrid versos de Verlaine. Pocos estaban en el secreto. Entre los pocos, Benavente, que a la sazón era silbado casi todas las noches al final de obras que habían hecho, sin embargo, las delicias del público durante toda la representación. Un gallego pobre e hidalgo, que había, necesariamente, de emigrar a América, emigró, en efecto, y volvió al poco tiempo con el espíritu francés más fino de los Banville y Barbey d'Aurevilly mezclado al suyo clásico y archicastizo. Fue Valle-Inclán el primero que sacó el modernismo a la calle, con sus cuellos *epatantes*, sus largas melenas y sus quevedos redondos. Por entonces, esto representaba un valor a toda prueba. Finalmente, con uno de esos fantásticos cargos diplomáticos de ciertas republiquitas americanas, se hallaba en Madrid Rubén Darío, maestro del habla castellana, y habiendo digerido eclécticamente lo mejor de la moderna poesía francesa. A estos elementos se unió el poeta, ya entonces granado, Salvador Rueda, cuya exuberante fantasía, descarriada a veces, pero poderosamente instintiva, había roto ya, en cierto modo, los límites retóricos y académicos.»[6] La relación de Manuel coincide, en líneas generales, con lo que se tiene por opinión común en el asunto; sin embargo, hay que notar que la cuestión fue mucho más compleja, y con razón escribe R. A. Cardwell que, aun contando con lo que ha establecido Cossío en su obra sobre la poesía española en la segunda mitad del siglo XIX, «a full assessment of the contacts between French and Spanish writers remains to be done»[7]. Y no sólo entre los franceses, sino entre los de otras naciones que también entran en juego, como lo prueba este mismo libro. El caso es que París es la punta cultural de Europa, y allí acudieron los hermanos Machado para recoger más de cerca el caudal de la fuente de estas novedades literarias. Para asegurar la amplitud que he señalado para el término *modernismo*, está el testimonio de Manuel, que a su vuelta de París escribió, quejándose de la incomprensión del ambiente literario que encuentra en Madrid: «Y por modernismo se entiende... todo lo que no se entiende [en los círculos conservadores de Madrid], toda la evolución artística

6. M. Machado, *La guerra literaria...*, ob. cit., pp. 27-28.
7. R. A. Cardwell, *Juan Ramón Jiménez and «The Decadence»*, art. cit., VI. 1974, p. 295.

que de diez años, y aún más, a esta parte ha realizado Europa, y de la cual empezamos a tener vagamente noticia.» [8] Y estos diez años son la década de 1890 a 1900.

Sin embargo, aun con este propósito de explorar mejor estas relaciones, y contando también con que la realidad acontecida haya sido vivida de manera adecuada por los escritores, resulta que no sólo de novedad podía establecerse la obra literaria. Fue necesario el enlace con la obra de otros escritores que ya conocían los jóvenes; unos fueron los románticos, como ha señalado Montesinos; [9] otros pertenecieron a la literatura ecléctica del Posromanticismo, que parecía la más anticuada y envejecida a los jóvenes, y finalmente hay que contar con la tradición anterior al Romanticismo, que era común a los modernistas y a sus contradictores. Este amplio abanico de posibilidades se abría para todos, y tampoco los contradictores poseían un criterio uniforme, y hay que contar en sus filas con la diversidad. Por eso entender que, en el planteamiento crítico del modernismo, sólo existieron dos bandos contendientes es olvidar la matizada creación de esta o de cualquier otra época; pretender que existan esos dos bandos, puede ser consciente intolerancia de la juventud y gesto de desafío, como le ocurre a Manuel; pero la realidad del hecho creador, en sus variadas manifestaciones, va por otra parte, y hay que prepararse a matizar hasta donde sea necesario.

Por de pronto, resulta manifiesto que el nombre de Modernismo aparece en una ocasión que no conviene olvidar en punto a la unidad de la literatura hispánica. No ya desde criterios académicos, heredados del siglo XVIII, sino desde los propósitos de la creación poética, los escritores de las naciones americanas que hablan y escriben en castellano, actúan a la par que los de España para impulsar un afán común, el de la renovación de la literatura. Bécquer, intuitivo, adivinador prematuro, apenas atreviéndose a musitar las *Rimas*, la hiriente poesía de Campoamor, el bienintencionado pero corto Núñez de Arce, junto con Manuel Reina, Salvador Rueda, Francisco Villaespesa y otros más, se dan la mano con los americanos y, sobre todo, con Rubén Darío, el que levantará un vozarrón incontenible, seguro de su arte, inseguro en la vida, mártir de la nueva causa. Y Rubén inventa y promulga la palabra que conviene a todos: a él, a los que le seguían de cerca y también a los que de lejos estaban con él, aunque les pareciese que eran diferentes; y se la da también a los enemigos para que le golpeen, a él y a los suyos, con ella. El crítico actual tiene que ver el asunto con perspectiva histórica y no dejarse desorientar por las anécdotas y las fáciles agrupaciones que no comprometen más que a un grupo o que responden a una idea preconcebida.

---

8. «Juventud», 10 de octubre de 1901; tomo la cita de G. BROTHERSTON, *Manuel Machado...*, ob. cit., p. 20.
9. JOSÉ F. MONTESINOS, *Ensayos y estudios de literatura española*, Madrid, Revista de Occidente, 1970, parte titulada «Modernismo, esperpentismo o las dos evasiones», pp. 275-277.

El Modernismo representa una época de gran tensión creadora y de una gran amplitud de propósitos, a veces contradictorios, y que por eso desorienta: recoge los temas antiguos, dándoles una nueva interpretación y, en ese sentido, estableció un peculiar neoclasicismo, el último ya posible, abrillantado por la experiencia parnasiana; rehace los temas medievales a través de las consecuencias artísticas del Prerrafaelismo; renueva la consideración de los Siglos de Oro y del siglo XVIII con el intento de encontrar cuadros de época, no a la manera realista, sino reflejándolos en el espejo de la imaginación; aun contando con lo que pueda resultar una nueva consideración de la vida, no rompe con la tradición artística precedente, sino que pretende lograr la autenticidad que exige el nuevo arte, que llega a los más lejanos fines subjetivos con el simbolismo. Al mismo tiempo, aumentando las exigencias artísticas, desprendiendo al artista del público común, prepara la que sí será radical renovación del arte de vanguardia: y así encamina y hace variable un arte que sea tan sólo arte, sin importarle que lo entienda o no el público mayoritario que pide sólo diversión, evasión o, para algunos, corroboración de sus ideales conservadores. Representa el arte que lo exige todo al hombre, sobre todo al artista: vida, moral y política, aunque sea en un sentido negativo. El Modernismo puede ofrecer la imagen del poeta bohemio, como Valle-Inclán, o del escritor atildado, a lo dandy, como Azorín. Lo que más importa para mi propósito es que del Modernismo puede proceder la obra de Manuel Machado, lo mismo que la de Antonio.

LA CONCIENCIA DEL MODERNISMO EN MANUEL MACHADO, Y SU PRESENCIA EN LA VIDA DEL POETA

Para el caso de nuestro poeta, disponemos de un documento excepcional para asegurar su concepto del Modernismo. Se trata de la conferencia, tantas veces aludida en estas páginas, que dio sobre el Modernismo «por cuenta y encargo del Ministerio de Instrucción Pública» en 1911, con el título de *Los poetas de hoy*[1].

Para tener en cuenta lo que estaba escribiendo entonces Manuel Machado, diré que la obra lírica que de él aparece, está contenida en el libro *Cante hondo. Cantares, canciones y coplas, compuestas al estilo popular de Andalucía* (Madrid, 1912). También publica *El amor y la muerte (Capítulos de novela)* (Madrid, 1913), conjunto de artículos sueltos, escritos en una prosa poética, en que mezcla sus impresiones personales con cuestiones de crítica literaria; proceden de revistas de la época («Blanco y Negro», «Alma Española», etc.) y se adaptan al carácter de las mismas. Esta revisión de lo que había sido su concepto del Modernismo y, lo que es tan importante, su fun-

1. Véase G. BROTHERSTON, *Manuel Machado...*, ob. cit., p. 142 de la bibliografía, que le da esta fecha; está contenida en el libro *La guerra literaria...*, ob. cit., cuya fecha de publicación es 1913. Según Manuel Machado el título se corresponde sólo con la primera parte del libro (pp. 17-38).

ción dentro del movimiento, acontece poco tiempo antes de prepa-
rar sus oposiciones a la carrera de bibliotecario, que gana en febrero
de 1913 [2]. Hago esto presente para que se tenga en consideración lo
que dice en relación a cómo y cuándo y en qué circunstancias de su
vida lo dice. Brotherston señala el cambio que produjo en el poeta
el casamiento con Eulalia Cáceres, el 15 de junio de 1910; la vida bohemia quedó atrás y goza de un hogar dulce y tranquilo; su compañera es hermosa, buena y amante, escribe a Juan Ramón. El propósito
de Manuel Machado es contar «... los lances y peripecias de la poesía
y los poetas españoles de esta primera década de nuestro siglo xx,
yendo a buscar, aunque de paso y someramente, las raíces de los modos y tendencias actuales a los últimos años del pasado siglo» [3]. Quiere tratar del asunto como testigo y no como historiador. Y así indica:
«Vivíase aquí en una especie de limbo intelectual, mezcla de indiferencia y de incultura irredimibles. Irredimibles porque, ignorándolo
todo, lo despreciábamos todo también» [4]. Entonces muere Zorrilla, tan
viejo, pero «... sin perder su carácter exuberante y su riquísima vena
castiza tienen ya [sus últimos versos] las auras y los matices de la
nueva poesía, de que son en realidad los primeros precursores» [5]; y
también Campoamor murió «en medio de la más absoluta indiferencia. Aquel gran cerebro, inquieto, matizado, pletórico de ideas, de
dudas, de sutilezas mentales, era cosa tan exótica en la tierra del no
pensar y del no saber, que casi como a extranjero se le había mi-
rado» [6]. Y lo mismo Núñez de Arce: «... enfermo y débil, no tenía ya
fuerzas para soplar su huera trompeta inocente. Cierta energía en
la versificación, pobre de léxico, vacía de ideas y sensaciones, pero
muy cuidada de metro y rima, le faltaba ya.» [7] ¿Qué quedaba después
de que faltaron estos tres poetas? El panorama que traza no puede
ser más desolador: «Así decapitada la poesía española, quedó reducida a un escaso número de imitadores sin carácter ni fuerza alguna,
entre los cuales se ve sobresalir apenas las efímeras y borrosas figuras de un Velarde, un Ferrari, un Manuel Reina. La poesía española
se moría en medio del desprecio general, entre las zumbas de Cla-
rín y las inocentes sátiras del «Madrid Cómico», mantenedor de la lírica festiva más insulsa del mundo.» [8] Manuel establece un violento
claroscuro entre las dos generaciones: «Por entonces nacieron a las
letras los jóvenes que, hoy maduros, representan nuestra literatura en
España y fuera de ella. Su obra, en principio, tuvo que ser negativa
y demoledora. Jamás una juventud tuvo que sacar fuerzas tan de fla-
queza, ni tuvo tan pocos impulsos recibidos de la generación anterior,

    2. Véase el mencionado libro de G. BROTHERSTON, *Manuel Machado...*,
pp. 39-41.
    3. M. MACHADO, *La guerra literaria...*, ob. cit., pp. 17-18.
    4. Idem, p. 19.
    5. Idem, p. 22.
    6. Idem, p. 23.
    7. Idem, pp. 23-24.
    8. Idem, p. 24.
    9. Idem, p. 25.

ni tantos ejemplos... que no seguir.»[9] Por eso no duda en referirse a una «revolución literaria»[10]: el Modernismo. El vulgo se manifestaba contrario a ella, y también algunos escritores y críticos. Conviene conocer la opinión desde el otro campo de la lucha. Citaré un ejemplo que creo es de interés por proceder de un escritor malagueño, Ramón A. Urbano, periodista, cuya obra ya he mencionado; refiere que en un sueño oyó el discurso de una estatua y comenta: «Sonreí, entonces, discurriendo que lo que llamaba Demeter locura y error de los manes artísticos, tenía otro nombre gráfico y significativo en el bajo mundo; nombre que es este: *modernismo*. Y como habló por los labios de una estatua el espíritu abatido de las artes, hable por boca del hombre moderno un elemento de opinión, al cual no puede ocultársele que vivimos en un período de sistemáticos radicalismos y que todo lo informa y todo lo marca hoy con su sello audaz el espíritu revolucionario; empero predícase regeneración y preténdese demolerlo todo, para reedificar sin cimientos, sobre escombros que no deben producirse ni amontonarse con la fuerza destructora de las teorías disolventes.»[11] Y añade, con respecto al prestigio de una crítica que comienza a defender la novedad, que los artistas se desorientan: «por el temor pueril que les inspiran el probable rigor de la crítica avanzada y el peligro de caer en el enojo de un núcleo que tiene declarada guerra al clasicismo artístico; de cuya vacilación, de cuya duda nace en el pensamiento del artista contemporáneo la funesta idea de aventurarse por la tortuosa senda del modernismo, que lleva, como por un plano inclinado, al abismo de la decadencia y del amaneramiento»[12]. Esta es la posición opuesta a Manuel, y ante argumentos de esta especie sólo cabe, según él, una actitud combativa. De ahí la «guerra literaria»: «En tales condiciones, la lucha se imponía. La lucha trae siempre los excesos consigo. De los atentados a la retórica, a la prosodia, al academismo neoclásico, que estaban en el programa, se pasó a los atentados contra el crédito literario y la obra personal de los señores del margen. Fue también preciso exagerar determinadas tendencias para romper el hielo de la indiferencia general; irritar con algún desentono los oídos reacios y adoptar ciertas *poses* para llamar la atención.»[13] Pero al cabo triunfa: «Los grandes órganos de la Prensa, las altas tribunas literarias, las casas editoriales y hasta los teatros, última palabra de lo hermético, estaban abiertos a la libre emisión de las nuevas ideas y formas literarias.»[14].

Manuel no puede ofrecer una explicación satisfactoria de lo que es el Modernismo: «la voz *modernismo* significa una cosa distinta para cada uno de los que la pronuncian»[15]. Para él, el Modernismo resul-

10. Idem, p. 23.
11. R. A. Urbano y Carrere, *Discurso sobre el modernismo en las Artes*, ob. cit., p. 10.
12. Idem, p. 12.
13. M. Machado, *La guerra literaria...*, pp. 26-27.
14. Idem, p. 31.
15. Idem, p. 31.

tó la más fuerte manifestación de la personalidad del artista, y su libertad frente a cualquier coacción. Así escribió que: «En cuanto al fondo, su característica esencial es la anarquía. No hay que asustarse de esta palabra pronunciada en su único sentido posible. Sólo los espíritus cultivadísimos y poseedores de las altas sapiencias del arte pueden ser anárquicos, es decir, individuales, personalísimos, pero entiéndase bien, anárquicos y no anarquistas.» [16] Y esto propiamente condujo a la imposibilidad de que bajo esta bandera poética se constituyese un solo grupo, pues, según Machado, la «revolución» modernista «es dar a los demás las sensaciones de lo bello, real o fantástico, a través del propio temperamento cultivado y exquisito. De modo que para ser artista basta con saber ser uno mismo. Lo cual, entre paréntesis, es bastante difícil. Con lo que el Modernismo, lejos de ser una escuala, es finiquito y acabamiento de todas ellas» [17].

Pero esta «revolución» no es sólo literaria, sino que trae consigo la formación de un concepto de la vida que tuvo gran repercusión social. El hábito artístico de la literatura fue en sus principios la bohemia, heredada del Romanticismo en cuanto pudo representar un desafío a la sociedad y una licencia para desentenderse de responsabilidades morales; esta bohemia inicial «viene a ser una suerte de cruzada por el Arte, que redime de todas las culpas» [18]. Manuel encuentra en el París de fin de siglo una bohemia de larga tradición y de gran brillo artístico, y adopta algunos de sus temas favoritos. La Phriné de *El mal poema*, por citar un ejemplo, responde a esta condición, lo mismo que la terminación de *Secretos. Antígona*: «Hetairas y poetas somos hermanos.» Lo señaló así Cansinos Asséns, tan buen testigo de estos gestos: «Fraternizarán, por una natural simpatía de desertores del deber, con las cortesanas, que serán sus musas, y con cuyas vidas azarosas unirán las suyas; porque, como ellas, aman el lujo fácil y falso, el champagne, las rosas y, sobre todo, el ocio.» [19] Manuel tenía, sin embargo, un criterio sobre sus obligaciones que le impidió caer en una situación decisivamente amoral. Los dos hermanos, Manuel y Antonio, se ayudarían en esta época y no olvidaron su formación en las aulas de la Institución. Los dos pertenecen a lo que, con expresión de López-Morillas [20], podemos llamar la estela que el Krausismo había dejado en los profesores que los educaron, y que para ellos sería motivo de inquietud espiritual —diré yo, de conciencia—. Sin embargo, los dos hermanos no siguieron la vía disciplinada del estudio, pues sus títulos universitarios fueron logrados en cierto modo en precario; la corriente germánica de los institucionistas más destacados tampoco aparece en ellos, que prefieren continuar en la corriente francesa, más

---

16. Idem, p. 32.
17. Idem, p. 33.
18. RAFAEL CANSINOS ASSÉNS, *Los temas literarios y su interpretación. Colección de ensayos críticos*, Madrid, Sanz Calleja, s.a.; capítulo sobre «La bohemia en la literatura», p. 92.
19. Idem, p. 93.
20. Véase *Krausismo: Estética y Literatura, Antología*, Ed. de Juan López-Morillas, Madrid, Labor, 1973, p. 30.

fácil para el desarrollo de su vocación poética y que además les permite vivir en París de las traducciones y luego a Antonio como profesor de esta lengua. Por otra parte, Manuel y Antonio siguieron cada cual sus propios caminos, que a veces se acercaban hasta ser los mismos (como en el teatro), pero que la guerra española separó trágicamente. En París los dos estuvieron reunidos, y juntos trabajaron dedicando muchas horas a la traducción con destino a la casa Garnier. Manuel se quedó más tiempo y en su obra hay una más fuerte trascendencia de la vida de París, sobre todo de su afición a las mujeres, sin que esto le impidiese en 1910 contraer matrimonio católico con su prima Eulalia Cáceres, «la novia de siempre», en la iglesia de San Juan de la Palma, de Sevilla. Esta pendulación entre el ambiente bohemio de París y de Madrid y la magia de la vida familiar que había conocido en Sevilla, y que luego se prolongaría en su casa de Madrid, es muy propio de Manuel. Y esto fue posible porque ni Manuel ni menos Antonio ni otros poetas de la época llevaron esta bohemia a sus últimas consecuencias; Cansinos Asséns, testigo bien informado, escribe que en estos escritores «los vestigios auténticos del mito bohemio son escasos y no constituyen estigmas diferenciales»[21]. Se trata de una apreciación relativa, pero con todo cabe señalar que la bohemia no fue una característica esencial ni —lo que es importante— permanente en el Modernismo. Puede acaso resultar un aspecto brillante y con cierta significación de desafío, pero cabe señalar otros aspectos insólitos, implicados en el desarrollo en común del movimiento artístico: «... para este el modernismo es la cabellera de Valle Inclán, para aquel los cuplés del Salón Rouge, para el otro los cigarrillos turcos, y para el de más allá los muebles de Lissárraga.»[22] Más el modernismo creó una gran actividad artística en todos los órdenes, el modernismo creó una gran actividad artística en todos los órdenes y una de las más características fue el arte de los carteles y de la ilustración de libros, en el que había destacado Dante Gabriel Rossetti, y con él y tras él un gran número de artistas[23]. Así resulta que este ingreso de la poesía modernista en las publicaciones de gran difusión, sobre todo en «Blanco y Negro», con su presentación de lujo, de acentuado signo prerrafaelista, en las ilustraciones (como era el gusto de José Arija), es el signo de la aceptación de la renovación defendida antes en revistas de grupo. Así, de 1903 a 1905 las páginas de «Blanco y Negro», de «El Imparcial» y de «El Liberal» supusieron un terreno neutral donde los lectores podían leer la literatura de los conservadores y la de los innovadores, dentro de un impulso renovador que comenzaba a dominar. Manuel se siente situado, por declaración propia,

21. R. Cansinos Asséns, Los temas literarios y su interpretación..., ob. cit., p. 113.
22. M. Machado, La guerra literaria..., ob. cit., p. 32.
23. Así la portada de The Early Italian Poets, traducidos por el propio Rossetti, que se reproduce en este libro, pág. 71.

frente a Emilio Ferrari y a Antonio Fernández Grilo, y todos coinciden en las páginas de «Blanco y Negro» [24] .Y este impulso no significa sólo el triunfo de la renovación literaria. Años más adelante, Díez-Canedo, que conoce a los hermanos, los opone por la casa que habitan: Antonio, «frente a los anchos campos de Castilla»; Manuel tiene una casa «más complicada, en plena ciudad, con salones lujosos, muebles, tapices, alfombras, buenos cuadros y, en el centro, un patio andaluz donde se oye, a menudo, el rasguear de las guitarras» [25]. Lo que trajo el lujo de la gran vida del Modernismo, esparcido en las diferentes clases sociales, resulta compatible con la copla que puede acompañar el rasgueo de esas guitarras de la casa de Manuel. El Modernismo que, en sus manifestaciones de más elevado rango artístico, fue propio de la nueva burguesía y de la aristocracia atenida a la moda que se manifestó renovadora, se extendió, sin embargo, hacia círculos sociales más amplios, como era el de la gente de letras; el arte literario es por su medio de expresión, la lengua, el que puede ensanchar cada vez más un cauce estético.

MANUEL MACHADO, ENTRE MODERNISMO Y 98

Considerada así la conciencia del Modernismo en la vida y en la obra de Manuel, creo que conviene concluir este examen con las relaciones que se pueden establecer entre los conceptos de Modernismo y de Generación del 98. Para mí, el estudio verificado desde el criterio generacional no puede comenzar de manera rigurosa fijando el año de 1898 como punto de partida esencial del grupo. La guerra con Estados Unidos y la independencia de Cuba y la consecuente conmoción política recibida por la nación como consecuencia de los trágicos acontecimientos del año 1898, con la derrota militar y sus consecuencias internas, no hubiese bastado para explicar el renacimiento literario del grupo español que se ha querido aislar del conjunto de la literatura llamándolo «generación del 98». En el «Madrid Cómico» del 2 de abril de 1898, José Martínez Ruiz publicó una «Gaceta de Madrid» en la que enfrentó un «patriota» y un «hombre práctico». La cuestión de Cuba estaba candente; el 29 de marzo, el Gobierno español había pedido al Papa y a las potencias europeas que interviniesen en el conflicto, que parecía inminente, entre España y Estados Unidos. Había, pues, una débil esperanza de que se evitase la guerra. Martínez Ruiz enfrenta los puntos de vista del patriota, que quiere ir a la guerra, y el del hombre práctico, que dice, entre otras cosas: «...no tenemos dinero, no tenemos barcos; ¿cómo vamos a pelear con nación tan poderosa?... Quijotismo es arrojarse a empresas de punto de honra arriesgando en ello hacien-

24. G. BROTHERSTON, *Manuel Machado*, ob. cit., p. 26.
25. Citado a través de G. BROTHERSTON, Idem, p. 46.

da y vida...» [1] La conciencia de que la aventura bélica sería un desastre no fue una sorpresa para algunos, los mejor informados, y entre estos hemos de suponer que se hallaban los periodistas. Ocurrió, en 1898, lo previsto, mientras que los principios y criterios literarios que permitieron el renacimiento literario del Modernismo estaban ya en juego desde la década anterior y seguían actuantes en su función creadora. Incluso las obras que parecen más alejadas de una relación con la conciencia de la época, como son las *Sonatas* de Valle-Inclán (publicadas entre 1902 y 1905), se enjuician hoy dentro de un conjunto complejo y confuso, si es necesario, tal como dice J. Alberich: «Esa distinción pedante de los libros de texto entre Modernismo y Noventayocho nos ha cegado durante demasiado tiempo a ciertas realidades más profundas e insoslayables que la manía clasificadora de nuestros críticos. Es hora —como diría Unamuno— de 'confundir', para ver si así llegamos a conocer mejor» [2].

Querer separar un grupo «regeneracionista», o un grupo literario de base ideológica, de un grupo «estetizante», o un grupo que escriba en verso de otro que lo haga en prosa, o establecer diferencias parciales de cualquier otra especie, es fragmentar lo que se dio conjuntamente en la experiencia de los hombres que vivieron los acontecimientos públicos del fin de siglo. Por otra parte, el modernismo es concepto relativo a un movimiento artístico, del que la literatura representa un aspecto; la «generación del 98» es un concepto histórico, referente a una determinada situación política y social, en la que los escritores jugaron una peculiar función. Son dos planos de consideración distintos, y cada cual tiene unos factores en juego que a veces pueden o no ser los mismos. Los acontecimientos ofrecieron, efectivamente, un motivo de orden histórico para que los escritores que vivieron esta experiencia dentro de la comunidad de la nación española apoyasen el desarrollo de una obra literaria que quisiera esclarecer la conciencia de lo que había ocurrido para intentar hallar un camino de renovación colectiva y personal. No hay que olvidar que, siendo el concepto de generación de carácter histórico, recae en común en la vida de todos los hombres y mujeres de la época. El uso del concepto en la ciencia literaria debe tener en cuenta este hecho, y por eso resulta congruente que los escritores perciban los hechos históricos en relación con su actividad literaria. En el caso de los ensayistas, esto ocurre de forma más patente, pues su obra pretende precisamente patentizar la conciencia de la situación histórica en sus aspectos cultural, político, social, etc. Pero también acontece con los poetas, y así Manuel Machado relaciona los sucesos de la nación con la actividad poética que llevan a cabo él y los otros poetas contemporáneos y amigos: «Es indudable que

1. AZORÍN, *Artículos olvidados de J. Martínez Ruiz (1894-1904)*, Ed. J. M. Valverde, Madrid, Narcea, 1972, p. 159.
2. JOSÉ ALBERICH, *Sobre el fondo ideológico de las «Sonatas» de Valle-Inclán*, «Annali della Facoltà di Lingue e Letterature Straniere di Ca'Foscari», XII, 2, 1973, p. 285.

una notable floración poética ha tenido lugar en España en lo que va de siglo y que su germinación comenzó a raíz de los desastres políticos y militares con que despedimos el pasado»[3].

La apreciación de Machado señala el paralelismo cronológico entre la «germinación» del movimiento poético y desarrollo en lo que va de siglo; y sobre esas coordenadas temporales monta la exposición de lo que ocurría antes del Modernismo y antes del 98. Y así escribe, caracterizando la diferencia: «...despreciando cuanto se ignoraba, indisciplinados, pobres y arrogantes, así vivían los españoles de fin de siglo hasta los desastres del 96»[4]. De este decaimiento de la conciencia pública y de la conmoción de la derrota, surge la nueva situación: «Por tales tiempos y costumbres, y a raíz de la gran derrota, fue cuando comenzó a surgir la nueva España, y, como siempre, muy por delante, la poesía nueva»[5]. Manuel lo declara como testigo sin vacilación: no es la obra de los pensadores la que va por delante para el establecimiento de una España nueva, sino la de los poetas que defendían las corrientes innovadoras desde antes de que los acontecimientos políticos mostrasen la realidad de la situación española. Por delante de los políticos y de los pensadores, los jóvenes poetas se muestran en una actitud combativa, noble y desinteresada porque lo sienten como actitud de conciencia que no espera premio: «Lo que importa consignar aquí es que, conjuntamente a esta labor de rebeldía, de ataque y de demolición, la juventud poética española realizaba su obra generosa de pura poesía, sin más interés que el del arte ni más concupiscencia que la de la gloria»[6]. Dámaso Alonso lo dijo con claridad: «...modernismo y generación del 98 son conceptos heterogéneos»[7]; y así le resultan incomparables entre sí y no pueden servir de módulo para una división en la historia literaria. Y señala: «En especial, en los dos hermanos Machado se mezcla la técnica inicialmente modernista con la visión del mundo noventayochesco»[8]. Lo confirman las consideraciones de Rafael Ferreres al querer matizar y fundir la división demasiado tajante que expuso Salinas: «...el entremezclamiento de actitudes que se han considerado opuestas es lo que hace que los que siguen preocupándose en clasificarlos en modernistas y del 98 no se pongan de acuerdo en qué bando deben ir, que, al fin de cuentas, sería lo mismo si con ello no salieran perjudicados, pues el pertenecer a uno significa la privación de las cualidades y defectos del otro»[9]. Por mi parte, quiero llegar a más situando el concepto de Modernismo en un dominio más amplio y más acorde con la periodización de la histo-

3. M. Machado, *La guerra literaria...*, pp. 18-19.
4. Idem, p. 21.
5. Idem, p. 25.
6. Idem, p. 27.
7. D. Alonso, *Ligereza y gravedad en la poesía de Manuel Machado...*, art. cit., p. 90.
8. Idem, p. 92.
9. R. Ferreres, *Los límites del Modernismo y la generación del noventa y ocho*, en *Estudios críticos del Modernismo*, ob. cit., p. 64.

ria literaria, atendiendo fundamentalmente al testimonio de los propios escritores, de Manuel Machado en este caso. Manuel establece la nómina de los modernistas empeñados en la lucha por la renovación: Alejandro Sawa, Benavente, Valle-Inclán, Rubén Darío, Salvador Rueda, Juan Ramón Jiménez, Baroja, Azorín, Gómez Carrillo, Ortega y Gasset, Rusiñol y Unamuno. No es una ordenación rigurosa ni por edades, sino por afinidades de elección: todos eligieron el nuevo camino, y si algún nombre les comprende a todos, es el de Modernismo, según la consideración del testigo Manuel Machado. Y la nota común fue el europeísmo, al concebir la literatura hacia fuera y no hacia dentro: «Una gran actividad con vistas a Europa había sustituido a la inercia anterior, y en todos los ramos literarios y artísticos, en general, las nuevas tendencias comenzaban a abrirse camino» [10]. Es un europeísmo militante, e incluso agresivo, que tiene conciencia de que logró lo que se propuso, y desde luego mucho más que otros propósitos regeneracionistas que no llegaron a su fin: «No cito sino algunas cúspides porque todos conocéis a la verdadera legión de ingenios que han ido floreciendo a nuestra vista. Legión he dicho, y tened por cierto que son tantos y tales, que bien puede España enorgullecerse de ellos y poner a sus artistas frente a los mejores de Europa. Así pudiera hacer lo mismo con los demás productos nacionales...» [11]

Hay que considerar que las más diversas tendencias caben en el Modernismo y, desde luego, también las que después se han querido atribuir con exclusividad a la generación del 98.

Muchos años después un menudo incidente periodístico sirvió para remover la cuestión. Laín Entralgo publicó el libro *La generación del 98* (Madrid, 1945), y en una reseña de Manuel Muñoz Cortés, este crítico indicó que Manuel Machado no estaba incluido en el libro. Manuel Machado, a los setenta y un años, aún tiene ánimos para responder con un artículo [12]. El viejo poeta no parece sentirse en condiciones de enfrentarse con la opinión que Laín ha escrito sobre él, de que no esté en el primero o en el segundo plano del libro dedicado a la Generación del 98: «Benavente y Manuel Machado ofrecerán mucho material a quienes estudien la obra literaria y estética de la generación, pero lo brindan relativamente escaso al indagador de sus reacciones ante la vida española circunstante» [13]. Por eso Manuel contesta así: «Es, sí, muy cierto que yo pertenezco plenamente a la Generación del 98... en cuanto fue aquella una generación principalmente estética; es decir, artística y literaria, que hizo una revolución literaria y artística; principalísima, casi exclusivamente estética, sin perjuicio —claro está— de las remociones de fondo que

---

10. M. MACHADO, *La guerra literaria...*, pp. 29-30.
11. Idem, p. 30.
12. MANUEL MACHADO, *El 98 y yo (Para alusiones)*, «Arriba», 13 de noviembre de 1945, p. 5.
13. PEDRO LAÍN ENTRALGO, *La generación del 98*, Madrid, Editora Nacional. 1945, p. 15.

implican siempre los verdaderos trastornos de la forma» [14]. Laín había elegido —según Machado— a los autores en los que «el amor y el dolor de España —más agudamente sentido y expresado en las ansias de un afán regenerador— ocupaba, pudiéramos decir, el lugar de un pensamiento político de alta envergadura...» [15] El poeta tiene un arranque y rectifica al ensayista en cuanto al amor a España: «Yo, que a ninguno cedía en el amor de España, y no era tampoco del todo indiferente a su dolor y disgusto, no les seguía en este último camino con demasiado ardor...» [16] Este camino es el de la condición regeneradora, y Manuel se siente con cierto complejo de inferioridad porque le gustaron los toros, las fiestas folklóricas y la poesía popular de Andalucía. Y aún añade más, y es que él fue el primero que habló de «españolizar a Europa» en vez de «europeizar a España».

Laín se apresuró a contestar afirmando la inclusión de Manuel en la generación, y repasando estos motivos en su poesía [17]. Laín llega a esta conclusión: «Interiorismo, preocupación morosa por la esencia castiza de España. Si esta preocupación se expresa de un modo intelectual, estético o evocativo en otros, en Manuel Machado se manifiesta bajo la especie de una férvida y derramada simpatía vital. Vital y simpáticamente se acerca don Manuel, en efecto, a la gran creación lúdica y a la gran creación lírica de nuestro pueblo: la corrida de toros y la canción popular. ¿No hay en este costado de la obra de Manuel Machado una voluntaria y gozosa inmersión sentimental en los senos mismos de la casticidad española, el «chapuzamiento en pueblo», que proponía Unamuno?» [18]. Pero la conciencia lúcida del Modernismo que examiné antes prolonga esta consideración de la obra de Manuel Machado; hay más que toros y que copla popular en la obra del viejo poeta andaluz. Lo que venía estrecho era el molde de la generación del 98, interpretado en forma cerrada. Azorín, en el mismo número del periódico en que Laín publicó el segundo de sus artículos sobre *Manuel Machado y el 98*, lo planteó en términos que dan la vuelta al caso: «¿Qué es una generación? Una estética. ¿Quiénes forman parte de una generación? Todos. ¿Quiénes están excluidos de una generación? Nadie.» Y más adelante añade: «La estética que constituye una generación se habrá elevado hasta formar un todo en que entren la ética, la política y la historia» [19]. Y ese *todo* en este caso tuvo, para los que vivieron los hechos, un nombre: Modernismo, y seguir con él es respetar lo que fue una realidad vivida.

14. M. MACHADO, *El 98 y yo...*, art. cit.
15. Idem.
16. Idem.
17. PEDRO LAÍN ENTRALGO, *Manuel Machado y el noventa y ocho*, I, «A B C», Madrid, 27 de diciembre de 1945; y II, 28 de diciembre de 1945; reunidos después en el libro *Vestigios. Ensayos de crítica y amistad*, Madrid, Epesa, 1948, bajo el título *En torno a Manuel Machado*, pp. 117-125.
18. Idem, p. 119.
19. AZORÍN, *Una generación*, «A B C», Madrid, 28 de diciembre de 1945.

EUROPEÍSMO Y ESPAÑOLIDAD

La autoridad de otro testigo favorece esta opinión mía. En este caso es Juan Ramón Jiménez, y me valdré de una exposición resumida de la cuestión que aparece formulada en una carta a don Sebastián González, decano de Humanidades de la Universidad de Puerto Rico. Juan Ramón envía al decano un breve resumen de seminario que proyecto explicar: «El Modernismo, segundo Renacimiento.— Esposición de un nuevo punto de vista sobre el modernismo poético español y américohispano, de un partícipe y testigo de este movimiento desde sus comienzos hasta el día.—Contradice las críticas jenerales que han sustentado el error de considerar al modernismo como una cuestión poética y no como lo que fue y sigue siendo: un movimiento jeneral teolójico, científico y literario que en lo teolójico, su intención primera, comenzó a mediados del siglo XIX en Alemania y se propagó a distintos países, Francia, Suiza, Estados Unidos y otros. Luego se ramificó en varias direcciones, especialmente literarias, y sigue vijente; y, a juicio del seminarista, seguirá llenando todo lo que queda de siglo, como ocurrió siempre con cualquier movimiento importante; romanticismo, neoclasicismo, barroquismo, humanismo en lo pasado; movimientos que en su aparición, plenitud y decadencia suelen llenar dicho período de tiempo»[1]. Para desarrollar el seminario propone el siguiente plan: «Se determinará que el llamado modernismo en España y Américahispania fue una réplica del parnasianismo. El simbolismo viene después.» Y, en cuanto al plan de trabajo, escribe: «Seminario de J.R.J.—Se distinguirá el modernismo ideolójico del modernismo estético y se colocará en su lugar y su tiempo la arbitrariamente llamada jeneración del 98, que hoy es un hecho histórico, puesto que no fue más que una hijuela del modernismo jeneral.» Es importante señalar que Juan Ramón señala una doble vía para justificar la denominación de Modernismo: una de ellas es la religiosidad, y dice que el modernismo fue, en este aspecto, un movimiento para renovar la Iglesia y, sobre todo, la fe católica con objeto de adaptarla a las necesidades de los que entonces se sentían como «tiempos modernos». Pío X condenó algunas manifestaciones del modernismo de Alfred Loisy y de George Tyrrell, entre otros, en 1907 con el decreto *Lamentabili* y la encíclica *Pascendi*, pero hubo de detener en 1913 la reacción integrista, que pretendía, bajo el signo equívoco del Modernismo, considerar como heterodoxos a cuantos contrariaban los prejuicios conservadores. Los modernistas religiosos pretendían unir el dogma a la crítica moderna de la Iglesia. Y Juan Ramón cuenta:

---

1. J. R. JIMÉNEZ, *La corriente infinita (crítica y evocación)*, ed. cit., pp. 225-226. El curso está también publicado en *El Modernsmo. Notas de un curso (1953)*, México, Aguilar, 1962, donde está en la Nota previa al curso, pp. 49-58, del mismo libro; se reproduce el prólogo de RICARDO GULLÓN, en *Juan Ramón y el Modernismo*, en *Direcciones del Modernismo*, ob. cit., pp. 25-61.

«La palabra Modernismo empieza entonces a propagarse a otras disciplinas científicas y artísticas. Cuando yo tenía 19 años [es decir, en 1900], leí la palabra aplicada a Nietzsche, a Ibsen, a Bergson, por ejemplo, y leí, en casa del doctor Simarro, el libro de Alfred Loisy a los católicos franceses»[2]. La aplicación del término a Rubén viene explicado así: «Es muy importante también señalar que el Modernismo tiene un orijen teolójico y que la poesía llamada modernista, es decir, la parnasiana y la simbolista, pretendían, y Rubén Darío lo dice, unir la tradición, española en este caso (léase el dogma), a las innovaciones formales (léase descubrimientos científicos modernos)»[3].

Manuel Machado expresó a su modo el europeísmo implícito en el Modernismo español: «Los poetas españoles de este principio de siglo han aceptado, como no podía menos de suceder, lo que han encontrado de bueno y de útil en las literaturas extranjeras como medio de expresión y de promover sensaciones. Y, así, hay en ellos del simbolismo, del parnasianismo y de otros *ismos* que en Europa han servido para denominar ciertas agrupaciones artísticas...»[4] La época modernista se inicia con la nueva corriente a la que afluyen estos diversos *ismos*, y con ellos todo lo que los jóvenes están removiendo con su afán renovador. Y así finalmente, corroborando Juan Ramón como testigo lo que dijo Manuel Machado, también como testigo, añade: «Cuando yo fui a Madrid a publicar mis primeros libros, no solamente oí llamar modernista a Rubén Darío, sino a Benavente, a Baroja, a Azorín y a Unamuno. 'Este tío modernista', oí decir de Unamuno»[5].

Todos, pues, modernistas, y desde luego Manuel Machado, cuya declaración sobre la preferencia de españolizar a Europa hay que atemperar a la variada condición de su vida, pues su función había sido precisamente abrir y seguir estos caminos del arte europeo.

En un punto divergen Juan Ramón y Manuel: mientras que para el primero el movimiento dura de 1880 a 1940, para el segundo había acabado en 1913: «He dicho que el modernismo no existe ya, y nada más cierto, en efecto. Abiertos los caminos, rotos en el fondo los prejuicios y en la forma las trabas en cuanto al metro y la rima; fertilizado el lenguaje con savia nueva, se trataba y se trata ya de trabajar en serio y abandonando toda pose. La personalidad de cada uno de los poetas españoles ha ido cristalizando en modos y formas perfectamente diferentes, sin que haya entre ellos nada de común que permita agruparlos bajo una misma denominación de escuela, secta ni tendencia»[6]. El logro de la personalidad no es, sin embargo, motivo para considerar que lo que sirvió de punto de partida y para la formación inicial de estos escritores, haya concluido. Acaso exista en el juicio el criterio de que la obra de un poeta se desarrolle

2. Idem, p. 228.
3. Idem, p. 229.
4. M. MACHADO, *La guerra literaria...*, ob. cit., p. 33.
5. J. R. JIMÉNEZ, *La corriente infinita...*, ob. cit., p. 229.
6. M. MACHADO, *La guerra literaria...*, ob. cit., p. 36.

con un crecimiento semejante al biológico, y esto no es cierto; si la noción de personalidad se identifica con la de perfección y dominio de una técnica, esto pudo haber ocurrido en varias ocasiones con presupuestos diferentes. Por otra parte, el menos indicado para establecerlo es el propio poeta. Pero esto me aparta del propósito mío, pues mi interés se centra en la iniciación de la corriente modernista.

LA EPIGONÍA ROMÁNTICA

Sobre el asunto que ahora plantearé, hay que tener en cuenta que el signo del Modernismo fue en un principio claramente europeo, y hemos visto que esto se señalaba con un cierto aire de desafío frente a una situación general que pretendía ignorar la renovación de las letras de Europa y, de rechazo, podía parecer que se enfrentaba con los conservadores. Siendo esta la actitud general, ocurrió sin embargo que hubo alguno del grupo que, situándose en una posición discordante, interpretó la cuestión como un enfrentamiento entre España y Europa, poniéndose del lado de la primera. Con esto se mostraban originales con respecto a la corriente del Modernismo, que si en un principio fue obra de un grupo pequeño, acabó por ser la dominante, al menos entre la gente de letras. Y si el europeísmo había sido bandera de combate, la defensa de la tradición de España pudo ser una insignia para oponerse a ella.

Y esto entra en juego en el caso en relación con la corriente literaria que en España obstruía esta comunicación con Europa, que en términos generales fue la larga epigonía del Romanticismo. El caso de Manuel Machado es ilustrador, pues en los inicios de su obra hallamos una evidente relación con el Romanticismo, que ya hemos tocado en parte. Así ocurre que cuando Manuel, el poeta joven, comienza a escribir, sigue aún vigente la eficacia poética de la leyenda poética, y la demostración más clara la constituye el poema «El rescate», que está entre los «Primitivos», procedente del primer libro *Tristes y alegres* (1894). En este libro, Manuel cultiva el romance histórico, tanto en la modalidad heroica (según se vio en el comentario de esta poesía) como en la oriental, en la poesía titulada «Dormida», que es de la especie que se denomina «Oriental», tal como se señala en el encabezamiento [1]. Esta poesía es un cruce entre la evocación sensual de los aromas de las flores que rodean a la sultana dormida (violetas, nardos, alhelíes, claveles encarnados, jacintos, lirios blancos, y el jazmín en la mano) y el romance del presentimiento de la muerte del amante en la guerra. La ascendencia de Zorrilla está clara, como indica Emilio Orozco. Pero al mismo tiempo el autor «se recrea en la seductora y sensual visión de la sultana dormida, que nos hace pensar en algún lienzo de la época, esta del orientalismo a lo Fortuny» [2]. La fina sensibilidad de Emilio Orozco

1. Aparece dedicado «Al insigne diplomático Sir Drumon Woalf».
2. E. OROZCO, *Poesía juvenil y juventud poética en la obra de Manuel Machado*, art. cit., p. 24.

asocia la poesía y el cuadro, señalando lo que ha de hacerse cada vez más definido en el poeta andaluz.

Pero Manuel se da cuenta de que la crisis de fin de siglo hunde muchos aspectos de la vida que habían tenido validez hasta entonces. El poeta percibe que la historia como asunto de la poesía tiene que rehacerse, y este párrafo que sigue lo sitúa entre los escritores que manifiestan el caso de conciencia colectivo de la nación; así en *La guerra literaria* escribió que los poetas se encontraban «embotados y entristecidos por la inacción, hartos del romanticismo pasado e incapaces para la vida práctica y laboriosa, viviendo a la sombra de glorias muertas, leyendo una Historia primitiva y falsa, sin ánimos para rectificarla y hurtarle consecuencias amargas, pero provechosas»[3]. En lo que toca a su quehacer literario, la leyenda poética heredada del Romanticismo va perdiendo su vigencia literaria. La actitud política que implica esta declaración de 1913 recae en la sucesiva apreciación del propio Machado respecto del *romance viejo* «El rescate» o el de la «Dormida». En efecto, «Dormida» no pasó directamente a sus libros posteriores en el estado poético de la edición de 1894, sino después de una profunda reelaboración literaria cuyo resultado es «Mariposa negra», en *Alma* de 1902, una obra totalmente distinta, pero que mantiene el núcleo argumental de «Dormida», la espera de la mala nueva:

> ¡Mal hayan los servidores
> que sin su señor tornaron!
> Los que con él se partieron
> y traen, sin él, su caballo[4].

«El rescate» se mantuvo más tiempo en el gusto del propio autor; sin embargo, si bien se incluyó entre los «Primitivos» en 1907, y se mantuvo en las *Poesías escogidas* de 1913, en el *Museo* de sus *Obras Completas* de 1922 se desplazó fuera de los «Primitivos» en el grupo siguiente de «Renacimiento», y en las *Poesías (Opera lírica perfecta)* de 1924 desapareció, así como en las posteriores colecciones. Esto indica que el propio Manuel Machado terminó considerándola fuera de la condición de «primitiva», y acabó rechazándola.

Sin embargo, esto no se podía haber previsto en el mismo fin de siglo, cuando Manuel recogió su poesía en el libro y creo las unidades interiores de los grupos de poesías. Entonces ni el autor ni los comentaristas poseían el cuadro de conceptos clarificados por la crítica literaria, sino que sólo existía el tumultuoso fluir de la creación literaria, la epigonía del Romanticismo que estaba enlazando con el Parnasianismo, que también persistía en poetizar la historia. Este encabalgamiento había ocurrido en otras situaciones de la literatura española, y es uno de los motivos de la persistencia «tradi-

---

3. M. MACHADO, *La guerra literaria...*, ob. cit., pp. 20-21.
4. E. OROZCO, *Poesía juvenil y juventud poética en la obra de Manuel Machado*, art. cit., p. 26.

cional» que se encuentra en ella, que representa una novedad y es
a la vez un enlace con el pasado. Por este motivo, Brotherston escribió esta apreciación: «...Manuel Machado justifies supremely both
his office as the high-priest of Spanish Modernism, and the connec-
tion between Modernism and Romanticism»[5]. En su obra confluye
esta vía romántica con el propósito innovador, que le permite interpretar la «tradición» (sea la romántica o la parnasiana o la que le
llega con las implicaciones del Prerrafaelismo) como una realidad
poética actuante en el presente. Difícil situación espiritual en un
hombre emotivo y de poca firmeza en sus convicciones: «En el fondo
yo soy también consecuente con mi carácter..., que es variable. De
modo que si no me contradijese estaría en contradicción conmigo
mismo»[6]. La expresión, digna de Unamuno, hubo de crearle una gran
tensión espiritual que Manuel acusó en su propia vida. Así ocurrió
con algunas secuelas del Romanticismo que persistieron en su vida
y en su obra, unidas a otras experiencias de orden diferente y a las
que no supo negarse: el gesto de sentirse moro y su afición por la
moda francesa; el juego culto y el tirón de la poesía popular, y lo
mismo con tantas contradicciones como iba reuniendo con el paso
de los años. De ahí las dificultades de encontrarse a sí mismo quien
sabía que su condición era variable y quería vivir en todo, pecado o
virtud. Y esto era, al fin y al cabo, un signo del alma romántica de
Manuel, que prefirió vivir al compás de lo que pensaba y sentía en el
tiempo presente que permanecer en unos principios intemporales.

PARNASIANISMO Y EDAD MEDIA

Pero hay que contar con otro factor coincidente: los parnasianos;
en el abanico en que despliegan sus evocaciones históricas, ellos también trataron poéticamente el tema medieval, que había sido decisivo
en el Romanticismo. La revivificación poética del pasado como elemento renovador fue detectada por los críticos inteligentes de comienzos de siglo, separando la faramalla romántica de este otro esfuerzo
por lograr una percepción poética del pasado. Unamuno supo enten-
derlo en el mismo quicio del siglo, en 1901, pues comentando la aparición de *Alma*, refiriéndose, entre otras poesías, a «Castilla» y a
«Oliveretto de Fermo», escribe: «Y me digo: Estos poetas viven en
el pasado, en el recuerdo; hasta cuando cantan esperanzas, las tejen
con recuerdos —y ¿quién no?, me dice una voz interior—; sólo cantan lo que la muerte ha depurado»[1]. Unamuno, intuitivamente, se da
cuenta de que estas evocaciones del pasado suponen algo más que
un aprovechamiento literario de la historia medieval. La historia

---

5. G. BROTHERSTON, *Manuel Machado...*, ob. cit., p. 77. Lo mismo había señalado JUAN CHABÁS, *Vuelo y estilo*, Madrid, Soc. Gen. Española de Librería,
1934, p. 102.

6. M. MACHADO, *La guerra literaria...*, ob. cit., p. 12.

1. M. DE UNAMUNO, *El «Alma» de Manuel Machado*, en *Obras completas*,
ed. cit., III, p. 1080; publicado en el «Heraldo de Madrid», 19 de marzo de 1901.

puede así constituir la materia poética de una obra cuando ha sobrepasado la noticia (y aun su repercusión sentimental, como en los
románticos) y se ha convertido en una memoria de la vida que el
poeta sabe que ya es muerte. Pero no le afectó la degradación de la
muerte, pues el poeta logra *depurarla* (como dice Unamuno), conver-
tirla en poesía que vive en la obra aun cuando la materia de su contenido haya perecido. El sentido de la muerte, muy consciente en la
poesía de Manuel Machado, actúa en estos casos agudamente: la obra
literaria convierte el confuso amasijo de hechos que es la historia,
en claridad y orden de palabra poética. El poeta elabora lo que fue
todo un tiempo y que los historiadores sometieron a la criba para
que tomase un sentido en su labor cronística; el esquema que queda
del pasado en las obras históricas, vuelve a ser vida por medio de
esta palabra poética, mucho más compleja y connotativa en su reducida dimensión que la crónica más extensa. Con mucha más intensidad que los románticos, los parnasianos habían realizado este cometido. En el Parnasianismo se lograba revivir la muerte en el arte.
De ahí las evocaciones desde la Edad Media hasta el siglo XVIII, sin
contar los aspectos exóticos. Y Unamuno lo declara ante todos en el
prólogo a *Alma. Museo. Los Cantares* en 1907 (y hemos de suponer
que con la complacencia del propio Manuel): «Que algún impulso
para ese clasicismo le haya venido de la literatura francesa, es indudable, pero ese impulso cambió al entrar en alma profundamente
española. Ciertos de sus cantos leves, vagos, todo matiz y suspiro,
nos recuerdan a Verlaine, y otros, los descriptivos —*Abel, Alvar Fáñez, Felipe IV*— a Leconte de Lisle, con cuya precisión pictórica com-
piten» [2].

Confirmando lo que apuntó Unamuno, G. Ribbans resumió así el
primer aspecto, el de Verlaine, que sólo toca indirectamente a mi
propósito: «Los críticos son unánimes en hallar en Manuel Machado
el más fuerte sello verlainiano, reconocido por el mismo poeta en
sus frecuentes citas y en la relación de títulos: *Caprichos*, «La buena
canción», «La mujer de Verlaine», «Cordura», etc. La influencia del
Pauvre Lélian es patente en la técnica, alada e impresionista, de
Manuel, en la ligereza de tono adoptada por él en ciertos temas (los
personajes de la *comedia del arte*, el culto a Versalles y los jardines).
Sobre todo, Manuel parece encarnar aquel concepto de Verlaine, muy
generalizado en España, como el poeta de lo inmediato y lo momen-
táneo» [3]. Pero el reconocimiento del influjo de Verlaine y del Simbolismo no cubre más que unos determinados aspectos de la obra
de Manuel Machado. Aunque cronológicamente quedasen más cerca
los simbolistas y sus consecuencias que los parnasianos, estos últimos tuvieron un gran atractivo para los jóvenes españoles e hispanoamericanos. En parte fue debido a que todos ellos encontraron en
la gran variedad del Parnasianismo francés una veta hispánica con

2. M. DE UNAMUNO, Prólogo a *Alma. Museo, Los Cantares*, ed. cit., pp. XI-XII.
3. GEOFFREY RIBBANS, *La influencia de Verlaine en Antonio Machado*, «Cuadernos Hispanoamericanos», 91-92, julio-agosto, 1957, pp. 181-182.

ql.

Qu。

la que establecían fácil relación. Ya en la primera parte del siglo, España había sido para los románticos uno de los países exóticos, como Italia, Grecia, Africa o el Oriente. El color local de España quedaba relativamente cerca. Cuando el Parnaso recoge y depura la tradición romántica, España queda dentro del juego de los contenidos poéticos [4]. Varios poemas de Leconte de Lisle y de José-Maria de Heredia se refieren a asuntos medievales, y es de suponer que llamasen la atención de los escritores españoles. Leconte de Lisle trató de una leyenda del tiempo del rey don Pedro, «Les inquiétudes de don Simuel» en sus *Poèmes tragiques*. De la misma obra es «Le romance de don Fadrique», así como «Le romance de Doña Blanca» [5]. Más interés presentan las obras españolas de los *Poèmes barbares*; «bárbaros» en el sentido en que se oponen a los *Poèmes antiques* con la fuerza de la novedad. Sobre esta «barbarie» precisó M. Levaillant: «C'est bien dans cette suite de fresques et de hauts reliefs que le maître des Parnassiens a concentré son art, sa vision du monde, sa philosophie: il y a mis, en outre, son coeur», y acaba diciendo: «Barberie pour lui n'était pas sauvagerie; par ce mot il désignait une sorte de patria où son imagination prenait refuge» [6]. Manuel Machado pudo conocer esta obra «bárbara» de Leconte de Lisle, que en sus aspectos españoles se centraba sobre el Cid. Así tenemos el poema «L'Accident de don Iñigo». Brotherston señaló la relación de este poema con «Castilla»: «...the parallels of Machado's poem with the Frenchman's «L'Accident de don Iñigo» are hard to ignore» [7]. Los dos poemas, centrados en la misma persona histórica, son de argumento diferente; el del francés se había basado en el romance «El Cid en la Corte del rey Fernando», que comienza: «Cabalga Diego Laínez...» [8], y ya conocemos el fundamento del de Machado sobre el *Poema del Cid*. La relación ha de establecerse sobre la concepción del «cuadro» histórico, que guarda un aire semejante; Rubén Darío, por su parte, en el poema se ciñó más al poema de Barbey d'Aurevilly, manteniendo un tono semejante en la evocación histórica. Machado recoge la impresión de sol ardoroso en la llanura que Leconte de Lisle tiene diseminada en su poema. La imagen del Cid en el francés es:

> Seul, Rui Diaz de Vivar enfourche, roide et fier,
> Son cheval de bataille enchemisé de fer.
> Il a l'estoc, la lance, et la cotte maillée

4. Véase ROGER DELCOMBRE, *L'Hispanisme de deux parnassiens: Leconte de Lisle et José-Maria de Heredia*, «Hispania», París, I, 1922, pp. 238-278; 292-326.
5. Sobre estas tres poesías, véase, además del artículo antes citado, EMILY SCHONS, *Leconte de Lisle's Poems on Peter the Cruel*, «Modern Philology», XXXII, 1934-1935, pp. 67-74.
6. MAURICE LEVAILLANT, «La barbarie» de Leconte de Lisle», *Le Figaro*, 31 de marzo de 1934; cito a través de DOROTHY M. DIORIO, *Leconte de Lisle: A Hundred and Twenty Years of Criticism (1850-1970)*, Mississippi, Romance Monographs, 1972, p. 33, donde además se hallarán más juicios sobre la crítica del poeta.
7. G. BROTHERSTON, *Manuel Machado...*, ob. cit., p. 95.
8. R. DELCOMBRE, *L'Hispanisme de deux parnassiens...*, art. cit., pp. 277-278 y 292-295.

> Qui de la nuque aux reins *reluit ensoleillée*,
> Et, pour garer le casque aux *reflets aveuglants*,
> Un épais capuchon de drap rouge à trois glands [9].

Y la llanura rocosa:

> Donc, à travers *les champs pierreux qui n'on point d'ombre*,
> Comme il est convenu, tous cheminent ainsi... [10]

Y más adelante:

> *Vers midi, dans la plaine où l'air poussiéreux brûle*,
> Don Hernando s'arrête et siège sur sa mule... [11]

El final, cuando en Machado el Cid ordena dejar el lugar, tiene cierta semejanza con la vuelta que da el héroe en Leconte de Lisle:

> Puis, sans s'inquiéter qu'on le blâme or poursuive,
> Avec ses fidalgos, devers Calatrava,
> Le bon Campeador tourne bride et s'en va [12].

Otras veces trató Leconte de Lisle del Cid en los *Poèmes barbares*. Una fue en «La tête du Comte», originado en el romance «Llorando Diego Laínez»; la otra fue en «La Ximena», basada en seis romances [13]. Estas dos obras quedan fuera de la relación más o menos inmediata con las de Machado.

El otro poeta fue José-Maria de Heredia; en *Les Trophées* hay una parte dedicada a «Le Moyen Age et la Renaissance» y al fin figura un Romancero [14].

Vemos, pues, que Manuel Machado podía encontrar en la literatura francesa una representación de la Edad Media española que le aseguraría en el nuevo camino emprendido.

APLICACIÓN DE LAS TÉCNICAS
NUEVAS AL TEMA DE LOS PRIMITIVOS

Por otra parte, la manera de nombrar estas corrientes de relaciones importa poco si las identificamos convenientemente y las situamos en forma debida en el contorno de la época. Así, por ejemplo,

---

9. [Charles Marie René] LECONTE DE LISLE, *Oeuvres de...*, *Poèmes barbares*, París, A. Lemerre, s.a., p. 289.
10. Idem, p. 290.
11. Idem, p. 291.
12. Idem, p. 292.
13. R. DELCOMBRE, *L'Hispanisme de deux parnassiens...*, art. cit., pp. 296-300 y 303-310, respectivamente.
14. JOSÉ-MARIA DE HEREDIA, *Les Trophées*, París, 1895; los romances son «Le serrement de mains», «Le revanche de Diego Laínez» y «Le triomphe du Cid», pp. 159-173.

Cansinos Asséns se refiere al «impresionismo» poético en estos términos: «Manuel Machado nos trae de París el impresionismo poético, ese arte de describir las cosas con sus rasgos más esenciales,
que nadie ha dominado entre nosotros como él y que en vano ha
sido imitado. El nos trae la pura gracia verlainiana, con sus evocaciones de jardines galantes, a lo Trianon y Versalles; su nostalgia de
la época del Rey Sol, y las melancolías vagas y sutiles de *Sagesse*.
El trae el encanto de la rima breve y alada, en que casi sin palabras
se manifiesta la emoción del momento, tristeza ahora, luego vaga
sonrisa. De él han aprendido su técnica los que luego se han llamado
detallistas, los poetas realistas, sentimentales a lo Carrère» [1]. Puestos a establecer una red de relaciones, en lo que toca al Prerrafaelismo, la orientación poética que le queda más próxima es el Parnasianismo; el propósito de los parnasianos había sido, por una parte,
apartarse de la excesiva sentimentalidad romántica y buscar, por
otra, el contenido de su poesía en un examen riguroso y veraz de la
tradición, a la que pretendieron cifrar en poesías de gran densidad
poética; el programa del «arte por el arte» revela que la labor artística de esta cifra se consideró como la más elevada actividad del
hombre, llegándose al sacrificio de la vida misma para su realización. En el caso de Manuel encontramos que en los «Primitivos»
que pertenecen al *Museo* de 1907, esta misma denominación de «Museo» toca directamente a un propósito relativo al Parnasianismo
que en la literatura francesa juntó poesía y Bellas Artes en este afán
de lograr una cifra de belleza. Lo mismo puede decirse del otro
libro de Manuel Machado, *Apolo*, cuyo subtítulo señala claramente
la mención de *Teatro pictórico* [2]. El poeta posee una conciencia clara de estos procedimientos que enlazan poesía y pintura dentro del
cauce de una literatura asegurada por la obra de los grandes poetas
del Parnaso. El Parnasianismo, y también el Simbolismo, se conside-
raban una orientación poética europea cuando los dos hermanos
Machado llegan a París. En el Parnasianismo se asegura el prestigio
de estas poesías referentes al pasado, en cierto modo objetivas en
cuanto al asunto, que se realizan evocando con la palabra poética
determinadas «situaciones» de la historia. Los contenidos argumentales que implican estas situaciones, y aun las personas que inter-
vienen en ellos, pueden ser los mismos que los de la poesía romántica de carácter histórico; así ocurre, por citar un ejemplo muy claro, con el Cid de Zorrilla [3], que reaparece también en Manuel Ma-

---

1. R. Cansinos Asséns, *La nueva literatura* (1898-1900-1916), ob. cit., capítulo
titulado «Manuel Machado», p. 187.
2. Sobre la posible inspiración, negada por el autor, de que el título pro-
cediese del *Apolo*, de Salomón Reinach, libro en el que muchos aprendieron
la historia del Arte, véase el prólogo citado de A. Carballo a *Alma. Apolo*,
p. 101. Añadiré, sin embargo, que este libro procede de las veinticinco lecciones
que dio Reinach en la Escuela del Louvre de diciembre de 1902 a junio de 1903
(véase la 4.ª edición castellana, traducida por Rafael Domenech, Madrid, Gu-
tenberg, 1924, p. V).
3. Recuerdo, por citar un caso, la lujosa edición de José Zorrilla, *La le-*

chado, pero en muy diferentes condiciones. La «leyenda» poética va deshuesándose cada vez más de una vertebración argumental, y lo nuevo son los poemas relativamente breves que pretenden condensar en una apretada exposición una densa red de vivencias históricas, percibidas por un hombre de nuestro tiempo, con un conocimiento «científico», en la medida que cabe, de la «situación» elegida. Detrás del poema se adivinan páginas de estudios documentales, y la brevedad del mismo ha de poseer una alta tensión comunicativa, dirigida al lector actual.

El criterio artístico se impone en el tratamiento del contenido histórico. Con respecto a *Apolo*, Manuel Machado escribió en *La guerra literaria*, en el capítulo «Génesis de un libro», que a este libro «lo informan, pues, sentimientos reflejos de arte, doblemente tamizados por el pincel y la pluma» [4]. El poeta expresa su propósito, que es: «...representar esa transfusión del color a la palabra tan perseguida por los modernos escritores, esa indelimitación entre las dos artes distintas que ha sido a mi entender tan saludable a los poetas como peligrosa para los pintores» [5]. La intención de Machado aparece expuesta con estas palabras: «Yo he procurado la síntesis de los sentimientos de la época y del pintor, la significación y el estado del arte en cada momento, la evocación del espíritu de los tiempos. Y algo más, la sensación producida hoy en nosotros, insospechable para el autor. En una palabra yo *pinto* esos cuadros tal como se dan y con todo lo que evocan en mi espíritu, no como están en el museo» [6]. El poeta, que aquí se nos confiesa como crítico, declara que tuvo en cuenta la «situación» del motivo del poema, y también la consideración presente. No es un museo inerte; tanto como los cuadros, vale el espectador. Si los unos —los cuadros— son del pasado, el espectador es del presente y vive en el tiempo del poeta, y ambos son una comunidad de presente. De ahí la compleja significación de este «Museo», dentro del cual se sitúan no sólo las recreaciones propiamente pictóricas, sino también estas otras que proceden de la percepción por la vía literaria, como son las de los «Primitivos» que se estudian en este libro.

PARÍS EN LA EXPERIENCIA DE MANUEL
MACHADO Y SUS PERSPECTIVAS VITALES

Sin embargo, los efectos de esta experiencia de la literatura francesa, que va en conjunción con la vida del poeta, no siempre aparecen en un mismo grado de consideración. Un ejemplo de cómo a lo largo de su vida el poeta se da cuenta de que él mismo y París cambian, nos lo ofrece el testimonio de cómo unos veinte años des-

yenda del Cid, Barcelona, Montaner y Simón, 1882, con su característica encuadernación en rojo y oro, y los grabados realistas que ilustran el argumento.
4. M. MACHADO, *La guerra literaria...*, ob. cit., p. 43.
5. Idem, pp. 43-44.
6. Idem, p. 44.

pués de las decisivas visitas de 1899 y 1902 encuentra la capital francesa. A fines de la década siguiente, en 1919, tiene ocasión de volver a la capital de Francia, según se desprende de unas «Crónicas de París», publicadas en «El Liberal»[1]. En una de ellas cuenta una escena callejera presenciada por él cerca de las viejas tapias de Cluny, en «el divino rincón de la plaza de la Sorbona». El poeta busca *su* París, el de su juventud, en el ruidoso París de 1919: «Mi París de hace quince años, alegre, suave, perfumado como una mujer, el de los rincones floridos y las piedras blancas y la música dulce y sensual. Yo lo buscaba a través de este París trepidante y febril de las calles de acero, bruñidas por el cepillo constante de los pneumáticos; bajo un abominable cielo de algodón gris; entre la turba descolorida de las últimas clases por desmovilizar. Yo buscaba al París mío, alerta y tranquilo, en medio de este París que aún tiene el aire de haber pasado una mala noche, nervioso y avejentado por el insomnio»[2]. El poeta ve cómo alrededor de un hombre que reparte migas de pan a los gorriones se forma un grupo que contémpla la escena; cuando acaba, todos se sonríen y siguen hacia sus quehaceres: «La plaza vuelve a quedarse sola y pensativa. Pero yo he visto un momento el alma de mi París, exquisita y dulce y eternamente joven»[3]. En la otra «Crónica» el escritor cuenta su animada vida en París: «...un concierto en la sala de Pasdeloup; visita a los talleres de Pepe Clará, nuestro mejor escultor, y Federico Beltrán, el gran pintor español; hay confianza. Sanjurjo y Paul Adam, para hablar de la Academia Latina; el Club Mediterráneo, del grupo Monjoie, que cuenta conmigo... bueno, mañana. Repetición general del *Bourgeois Gentilhomme*, con la nueva «mise en scène» del gran Genier, último grito del teatro moderno. Veré la «première». Ah, Juanita Delclos, la deliciosa actriz, que quiere leerme su comedia. Esto de las comedias debajo del brazo es universal. Y menos mal cuando los brazos son como estos. Esperará. Nunca es tarde, si la dicha es buena. Comida con Lucien Guitry en su magnífico hotel y representación de Pasteur, su creación maravillosa, en el Vaudeville»[4]. Pero esto no le importa demasiado; lo que él quiere es rememorar sus años jóvenes: «En la rue de Vaugirard —me lo ha dicho el danés Carl Bratli, y nadie conoce París como los extranjeros— existe aún uno de aquellos pequeños restaurants del buen tiempo viejo, donde, como entonces, los estudiantes de ambos sexos, los artistas incipientes y sus amiguitas de siempre encuentran en una comida barata v patriarcal el pretexto para beber innumerables copas de «marc» después del café, fumar la pipa, discutir de lo humano y lo divino v «filar» el perfecto amor»[5]. Y prosigue por el camino de los recuerdos: «Puesto a apurar la agridulce copa de los recuerdos, decido

---

1. Agradezco a Pablo G. del Barco el texto de estos artículos.
2. *Crónica de París*, en «El Liberal», 2 de abril de 1919.
3. Idem.
4. *Crónica de París*, en «El Liberal», 9 de abril de 1919.
5. Idem.

acabar la velada con una visita al célebre «Cabaret des Noctambules», cuya puerta no empujo sin cierta emoción, porque ¿dónde estarán —me pregunto— mis antiguos amigos, los grandes cancioneros de Montmartre y del Quartier... Yon-Lug, Riotus, Lucien Boyer, Vincent Hispa, Xavier Privas? ¿Qué habrá sido de ellos?» Los encuentra en sus lugares, y acaba con nostalgia: «Como ayer, como siempre... Y cuando Xavier Privas, el príncipe de los cancioneros de Montmartre y vice-rey del XVIII «arrondissement», se sienta al piano y deja oír su voz ya ronca y fatigada, es el celebérrimo poema de «Las horas» lo que canta. «Las horas grises» del que sueña, «las horas rojas» del que ama, «las horas negras» del que sufre, «las horas blancas» del que muere. ¡Ah, poeta! ¿Quieres decirme de qué color son las horas del que recuerda lo que no ha de volver?...»[6] La nostalgia implica el recuerdo de lo que amó.

Años más adelante vuelve a recordar el París de sus comienzos poéticos. Pero en esta ocasión la circunstancia es muy distinta. Hay un aire de tragedia en el ambiente, pues la guerra civil está en su culminación. Eugenio d'Ors y José María Pemán le informan que el 5 de enero de 1938 ha sido elegido académico[7]. Manuel se encuentra en el campo que hizo de la «tradición» bandera de combate. No se ha olvidado la sombra del origen institucionista del escritor v el ideario político, y aun social, que en alguna ocasión había defendido. Eso explica el carácter de las manifestaciones que hizo sobre su vida en París, tan diferente de la que, a los setenta y cinco años, junto a Eulalia Cáceres, llevaba en la austeridad de Burgos. Una premeditada confusión sobre la conciencia crítica de su obra aparece en el discurso: «Si yo había aprovechado para mi obra lo mejor del simbolismo y del parnasianismo, por entonces en boga (desde las notaciones rápidas y epigráficas, sin nexos articulados, hasta el color de las vocales del famoso soneto de Rimbaud), es cosa que no sabría afirmar, ni menos explicar satisfactoriamente»[8]. En páginas anteriores había establecido desde 1938 esta apreciación circunstancial sobre el París de 1900: «Nada, empero, o casi nada de mi vida parisina pasaba a mis versos. Era España la que yo llevaba dentro y desde allí la veía mejor que nunca. Y dije «Castilla»[9]. Dijo «Castilla» condicionándola al ambiente en que apareció, aunque luego pudiera valer para afirmar la condición patriótica del escritor, como La Anunciación de Fra Angélico había ido a Horas de Oro en el libro publicado ese mismo año en Valladolid, y afirmando su condición religiosa. Pero el poeta no negó que la experiencia francesa fuese el comienzo de la obra que sentía como verdaderamente suya: «No son estos [se está refiriendo a la poesía «Adelfos»], ni mucho

6. Idem.
7. M. PÉREZ FERRERO, Vida de Antonio Machado y Manuel, ob. cit., pp. 320-323.
8. M. MACHADO, Unos versos, un alma y una época..., ed. cit. de 1940, p. 71.
9. Idem, p. 63.

menos, mis mejores versos, pero son los primeros absolutamente míos» [10].

La interpretación crítica de estas declaraciones debe establecerse atendiendo a la situación personal del poeta, envuelto en las trágicas circunstancias del enfrentamiento civil. Cuando Manuel Machado había escrito «Castilla» en el fin de siglo, nadie puso en duda que él era un poeta español de buena ley, que esta poesía y las otras de tema medieval pertenecían a la historia de España y tenían su origen en la literatura castellana, y que el autor usaba un castellano de gran entereza poética. Reconocer que, en la teoría poética que aseguraba su creación, existía un fundamento en la literatura europea de fin de siglo, no se oponía a la condición española de la obra; ni, más en concreto, que gran parte de este fundamento se hallaba en las letras francesas, que era el dominio más amplio de su conocimiento extranjero. Sólo en relación con el contexto de 1938 pueden tener sentido estas otras palabras, que implicarían una injusta consideración de la hermandad poética en que había vivido, y que le había dejado en el alma la nostalgia que después, en 1919, le conducía a la peregrinación por los lugares en que habían transcurrido aquellos meses decisivos de su estancia en París: «Y esto se escribía en Montmartre —qué lejos y qué cerca de España—, entre gentes que no podían entender de ello una sílaba. Pero el libro estaba hecho y con él el hombre que necesitaba volver a España y abandonar una vida que no era ya la suya» [11]. El poeta francés de fin de siglo, amigo de Machado (e implícitamente sus lectores), podían entender «Castilla» lo mismo que Machado había entendido la novedad de los autores franceses, la potencia evocadora de los acusados perfiles de Leconte de Lisle, la brillantez de *Les Trophées* de José-María Heredia (con su «Romancero», situado al fin de la parte «Le Moyen Age et la Renaissance») y la vaguedad impresionista de Albert Samain, que matiza con tanta eficacia los claroscuros poéticos. Los críticos que han querido quitar importancia a este período francés de la vida de Machado no tiene razón. Los rebate Brotherston, que escribe: «In Paris he learnt more about his craft as a poet than he did at any other time in his life» [12]. Aprender, conocer a fondo el oficio, ponerse a tono con un ambiente, no significaron dejar el propio sentido de la poesía ni perder unas raíces con la tierra ni la relación con el pueblo.

LA PARADOJA DE «CASTILLA»

El desarrollo de este estudio nos ha conducido a resolver una aparente paradoja. G. Brotherston encuentra que la poesía «Castilla», de Manuel Machado, ha creado una situación difícil para la crítica y para el ensayismo referentes a la generación del 98, pues este in-

---

10. Idem, p. 63.
11. Idem, p. 70.
12. G. BROTHERSTON, *Manuel Machado...*, ob. cit., p. 19.

flujo de Leconte de Lisle en *Alma* «is interesting and ironic, ironic because so much has been said about the true Spanishness of «Castilla» [1]. El españolismo de «Castilla» tiene varias caras, y no hay que considerar una sola de ellas. Por eso me parece excesivo señalar sólo esto: «This is very clear in Dario's (French-inspired) «Cosas del Cid» and Machado's «Don Carnaval», «Alvar-Fáñez», «Glosa», and above all in his «Castilla», whose origins are very un-Castilian» [2]. Lo que Brotherston llama los *orígenes* es algo muy complejo, y este libro es un intento de ponerlo en claro. Vemos que es cierto que la experiencia poética que supuso la lectura de la literatura reciente y el ambiente artístico de París ejercieron determinada función en el proceso creador de Manuel Machado. El proceso de elaboración del Modernismo no fue el caso de un influjo directo que trasvasa los procedimientos de una literatura a otra, sin más. En «Castilla» de Machado hubo un tratamiento mucho más libre que en «Las cosas del Cid» de Rubén Darío, reconociendo que éste logró un acierto en la hispanización del contacto literario. Aun siendo una obra renovadora, «Castilla» se sitúa a la sombra de la dedicatoria de Manuel Reina, y el caso del paralelo con el poema de este otro Manrique no es de despreciar.

Por otra parte, el «color local» establecido en la evocación pictórica del asunto por Leconte de Lisle (destellos bajo un sol riguroso en una llanura) se encuentra en la poesía de Manuel Machado y es uno de los elementos poéticos que aseguran la novedad de la obra. Pero, a su vez, hay que contar con que la evocación del paisaje de Castilla no era algo que se diese por vez primera en la literatura española. José María de Cossío lo ha indicado: «Se debe a Ferrari la introducción en la poesía en verso de una visión del paisaje que ha de llegar a convertirse en tópica, tanto en el verso como en la prosa posteriores: el del paisaje castellano de llanura» [3]. Pero la nueva evocación se distingue de las otras en que el escritor valora lo que es contrario a las descripciones tópicas del paisaje: «Se trata de exaltar el paisaje por lo que en la concepción tradicional de él se tenía por menos bello y ameno, de encontrar el encanto de la aridez y la desolación, de incorporar la geología más desnuda a la temática del paisaje. No puede decirse que no se hubiera descrito, pero precisamente para hacer contraste con la amenidad y belleza de otros paisajes» [4]. Cita una poesía de Manuel Jorreto, «Tristes llanuras», publicada en 1873, de la que son estos versos:

> Se abren los ojos y miran,
> y al extender sus miradas
> desde donde el sol se enciende

    1. G. BROTHERSTON, *Manuel Machado...*, ob. cit., p. 95.
    2. Idem, p. 74.
    3. JOSÉ MARÍA DE COSSÍO, *Cincuenta años de poesía española (1895-1900)*, Madrid, Espasa-Calpe, 1960, I, p. 545.
    4. Idem, p. 545.

> hasta donde el sol se apaga,
> no quiebran la línea recta
> ni una ermita, ni una casa,
> ni los vapores de un río
> ni el azul de una montaña.
> ¡Ni siquiera un árbol seco
> borda el cielo con sus ramas! [5]

Ferrari publica «Las tierras llanas» en 1897; Unamuno había incorporado a su ensayo *La casta histórica de Castilla* (fechado en marzo de 1895) una descripción del paisaje castellano que se estima resultó definitiva para la incorporación de este asunto entre los predilectos de la generación del 98. Para el escritor vasco, Castilla le produce esta impresión: «¡Ancha es Castilla! y ¡qué hermosa la tristeza reposada de este mar petrificado y lleno de cielo! Es un paisaje uniforme y monótono en sus contrastes de luz y sombra, en sus tintas disociaciones y pobres de matices» [6]. Unamuno le llama castellano y le recuerda dos cuadros: un paisaje africano, con muchedumbre de moros y un caudillo que grita: «¡Sólo Dios es Dios!»; y el otro, un inmenso páramo muerto, con las figuras de Don Quijote y Sancho. El silencio del castellano le recuerda el de Pero Vermúdez del *Poema del Cid* [7]. Ferrari, según Cossío, «...es el que primero, a lo que se me alcanza, describe en verso directamente y a cuerpo limpio las tierras llanas» [8]. Y sin embargo, Ferrari, que sustantiva la evocación del paisaje en sí de Castilla, es uno de los más acerados combatientes del formulismo modernista, y Machado declaró hallarse frente a él.

No hay, pues, novedad en la incorporación del tema del paisaje de Castilla, que por diversos medios se formula en la época; el gran acierto de Manuel es realizar este entramado de hilos tan diferentes: Castilla es la tierra y es también sus hombres de hoy y de ayer. La Castilla histórica ofrece a los nuevos escritores la mina de su consideración en el campo de la literatura medieval, que valió a románticos y parnasianos. Esta recreación se concentra y aquilata más y más en la poesía de Manuel. El hilo de la consideración de la Castilla que los poetas de la época establecen, se reúne en la trama; y el de los pensadores como Unamuno, que reconoce muy bien el asunto; y también el hilo de las evocaciones prerrafaelistas, que se aplican a Castilla, junto con otros asuntos que son más inmediatos a este criterio estético. Si no se acusa en Machado el testimonio de la vivencia del paisaje real (y eso no quiere decir que no existiese, pues al artista le basta una visión momentánea a través de la ventana de un ferrocarril), sí aparece el testimonio de la Castilla con

5. Idem, p. 546.
6. MIGUEL DE UNAMUNO, *En torno al casticismo*, Buenos Aires, Espasa-Calpe, 1943, p. 56.
7. Idem, pp. 57 y 59.
8. J. M. DE COSSÍO, *Cincuenta años de poesía española...*, ob. cit., p. 546.

valor de signo literario, y no desde lejos, sino de cerca, con paisajes y gentes de la historia, y no en una obra para un grupo reducido de *snobs*, sino con repercusión que abarca un público de gran amplitud: «Son hoy muchos miles, muchos, los españoles que se saben de memoria este poema. Son muchos los que por él han abierto las páginas del viejo *Poema del Cid*. Son muchos los que ya pueden situar, sobre negror de historia desconocida, la figura lumínica de un héroe de España [...] ocurre que a veces un poema escrito así produce una sacudida en las células más sensibles de la conciencia de un pueblo, y se convierte en una obra nacional», escribe Dámaso Alonso [9] refiriéndose al ámbito multitudinario que acabó rodeando la poesía de Manuel Machado.

Y lo mismo que «Castilla», pero con menos eco, ocurre con las otras poesías examinadas en este libro; «Alvar-Fáñez», la «Glosa» y «Don Carnaval» buscan, a su vez, una base poética en la tradición española. Dentro de las nuevas maneras de recrear la moda medieval, cabe volverse hacia la literatura propia y españolizar el conjunto de la creación con una selección léxica adecuada, que llega a la recreación de sintagmas paralelos con base en los tópicos del *Poema del Cid*, e incluso hasta el colorido de la grafía medieval. La condensación poética pretende cifrar el episodio en la niña de Burgos, la «imagen» del guerrero amigo del Cid, a Berceo y al Arcipreste de Hita. ¿Con qué intención?, nos preguntamos. Manuel Machado, aparente cabeza del Modernismo «vistoso» para algunos críticos, se nos muestra en posición paralela a la que otros consideraron propia de «los escritores del 98». El propio Unamuno señala la intención del poeta de reunir lo viejo con lo nuevo, que debe eternizarse para asegurar la vida en esta crisis de la época: «Las resurrecciones de la vieja España —«Alvar-Fáñez», del *Poema del Cid;* «Retablo», de Berceo; «Don Carnal» [es «Don Carnaval»], del Arcipreste de Hita [...]— son de lo más nuevo que Machado nos presenta. Viejo y nuevo en uno; de ayer, de hoy y de mañana; fuera de tiempo, es decir, eterno. ¿No es la poesía, en cierto respecto, la eternización de la momentaneidad?» [10] No es una más de las paradojas unamunianas decir que estas poesías son «de lo más nuevo»; la novedad procedía de ser una de las manifestaciones del Modernismo propias del ámbito europeo, en la que tradición y modernidad podían darse conjuntamente. Manuel Machado volvió a sentir la emoción poética de la Edad Media mucho más adelante, a los setenta y un años, el verano anterior a la guerra civil, con motivo de una visita que hizo a Burgos en el mes de julio. El dato lo consigna el autor en el epígrafe de la poesía:

---

9. D. ALONSO, *Ligereza y gravedad en la poesía de Manuel Machado*, art. cit., p. 97.
10. M. DE UNAMUNO, prólogo de *Alma. Museo. Los Cantares*, ob. cit., p. XIV.

BURGOS

(julio de 1935)

De cuando en cuando fuerte campanada
tunde el silencio.

Maravillado el Arlanzón, discurre
libre del hielo.

5　　Myo Cid Rodrigo.... Sueños imperiales
verdes y negros.

Sol en el muro milenario, obra
del medio-evo.

La Catedral, las Huelgas, la Cartuja,
10　　tumbas, conventos...

Ojivas, archivoltas, rosetones,
cara a lo eterno.

Alegría de piedra, fortaleza,
torres de ensueño.

15　　Y en él se miran los añosos chopos,
de Alfonso Séptimo.

Castilla de las Navas y el Salado,
sombras de hierro.

Voz inefable, temerosa, pura
20　　voz del recuerdo.

De cuando en cuando fuerte campanada
tunde el silencio [11].

La poesía está en un grupo que se titula «Estampas», después de la de Santiago de Compostela. El poeta nos comunica una impresión del paisaje; la ciudad de Burgos, que no se mencionó en «Castilla», avanza a un primer plano y es ahora el motivo de la poesía entera. Con el paisaje están los nombres propios: Arlanzón, la Catedral, las Huelgas, la Cartuja. Todo «obra del medio-evo» (así, para lograr el pentasílabo). Y, sin que pueda faltar, la mención del héroe de la ciudad, «Myo Cid Rodrigo», y con él entra la historia también evoca-

---

11.　M. MACHADO, *Phoenix...*, ob. cit., pp. 25-26. Publicó otra vez el poema en *Cadencias de cadencias (Nuevas dedicatorias)*, Madrid, Editora Nacional, 1943 con la siguiente variante: verso 13: Armonía de piedra, fortaleza.

da con nombres directos; luego Alfonso séptimo, y, por fin, el que todos esperábamos: «*Castilla* de las Navas y el Salado». Pero no es la Castilla geográfica que evoca el paisaje de la poesía de *Alma*, sino el Reino que avanza hacia el Sur realizando los sueños imperiales de Alfonso VII: las Navas de Tolosa (1212) en la Mancha y el Salado (1340) en el Estrecho. Lejanías de la guerra que fue, en el paisaje que está ante el poeta; es un paisaje en presente, enmarcado por el sonido de la «fuerte campanada» que *tunde* el silencio. El verbo no puede ser más acertado: tundir es golpear con violencia, duramente, este paisaje contemplado por el poeta. Marco que está al comienzo y al fin para que la impresión sonora de la campana haga vibrar de tanto en tanto, con la violencia de la percusión, este silencio del cuadro paisajístico. Sólo que la guerra no fue sólo historia, sino que aguardaba, agazapada, para saltar sobre los hermanos Machado (y sobre otros muchos hombres) y zarandearlos a algunos —demasiados— hasta la muerte.

MANUEL MACHADO: UN CLÁSICO EN EL MODERNISMO

A Unamuno le parece que Manuel Machado es el poeta que logra el milagro o, al menos, una aspiración que muchos autores han tenido: llegar a ser un poeta como los antiguos, voz que interpreta la divinidad. Unamuno sabe mucho de esto porque es un profesor militante que lleva dieciséis años traduciendo a los clásicos y explicándolos a sus alumnos. Con esta autoridad puede escribir sobre Manuel: «Esa cosa ligera, alada y sagrada que es a las veces Manuel Machado resulta ser un verdadero clásico. Clásico en su sentido más extenso y universal, y clásico en su sentido más restricto y nacional, es decir, castizo»[1]. No había, pues, en Unamuno contradicción, como él mismo avisa: «Ya sé que esto de clásico hará fruncir el entrecejo a no pocos de esos que han tomado en serio, ya sea en pro, ya sea en contra, el mote ese de modernista»[2]. Y, presintiendo lo que puso en este libro de propio, escribe: «Me da pena de estos cantos del alma de Machado, arrojados así a la estúpida indiferencia de los bárbaros: «¡Bah, modernisterías!»; y, encogiéndose de hombros, los dejarán pasar»[3]. Pero la afirmación quedó sentada: Unamuno, con su autoridad profesional y su gusto crítico, reconoce en este poeta de las *modernisterías* la condición de un clásico. Y no importa que en él exista esta diversidad de corrientes, de las que aquí he puesto de relieve las que se corresponden con la poesía de los Primitivos, de resonancia prerrafaelista y aire parnasiano, sin que esto impida que su obra tenga una resonancia profundamente española. El modernismo logra lo que algunos atribuyen sólo a los de la generación del 98·

---

1. M. DE UNAMUNO, prólogo a *Alma. Museo. Los Cantares*, ed. cit., p. XI.
2. Idem, p. XI.
3. Idem, p. XIX.

así, lo que Dámaso Alonso interpreta como el amor a España de
estos escritores, es para mí efectos del modernismo: «Ellos le ave-
riguan un significado estético a la literatura de nuestros primitivos:
el *Poema del Cid*, Berceo; y por ahí llegan —ellos aparentemente
tan poco heroicos— a la vivificación de nuestros héroes y de nuestros santos» [4]. Con esto tocamos un punto neurálgico de la historia
actual de España: la tradición, en vez de ser un haz que tienda a la
unión, es una bandera de combate que un grupo arrebata y el otro
se deja arrebatar. Para elaborar esta poesía de los Primitivos, esta
orfebrería espiritual; para trabajar con arte este material poético, se
necesita ser, como dijo Juan Ramón, «un poeta fino, delicado y gra-
cioso», esto es, tocado de la gracia poética [5]. Juan Ramón, que no
sentía simpatía política por Manuel, no deja de reconocer: «Forma
de Manuel, más fina; Antonio, algo elefantiásico, que le impide lograr este tipo de finura» [6]. El Modernismo puede recoger mejor que
otro concepto la variedad de procedimientos literarios que entran en
juego, y sus efectos, a veces contradictorios. Y esto tanto desde dentro de la propia conciencia de los escritores como desde la formulación crítica de los problemas literarios de la época. Juan Ramón,
que estuvo en los dos campos, en el de la creación poética y en el
de la crítica en su curso sobre el Modernismo, lo testimonia con su
propia experiencia, tomando el término en un sentido muy amplio,
en el cual cabe todo lo que aquí se ha dicho, pues pertenece propiamente al período inicial: «El modernismo es un movimiento envol-
vente. Las escuelas son parnasianismo, simbolismo, dadaísmo, cubis-
mo, impresionismo, etc. Todo cae dentro del modernismo, porque
todo es expresión en busca de algo nuevo hacia el futuro» [7]. Pero no
sólo hacia el futuro, sino en las mismas realizaciones, aun las más
circunstanciales, que logra. El uso amplio de este término en la historia de la literatura española queda favorecido por cuanto vengo
escribiendo, referido solamente a la función de los Primitivos en la
obra de Manuel Machado. En este caso, un escritor que quiso estar
cerca del pueblo en la copla y en los toros, parte de análogos presupuestos que los que quisieron acercarse a él o interpretar su conciencia por otros caminos de orden intelectual. No se olvide esto en
la consideración de un poeta que suele tenerse en poco o avistarse
sólo parcialmente. Manuel Machado escribe a Juan Ramón y le dice:
«Una fortuna independiente pone a un poeta como tú en condiciones de escoger su jardín y aislarse para vivir en toda belleza. Yo no
sé si a mí me hubiera ocurrido otro tanto. Y aun presumo que no,
porque soy inquieto de mío y de natural turbulento» [8]. No es este
un poeta que pudiera valer para excentricidades o malabarismos
verbales, aunque los use cuando resulta conveniente para el efecto

---

4. D. Alonso, *Ligereza y gravedad en la poesía de Manuel Machado*, art. cit.,
p. 94.
5. R. Gullón, *Direcciones del Modernismo*, ob. cit., p. 226.
6. J. R. Jiménez, *El Modernismo. Notas de un curso...*, ob. cit., pp. 158-159.
7. Idem, p. 229.
8. M. Machado, *La guerra literaria...*, ob. cit., p. 118.

poético; sabe ir a lo hondo en lo que le toca a él y a su pueblo. Y por eso no deja de ser un modernista con todas las implicaciones que esto supone. Y, además, Manuel tuvo una difícil función en el Modernismo, que le vino sobre todo de la etiqueta que le impusieron en los libros más extendidos sobre la literatura del siglo xx. Así fue en el caso de la *Antología* de Onís, que recoge una opinión muy extendida: «De hecho sería él [Manuel Machado], mejor que ningún otro de los poetas españoles, quien representaría en toda su amplitud el movimiento» [9]. Opinión que es aceptable si no se toma en un sentido restrictivo o enfrentando Modernismo a 98; por el contrario, hay que interpretarla en un sentido de integración y asegurarla en la calidad poética y sobre todo en su variedad, pues es el autor que, con más o menos intensidad, toca la mayor parte de los asuntos poéticos del Modernismo. El caso de la parte primera de este libro lo comprueba: su aportación a la poesía de los primitivos es reducida, de gran valor en «Castilla», menos en los otros poemas. El lo sabía perfectamente, y lo expresó con claridad en el año antes de su muerte, como haciendo balance de lo que había realizado para esta especie de poesía: «También es cierto que yo fui el primero en poner, por entonces, sobre el tablero los temas españoles —netamente españoles— con mis glosas de Berceo, del Arcipreste y, sobre todo, del famoso Poema «que fizo Per Abad» destacando la figura de Alvar-Fáñez y, por encima de ella y de lo demás, la de Myo Cid y su Castilla eterna. Pero ahí quedó el tema para «más señores», y yo no continué por ese camino» [10]. Contando con lo que hubiera de presunción —legítima, por otra parte—, pues hemos visto los precedentes de estas consideraciones, el caso fue que dio a estos «temas españoles» una repercusión de gran trascendencia dentro del Modernismo. Por este motivo (sin contar los otros muchos que se refieren a otros aspectos), él se halla en el Modernismo como un clásico en cuanto a perfección y sinceridad, como un innovador en un grupo de renovadores, como el más representativo (si se quiere recoger esta opinión), pero dejando sentado que el Modernismo es mucho más que el ámbito de la obra de un poeta.

Pero el asunto no ha terminado todavía: lo que se exploró en la obra de Manuel, hay que buscarlo también en la obra de Antonio. Sólo si encontramos en el hermano la presencia de estos motivos, habremos verificado una investigación más acabada sobre el asunto.

9. Federico de Onís, *Antología de la poesía española e hispano-americana*, Madrid, Centro de Estudios Históricos, 1934, p. 245.
10. M. Machado, *El 98 y yo*, art. cit., p. 5.

PARTE SEGUNDA:
LOS «PRIMITIVOS» DE ANTONIO MACHADO

—Ya se oyen palabras viejas.
—Pues aguzad las orejas.

«Proverbios y Cantares», CLXI,
núm. XLI, de *Nuevas Canciones*.

I

BERCEO, EL PRIMERO DE SUS POETAS

BERCEO, ENTRE LOS ESCRITORES
ELOGIADOS POR ANTONIO MACHADO

En la parte final de *Campos de Castilla*, de Antonio Machado, tal como queda incorporado a la edición de las *Poesías Completas* de 1917, hay una agrupación de poemas con el título general de «Elogios», que voy a comentar. La primera edición de *Campos de Castilla* (1912) no la comprendía. La segunda edición de *Soledades, Galerías y otros poemas*, de la Colección Universal de Calpe (1919), volvió a recoger los «Elogios», y también las *Poesías Completas* de 1928. El poema del que me voy a ocupar, titulado «Mis poetas» (núm. CL), no tiene fecha, como algunos otros del grupo; los fechados oscilan entre 1903 y 1916, predominando los que lo están entre 1913 y 1916. Los elogios que contienen las poesías se refieren a Giner de los Ríos (por su muerte, poema CXXXIX, fechado en Baeza, 1915); al joven Ortega y Gasset (con ocasión de haber escrito su elogio al Escorial en 1915, poema CXL, sin fecha); a Xavier Valcarce (poesía CXLI, probablemente de fines de 1912); a Juan Ramón Jiménez (poema CXLII, aparecido en 1915, por el libro *Platero y yo*); a Azorín (poema CXLII, fechado en Baeza en 1913, por su *Castilla*); a Valle-Inclán (poema CXLVI, fechado en 1904, por su *Flor de Santidad*); dos poemas a Rubén Darío (el CXLVII, de 1904, y el CXLVIII, a la muerte del poeta, de 1916); el dedicado a Narciso Alonso Cortés (CXLIX, de 1914); el que lo está a Miguel de Unamuno (el CLI, sin fecha, por la *Vida de don Quijote y Sancho*, libro aparecido en 1905), y otra vez a Juan Ramón (poema CLII, sin fecha, por *Arias Tristes*, libro publicado en 1903).

MIS POETAS: BERCEO, EL ELEGIDO
COMO EL PRIMERO

La poesía objeto del comentario es la siguiente:

CL

MIS POETAS

El primero es Gonzalo de Berceo llamado,
Gonzalo de Berceo, poeta y peregrino,
que yendo en romería acaeció en un prado,
y a quien los sabios pintan copiando un pergamino.

5   Trovó a Santo Domingo, trovó a Santa María,
y a San Millán, y a San Lorenzo y Santa Oria,
y dijo: Mi dictado non es de juglaría;
escrito lo tenemos; es verdadera historia.

Su verso es dulce y grave: monótonas hileras
10   de chopos invernales en donde nada brilla;
renglones como surcos en pardas sementeras,
y lejos, las montañas azules de Castilla.

El nos cuenta el repaire del romeo cansado;
leyendo en santorales y libros de oración,
15   copiando historias viejas, nos dice su dictado,
mientras le sale afuera la luz del corazón.

Por de pronto, el título puede resultar equívoco: si se trata de
mis poetas, ¿cómo es que sólo aparece mencionado en ella un solo
poeta? ¿Se trata del comienzo de una serie de poesías en la que Antonio había pensado reunir sus poetas preferidos de la historia literaria de España, en particular de los primitivos? ¿O la referencia la
establece Antonio en su propia memoria recordando *sus* otros poetas,
suyos por afinidades electivas? Y esto podría ser, pues en los «Elogios» Antonio se refiere también a otros poetas, como Juan Ramón,
Rubén y Alonso Cortés; sin embargo, el ámbito de sus preferencias
medievales fue más extenso, como diré luego. Según era lo más frecuente en los libros de la época, Berceo era el primer escritor, y más
precisamente poeta, en el orden cronológico de la literatura española,
y así aparece en la consideración de Antonio. Pero *primero* es un nu-
meral ante el que cabe pensar o que es el que va delante en la fila
de la Literatura o que lo consideró el primero por méritos poéticos
entre los de su época o entre todos. La interpretación, a mi juicio,
es que siendo el primero en el orden de la fila, lo es también entre

los primitivos —y en esto su hermano Manuel y Azorín lo habían indicado también—. Hemos de pensar en que, sin ánimos de polémica, Antonio opinaba así frente al grupo de los «historiadores» acreditados; en efecto, a mi juicio la cuestión se plantea en que, al lado de la valoración de la épica, y en especial del *Poema del Cid*, que emprende el Centro de Estudios Históricos, con Menéndez Pidal en cabeza, los «poetas» contemporáneos por su parte quieren salvar por la vía de la sensibilidad los autores del mester de clerecía, representados en el buen clérigo de la Rioja. La tradición para ellos es algo más que la línea consagrada por la crítica romántica: la épica con la «epopeya» medieval de los cantares de gesta, y el Romancero que se desparrama en los siglos siguientes por los más diversos géneros poéticos. Comienza la exploración de estos «nuevos viejos», valga la paradoja, un tanto en la sombra por la exuberancia del apretado boscaje de nuestra literatura.

ANTONIO Y EL CRITERIO CULTURALISTA DE CREACIÓN POÉTICA

No es frecuente, sin embargo, que Antonio recurra a las obras antiguas para que le sirvan de materia literaria en su poesía. Así como en Manuel vimos que el caso es más común, y aun sirve para definir una de sus características generales, Antonio sólo se vale de ello en contadas ocasiones; aquí sólo me ocupo de las referencias medievales. Más adelante, cuando me refiera al Romancero, citaré en su contexto este principio que me interesa adelantar aquí: «... toda simulación de arcaísmos me parece ridícula.»[1] Esto lo escribía en 1917, precisamente en la época en que se publica la poesía «Mis poetas». No podía, pues, parecerle simulación lo que él mismo había hecho en esta obra. No era un pastiche, sino que, con la misma voluntad que había movido la estética prerrafaelista, se trataba de hacer que reviviese para el hombre moderno la poesía antigua, que hasta entonces había permanecido en el ámbito de una crítica o noticia de especialización. El caso es que Antonio, poeta muy moderno (modernista en esto, como Manuel), se plantea el caso de reencontrar la tradición literaria que aún puede revivir. La poesía de esta clase, como dije antes, necesita que el lector colabore con el autor en la base del mutuo conocimiento del texto o escritor que entra en juego. Por eso Antonio se esfuerza por llegar hasta donde alcanzan las raíces últimas del secular árbol literario español. Y de ahí que, libremente, de entre los posibles poetas primitivos, elija, en esta ocasión, a Gonzalo de Berceo. En esto coincide con la misma elección que hizo su hermano Manuel. Para comenzar el comentario observemos en seguida la técnica de que Antonio se valió para su evocación vivificadora del vie-

1. En esta segunda parte del libro, cito los textos de ANTONIO MACHADO por la edición reunida por Aurora de Albornoz y Guillermo de Torre *Obras Completas*, Buenos Aires, Losada, 1964, bajo la mención de *Obras*. Si me valgo de otra edición, la menciono específicamente. La nota referida está en la p. 48.

jo poeta, y cómo resulta en los procedimientos paralela a la de Manuel. Pero hay una diferencia temporal importante: Manuel había publicado su «Glosa» de Berceo en el «Blanco y Negro» de junio de 1904, y la poesía de Antonio no aparece en libro hasta las *Poesías Completas* de 1917. La obra poética de Antonio había logrado durante estos años un relativo desarrollo: ya han aparecido las *Soledades* y sus adherencias con la carga intimista que alcanza hasta el primer poema soriano, «A orillas del Duero», de 1910; y los *Campos de Castilla* contienen esa conjunción de hombre, tierra y tiempo, como él declararía. Aun contando con la clara orientación que sigue la obra de Antonio, la posible conversión en poesía del elogio de sus preferidos antiguos subsiste en su validez; cierto —repito— que Antonio se valdrá poco de ella, pero el hilillo nunca se rompe. Y así resulta sintomático que este rasgo de técnica literaria modernista persista aún en una fecha tan avanzada como la de 1917, y prosiga todavía en 1928, y permanezca después en las colecciones de su poesía completa hasta el fin de la vida del poeta, como he de considerar en próximos capítulos.

LA TÉCNICA APLICADA EN «MIS POETAS»

a) *La métrica*

Esta poesía de Antonio es más compleja que la paralela de Manuel, pues no en vano es posterior, como acabo de indicar, en más de una década y entran en juego más elementos de la experiencia común del Modernismo y del propio poeta. Por de pronto, el verso procede de una recreación del alejandrino del mester de clerecía, impulsada por los modernistas, hasta el punto de que Tomás Navarro indica que este verso (y también el dodecasílabo y el eneasílabo) hay que «tratarlos como metros principales, al lado del endecasílabo y del octosílabo»[2]. En este caso, la moda modernista revierte a sus orígenes cuando sirve para el fin de esta poesía de base cultural, pero no por eso deja de presentar el uso con que los modernos han querido hacer más flexible el verso, que es el uso del encabalgamiento entre los hemistiquios. Por eso Antonio se permitió separar un adjetivo átono proclítico, de su apoyo sustantivo, contando, sin embargo, la medida como si estuviese en situación de cesura intensa:

y a San Millán, y a San / Lorenzo y Santa Oria.

Y en el verso 12, con menos violencia:

y lejos, las montañas / azules de Castilla.

La versión de Antonio se caracteriza porque, para constituir una

---

2. T. NAVARRO, *Métrica española*, ed. cit., p. 419.

unidad común de verso, los dos hemistiquios guardan la misma disposición acentual, y la modalidad dominante es la de los pies trocaicos, excepto los versos primero y treceavo (esto es, los iniciales de la primera y última estrofa), que son alejandrinos dactílicos. Los acentos de palabra sirven para constituir este cómputo, salvo en pocos casos, como por ejemplo:

> 5   trovó a Santó Domingo, trovó a Santá María
>   o   óo   (ò)o   óo/ o   óo   (ò)o óo

> 16   mientrás le sále afuéra/ la lúz del còrazón
>   o   (ò)o óo   óo   o óo òo ó+[o]

Estas anomalías apenas se notan en el ritmo trocaico dominante, que parecería a Antonio el más representativo en la recreación del viejo metro. En efecto, el cómputo de Oreste Macrí interpreta esta modalidad dominante como la variante a) del heptasílabo trocaico: [3]

> su verso es dulce y grave
> o ó o   óo   óo

que es la más importante en los versos que examina del *Libro de Buen Amor*. En el sistema de Macrí, el primer hemistiquio del verso 16 se interpreta como un heptasílabo anfíbraco-trocaico:

> miéntras le sále afuéra
> óooóo   óo

Sin embargo, esta propuesta rompería con el paralelismo rítmico de los hemistiquios que domina el conjunto de la composición.

Vemos, pues, que Antonio actúa con una clara conciencia de la disposición versificatoria del verso alejandrino; sólo que no lo asocia necesariamente con la estrofa del mester de clerecía, como hizo Manuel. En este caso, Antonio prefiere la cuarteta cruzada, forma más ágil que la machacona repetición de las cuatro rimas iguales del tetrástrofo monorrimo; él elige una solución de compromiso, más moderna que la rigurosa imitación arqueológica de Manuel en su «Glosa» de Berceo.

La intención estilística que condujo al uso preferente del verso alejandrino entre los poetas del mester de clerecía, era clara para Antonio. En una ocasión, cuando habla Juan de Mairena de la matemática en sí, se pregunta qué es lo que tiene que ver con la poesía: «En cuanto poetas, deleitantes de la poesía, aprendices de ruiseñor, ¿qué sabemos nosotros de la matemática? Muy poco. Y lo poco que sabemos

3. ORESTE MACRÍ, *Ensayo de métrica sintagmática*, Madrid, Gredos, 1969, pp. 112-115.

nos sobra. Ni siquiera han de ser nuestros versos sílabas contadas, como en Berceo, ni hemos de medirlos, para no irritar a los plectros juveniles» [4]. Antonio publica esto en el diario «El Sol» del 9 de febrero de 1936 [5]; en su madurez, el poeta no puede menos que recordar lo que la crítica había establecido sobre la diversidad existente entre la ametría de los juglares y la medida ajustada de los clérigos. El caso, pasado a la situación de 1936, encuentra un paralelo entre el triunfo del verso libre que lograron los vanguardistas, y las formas métricas establecidas según las coordenadas del verso silábico, y la rima que reúne las estrofas en módulos asegurados por la tradición que comienza precisamente en el primero de sus poetas. Berceo es así el primer establecedor del ritmo poético sobre principios en cierto modo matemáticos de creación, frente a las corrientes contrarias, presentes desde el origen mismo de la poesía y exacerbadas, en el tiempo de Antonio, por la libertad del verso vanguardista. Antonio mantuvo, pues, el recuerdo del viejo poeta Berceo a sus sesenta y más años que tenía cuando escribió esta cita. Y en su poema de 1917, a los cuarenta y dos años, nos había ofrecido el más claro testimonio de su adhesión al mismo.

b) *El material poético antiguo*

Antonio, como Manuel, traspasa a su poesía versos, o fragmentos de ellos, de las obras de Berceo; así ocurre en el verso primero: [6]

> *Mis poetas*, 1   Gonzalo de Berceo llamado
> *Milagros*, 2   Yo maestro Gonçalvo   de Verceo nomnado.

Antonio se aprovecha, pues, de esta parte de verso para el primero y segundo versos de su poesía: Manuel siguió el mismo verso de origen más al pie de la letra en el verso 4 de su «Retablo».
El verso 3:

> que yendo en romería acaeció en un prado

es calco del verso siguiente de la misma estrofa:

> *Milagros*, 2   yendo en romería   caeçí en un prado,

El *acaecer*, 'hallarse presente', es un arcaísmo léxico apoyado en Berceo, usado en forma plenamente consciente de su condición, pues el

---

4. *Obras*, ed. cit., p. 495. Propiamente la declaración específica de las características del mester de clerecía corresponde al *Libro de Alexandre*, como declaro un poco más adelante.
5. *Juan de Mairena*, Madrid, Castalia, 1972, ed. J. M. Valverde, p. 275.
6. Recuérdese que la referencia es al poema de Antonio y número del verso o a la obra de Berceo y estrofa de la cita, con la misma procedencia de los textos citados para el caso de Manuel en la parte primera de este libro.

Diccionario de la Real Academia señala que esta acepción es anticuacuada frente a la acepción que significa 'suceder', aún en uso.
El verso 5:

Trovó a Santo Domingo, trovó a Santa María

registra el uso del verbo *trovar* en el sentido general de 'hacer versos', pero no 'componer trovas y composiciones para canto', pues no lo eran las de Berceo. Sin embargo, aquí Antonio no ha querido tener en cuenta que en el dialecto del clérigo *trovar* o *trobar* significa 'encontrar, hallar, descubrir', según aparece, por ejemplo, en el verso siguiente: «qui buscarla quisiere, rehez [fácilmente] la trobará» (*Santo Domingo*, est. 246). De todas maneras, *trovar* no es voz de uso general, y pertenece a la serie de términos que usa Antonio, referentes a la poética medieval.
El verso 7 de Antonio:

y dijo: Mi dictado non es de juglaría

es un compuesto arcaizante en el que aparece en el primer hemistiquio la palabra *dictado* con la significación de 'obra' tal como la utiliza Berceo en el sentido general de la obra escrita, que era en primer término las Escrituras o cualquier otro texto que se elaborase para ser conservado por la escritura. La misma oposición está en Berceo cuando, el referirse a cómo San Millán ganó los votos, escribe:

San Millán, 362   Sennores, la fazienda   del confessor onrrado
                      no la podrié contar   nin romanz nin dictado...

En el segundo hemistiquio de este mismo verso 7, Antonio reproduce la mención, tan repetida en los manuales de Literatura, que procede de la estrofa segunda del *Libro de Alexandre* (manuscrito de Osuna): «Mester trago fermoso, non es de ioglaría.» La atribución del *Libro de Alexandre* a Berceo se encuentra en un manuscrito descubierto en 1888 y publicado por Morel-Fatio[7]; y es posible que asignase a Berceo este hemistiquio, recogiendo esta atribución, entonces discutida. De todas maneras hay que observar que en este caso Antonio, como lo había hecho su hermano Manuel en «Retablo», no tiene reparos en valerse de una grafía medieval, *non*, para que le ayude en la medida del verso, que de otra manera quedaría falto de una sílaba. El arcaísmo funciona, pues, en dos planos: en el gráfico y en el métrico.
El verso 8 es una composición que reúne el material de varias expresiones en las que Berceo muestra su confianza y respeto en las

---

7. *El libro de Alixandre. Manuscrit esp. 488 de la Bibliothèque Nationale de Paris*, publiée par Alfred Morel-Fatio, Dresden, 1905-6; dieron inmediata cuenta de él MENÉNDEZ PIDAL («Cultura Española», 1907, pp. 545-552) y A. PAZ Y MELIA («Revista de Archivos, Bibliotecas y Museos», XVI, 1907, pp. 428-429).

fuentes escritas, que, ya sólo por serlo y proceder de otras, le merecen crédito de verdaderas. Así escribe Berceo:

Santo Domingo, 336   lo que no es escrito,   non lo afirmaremos
Santo Domingo, 338   No lo diz la leyenda [esto es, lo que se lee]
                       non so yo sabidor

La «escriptura vera» (*Sacrificio*, est. 75) es una afirmación en la que los términos se condicionan mutuamente, tal como aparece en Antonio con las palabras *verdadera historia*.

El verso 13 vuelve a traspasar y a recomponer parte de otro verso de Berceo:

Milagros, 19   En esta romería   avemos un buen prado
                 en qui trova repaire   tot romeo cansado

No siente, pues, Antonio temor alguno en usar el término antiguo por más que pudiera sorprender al lector: *repaire* queda cerca de *reparo*, 'lo que conforta y reanima al que se siente cantado'. Y, con análogo sentido, en *Juan de Mairena* aparece otro acercamiento al léxico de Berceo, aplicado esta vez a afirmar la significación filosófica; allí refiere el apócrifo profesor que puso como motivo de meditación a sus alumnos la necesidad de que exista el prójimo para que podamos amarle. Y a este propósito dice: «... la existencia real de nuestro prójimo, de nuestro vecino, que dicen los ingleses —*our neighbour*—, de acuerdo con nuestro Gonzalo de Berceo»[8]. La semántica de la vieja palabra sale a relucir amparada en el paralelo inglés, buscando esta vez un término más exacto, a la vez popular y metafísicamente, del concepto de *prójimo* que existe en y por el amor cristiano.

En este mismo verso 13 *romeo* es la forma medieval, usado junto con *romero*.

El verso 16:

mientras le sale afuera la luz del corazón

procede de otro verso de la misma *Vida de Santo Domingo:*

Santo Domingo, 40   fue saliendo afuera   la luz del coraçón

ORGANIZACIÓN ESTRUCTURAL DE LA POESÍA

Desde el punto de vista de la estructura, queda claro que Antonio desarrolla la poesía en dos planos: el que podemos llamar de historia literaria, al que pertenecen las dos estrofas primeras, especie de

8. *Obras*, ed. cit., p. 478. Se corresponde con el artículo publicado en «El Sol», 22 diciembre 1935, según *Juan de Mairena*, ed. J. M. Valverde, p. 274.

miniatura que reúne vida y obras de Berceo, y el plano de la impresión viva de la poesía, siempre renovable si lo es de verdad; decía Mairena que «el poeta es un pescador, no de peces, sino de pescados vivos; entendámonos, de peces que puedan vivir después de pescados» [9], y esto ocurre en la estrofa tercera. La cuarta, de cierre, entrecruza los dos planos al reunir *historias* (material histórico, obra del antiguo poeta) y *corazón* (vivencia eternizada en el hombre a través de la poesía, sea Berceo, Antonio o el lector actual).

Así establecido el desarrollo, y teniendo en cuenta los materiales antiguos identificados en la contextura del poema moderno, podemos avanzar en el conocimiento de la novedad con que Antonio realiza la poesía. Pasemos a tratar este desarrollo en sus diferentes partes, de acuerdo con la estructura señalada.

LA ESTROFA PRIMERA: MENCIONES
LITERARIAS Y PICTÓRICAS DE BERCEO

En la estrofa inicial, Antonio establece el recurso de atribuir a la vida del poeta lo que él escribe en su obra, sin que haya motivo biográfico para la identificación. Así, la mención de Berceo *peregrino* no pertenece a lo que sabemos de la vida del poeta, sino a lo que expone en la introducción a los *Milagros de Nuestra Señora*, una de las partes de Berceo más conocidas. El sentido de esta introducción es declaradamente alegórico; se trata de una versión del tópico del *locus amoenus*, a la que no se ha encontrado una fuente directa, sino textos paralelos [10]. Pero Antonio le da un sentido real, y entonces la romería trae consigo la peregrinación, que es el concepto que importa para señalar el cansancio del verso 13. Lo de copiar el pergamino es invención de Antonio; no hay ilustración de la época o antigua que represente a Berceo *copiando un pergamino*, pero es muy posible imaginarlo en el contexto de la evocación. Macrí, que ha estudiado minuciosamente el asunto, aprecia la siguiente relación en este verso 4: «Il gusto de la Institución e del 98 si rivole altresí all'arte figurative medievale» [11]. Recuérdese lo que dije en la parte referente a Manuel sobre estas cuestiones, y puede aplicarse en este caso; a Macrí le hace recordar la conocida imagen del Beato de Tábara en su escritorio, pero el número de ilustraciones semejantes es numeroso.

De una manera u otra, la adición de la mención de la pintura junto a la mención literaria está en la corriente del Prerrafaelismo, que valora la Edad Media desde estas diferentes perspectivas dando al caso un sentido vital, según se verá en el curso de la obra, culminante en el verso último.

---

9. *Obras*, ed. cit., *Consejos... de Juan de Mairena...*, p. 380.
10. Véase BRIAN DUTTON, en el prólogo de su edición citada de GONZALO DE BERCEO, *Obras Completas*, II, *Los Milagros de Nuestra Señora*, pp. 36-40.
11. *Poesie di* ANTONIO MACHADO, 3.ª ed. de Oreste Macrí, Milán, Lerici, 1969, p. 1221. Citaré como *Poesie* las sucesivas referencias a esta edición.

LA ESTROFA SEGUNDA: UN RESUMEN
DE HISTORIA LITERARIA

La estrofa segunda está claramente situada en el ámbito de la historia literaria: se trata de resumir la obra, el estilo y la concepción de la literatura en Berceo. La ocasión resulta propicia en la vida de Antonio; José María Valverde señala que en 1917, el año en que aparece la primera edición de *Poesías Completas* en que se halla esta poesía, Antonio, ya licenciado en Filosofía, se encarga de un curso de literatura española [12]. Hay que suponer que ha releído sus textos, y que su encuentro con Berceo ha sido gozoso; para la erudición, pudiera haber valido el manual de Fitzmaurice-Kelly [13], que desde 1901, en versión española, sirve a los estudiosos de nuestra literatura, pero me inclino más bien por la *Antología de poetas líricos castellanos*, de Menéndez Pelayo [14]. En el prólogo pudo encontrar las referencias necesarias para establecer la relación de obras, y las notas de que Berceo no fuese poeta de juglaría (con la atribución discutida del *Libro de Alexandre*) y el orgullo que el clérigo sentía por su obra escrita, indicio de que su contenido es verdadero. Son las características generales del «mester de clerecía», según enseñaría Antonio a sus alumnos [14].

Por otra parte, no es de extrañar que una de las primeras denominaciones de la crítica literaria que usó Berceo [14], el *román paladino* (aparece en la misma *Vida de Santo Domingo*, est. 2.ª), se encuentre en la crítica de Antonio. Ocurre con ocasión de un comentario al libro *Imagen*, de Gerardo Diego, y en el siguiente contexto: «reparemos en que la lírica «creacionista» surge en el camino de vuelta hacia la poesía integral, totalmente humana, expresable en *román paladino* y que fue, en todo tiempo, la poesía de los poetas» [15]. El *román paladino* es para Berceo una obra literaria que él quiere que sea entendida por todos; resulta la exposición más adecuada para la poesía de los poetas:

Santo Domingo, 2   Quiero fer una prosa   en roman paladino,
                      en el cual suele el pueblo   fablar con so vezino...

12. ANTONIO MACHADO, *Nuevas Canciones y De un Cancionero apócrifo*, Madrid, Castalia, 1971, prólogo, p. 14.
13. JAIME FITZMAURICE-KELLY, *Historia de la Literatura española*, Madrid, 1901, que es traducción de la edición inglesa de 1898, repetida en varias ocasiones y rehecha en 1913.
14. Pudo ser la edición de la «Biblioteca Clásica», Madrid, 1907, en cuyo tomo I había aparecido la Introducción a los Milagros, de donde pudo tomar los textos que mencioné en párrafos anteriores (pp. 7-12).
15. *Obras*, ed. cit., p. 811; «Gerardo Diego, poeta creacionista», artículo fechado en Segovia, mayo de 1922.

Una intención estilística de esta naturaleza es, para Antonio, la que conviene con la *poesía de los poetas*, y recalca además que esto ocurrió *en todo tiempo*. Berceo aparece, pues, como un mentor para los poetas que le seguirían y que no quisieron romper este vínculo de comunicación general.

LA ESTROFA TERCERA: UN INCENDIO METAFÓRICO

En la estrofa tercera, después de que Antonio aseguró en Berceo las características poéticas de su obra desde un punto de vista de historia literaria, deja que la misma obra levante en él un proceso asociativo de múltiples resonancias estéticas. Toda esta estrofa —la más importante y decisiva en cuanto a la modernidad de la poesía— es una declaración de las imágenes que despiertan en Antonio la lectura de los versos de Berceo. La poesía sobre Berceo de su hermano Manuel fue indudablemente una experiencia para Antonio, pero el procedimiento en uso para esta poesía también tuvo en cuenta la crítica impresionista de Azorín. En efecto, en 1915 José Martínez Ruiz había incluido en su obra *Al margen de los clásicos* una de sus recreaciones literarias sobre Berceo; en ella evoca al poeta escribiendo en una celda a través de cuya ventanilla se ve el paisaje «fino y aterciopelado». Más audaz que Azorín, puesto que Antonio escribe poesía, la estrofa tercera es un salto desde el texto leído hasta la evocación poética. El comienzo es una indicación del efecto que produce la lectura de los versos de Berceo, que queda establecido en los adjetivos *dulce* y *grave*. Macrí [17] nota que *dulce* es adjetivo muy usado en Berceo; en efecto, el clérigo en una ocasión establece una sinestesia curiosa. Ocurre en la conocida introducción a los *Milagros*, en donde aplica el adjetivo a los frutos en un sentido recto:

Milagros, 15   El fructo de los árboles era dulce e sabrido

Pero en otra parte lo traslada a los sonidos de las aves:

Milagros, B   Odí sonos de aves   dulces e modulados

La sinestesia —una de las primeras y más elementales que cabe encontrar en la lengua— se traslada a la apreciación del poeta moderno, y los versos son así *dulces*. Pero al mismo tiempo hay una referencia de peso: *graves*, que es la contrapartida del adjetivo anterior, para redondear así la impresión de la poesía antigua.

Pero la cuestión no se detiene ahí, y sigue adelante, con una gran

---

16.   Véase mi artículo «La crítica literaria de Azorín», publicado en *Estudios sobre Azorín*, «Boletín del Instituto de Estudios Giennenses», suplemento del n.º 78 en homenaje a Azorín, 1975, pp. 65-93.

17.   *Poesie*, ed. cit., p. 1221.

aventura metafórica. Una imagen, de compleja organización, se inicia inmediatamente después del signo gráfico de los dos puntos. Es una imagen establecida con elementos del paisaje del campo: hileras de chopos, primero, y surcos de arado, después, todo lo cual acaba por culminar con la mención de Castilla. Recuérdese que la obra que encierra esta poesía de «Mis poetas» es *Campos de Castilla* y, por tanto, la tonalidad de la unidad poética se corresponde con la general de la unidad de libro, con su título determinador. Por otra parte, Antonio había reconocido en el «Elogio» al libro *Castilla*, de Azorín [18], la variedad de paisajes que implicaba esta región: «Toda Castilla» es la gentil, la bravía, la parda y la manchega, la del pasado que evoca Azorín y la presente que Antonio quiere que despierte. Además de la región, es una dirección espiritual: «... yo creo en el alma sutil de tu Castilla.» Los elementos naturales con que establece este paisaje, resultan paralelos, en parte, a los de Azorín en *Al margen de los clásicos:* «Se ven unos prados verdes, aterciopelados, un riachuelo que se desliza lento y claro y un grupo de álamos que se espejean en las aguas límpidas del arroyo» [19]: Alamos en uno, chopos en el otro, son árboles alineados sobre un fondo de paisaje. Pero de ahí en adelante, todo cambia: en Azorín es un paisaje de huerta cultivada, y en Antonio, unas sementeras. No importa, pues Castilla es amplia, múltiple, y puede, desde este punto de vista poético, percibir, aunque sea de lejos, la tierra de Berceo, valorada poéticamente a través del salto metafórico. Este despliegue de la imagen se verifica directamente; no hay ni un *parece* o *es como* o sencillamente *como*. Por eso, el plano evocado o realidad inicial —la lectura de la obra de Berceo— se identifica con el plano imaginado —el paisaje de Castilla.

Sin embargo, hay una salvedad que hacer desde el punto de vista de un correcto acomodo de las imágenes: Berceo, el lugar del viejo poeta, no está en Castilla, si nos atenemos a las designaciones geográficas comunes, sino al otro lado de los picos de Urbión, límite norte de la Castilla soriana. Es un pueblo de la diócesis de Calahorra en la que hoy es provincia de Logroño. Y además, desde un punto de vista lingüístico, el dialecto de la obra de Berceo es el navarro-aragonés. Pero estas cuestiones de ajuste geográfico y de historia de la lengua y de la literatura no coartan la asociación que Antonio establece: su Castilla es más «paisaje del corazón» que entidad geográfica. Cuenta desde dentro del poeta, asociando la hilera de versos del mester clerical con los chopos de Soria, que recuerda así en la primavera dolorida por la muerte de la amada:

Ya verdearán de chopos las márgenes del río.

Por otra parte, la imagen de los chopos en la ribera aparece en las «Soledades a un maestro», que son *soleares* dedicadas a Francisco A. de Icaza (1863-1925), en cuyos poemillas dice:

18. *Obras,* ed. cit., pp. 218-220 (n.º CXLIII), fechada en Baeza, 1913.
19. Cito por Azorín, *Obras selectas,* Madrid, Biblioteca Nueva, 1969, p. 910.

IV
En su claro verso
se canta y se medita
sin grito ni ceño.

V
Y en perfecto ritmo
—así a la vera del río
el doble chopo del río—. [20]

La idea de que los chopos a la vera del río sean el plano de alusión del ritmo de los versos, quedó, pues, fijada en la imaginería poética de Antonio. Se manifiesta así un clisé expresivo de paisaje, que se relaciona directamente con la impresión del ritmo, y en especial con Castilla.

La asociación que relaciona ambos planos —realidad de los versos e imágenes de hileras de chopos y surcos del arado— es fácil de establecer para el lector que conoce la obra del mester de clerecía: las hileras de los chopos son como las hileras de versos, tal como aparecen en la disposición del tetrástrofo monorrimo de largos y parejos alejandrinos; y lo mismo puede decirse de los cursos recientes en los secos campos castellanos. Escribir, según el vaivén de esta asociación imaginada, es enfilar sílabas como chopos que bordean riberas de caminos o de ríos, y realizar los versos sobre el papel es como labrar surcos, y las sementeras son imagen de las páginas sobre las que se verifica el trabajo, físico en la labranza, espiritual en la creación poética.

La comparación entre escribir sobre el papel y arar en el campo es afortunada, pues así se empareja el trabajo de la inteligencia con el físico. Pero con ella Antonio no decía nada de nuevo, pues es una comparación que procede del simbolismo del libro, usada, entre otros, por Platón, San Isidoro, Prudencio y en la poesía carolingia, mozárabe y alemana de la Edad Media, y que llegó a convertirse en «formulilla de copista» de origen culto [21]. En la literatura española he comentado que el poeta antequerano Pedro Espinosa (1578-1650) había publicado los siguientes versos:

Yo, en las que mi heredad planas contiene
(pautadas a compás, largos renglones),
con oro escribo, y mucha Ceres leo,
y respuesta recibe mi deseo [22].

---

20. Estas citas de los chopos se encuentran, respectivamente, en «Recuerdos», CXVI, de los mismos *Campos de Castilla*, fechado en 1912 *(Obras*, ed. cit., p. 173), y esta de las «Soledades a un maestro» en «Glosando a Ronsard y otras rimas», de *Nuevas Canciones*, de 1924 *(Obras*, ídem, p. 283).

21. ERNST ROBERT CURTIUS, *Literatura europea y Edad Media latina*, México, Fondo de Cultura Económica, 1955 [Original alemán, 1948], pp. 439-441.

22. Véase mi edición PEDRO ESPINOSA, *Poesías*, Col. «Clásicos Castellanos»,

No sé lo que pensaría Antonio de estos versos, ejemplo del barroco que él repudiaba a través de Juen de Mairena, ni tampoco estoy seguro de si llegó a leerlos alguna vez; la edición que dio a conocer a Espinosa fue obra de Rodríguez Marín y apareció en 1909 en las publicaciones de la Real Academia Española. Rodríguez Marín había sido amigo del padre de los Machado y colaborador en las investigaciones folklóricas que este había emprendido. Pero dejando esto de lado, creo de interés esforzarme en penetrar en la significación de la poesía de Espinosa; los concentrados versos que cité pueden traducirse así a la expresión común, teniendo en cuenta que el escritor quería establecer un paralelo entre las faenas agrícolas de sus tierras en el ciclo de una cosecha, y la elaboración de su obra como escritor: «Yo [agricultor y poeta, a un tiempo] escribo con oro [es decir, siembro trigo] en las planas que contiene mi heredad [en los campos llanos que hay en mi posesión], pautados a compás, largos renglones [esto es, los surcos que ha abierto el labrador para la siembra, paralelos unos con otros, están dispuestos como la pauta de las líneas que se marcan en las páginas para escribir recto] y leo mucha Ceres [cuando la cosecha va creciendo, contemplo abundante mies]; y al fin, cuando la recojo, es la respuesta que recibe mi deseo [a la carta que escribía al principio]».

Con todo, no creemos que sea necesario señalar una fuente directa de carácter literario, aun contando con la coincidencia señalada. Pudo muy bien ocurrir que ambos poetas, Espinosa y Antonio Machado, inventasen por su cuenta la imagen, tratándose de dos escritores para los que el campo fue una vivencia intensa que pasaron a su obra poética. Pero estimo conveniente anotar la coincidencia entre un autor tan cercano al cordobés Góngora como el antequerano Espinosa, aun considerando sus diferencias; sin embargo, para la crítica literaria de la época, Espinosa (y en particular el fragmento citado) aparecía como un autor barroco, y hay que recordar que Mairena, la otra voz de Antonio, estimaba el Barroco como una oquedad, representativa del empobrecimiento del alma española [23]. Sin embargo, también en este caso Antonio no se muestra del todo solidario con su Mairena, pues en otra parte comenta: «Aunque el gongorismo sea una estupidez, Góngora era un poeta, porque hay en su obra, en toda su obra, ráfagas de verdadera poesía» [24]. En este caso la coincidencia que señalo, si es que llegó a conocer a Espinosa, representaría el reconocimiento de una de estas ráfagas en Espinosa. Y si no llegó a conocerlo, significa que Antonio tenía en su condición de poeta una oculta atracción por el arte barroco, que señalaré más adelante.

Madrid, Espasa-Calpe, 1975, p. 147. «Soledad del Gran Duque de Medina Sidonia», vv. 237-240.

23. *Obras*, ed. cit., p. 318, «El arte poético de Juan de Mairena».

24. Idem, p. 509; *Juan de Mairena*, XLVI. Favorece la creencia de que Antonio conociese la obra de Espinosa la buena opinión, expresada en su *Cuaderno de Literatura*, en que tiene las *Flores de poetas ilustres*, recogidas por este autor (ídem, pp. 884-885).

Anotemos, finalmente, que este incendio metafórico se compensa con los colores que entran en el paisaje evocado; si en la estrofa primera hubo una referencia al posible grabado de línea primitiva, en la tercera los colores se señalan en forma definida: es la falta de brillo, el pardo de la sementera y las lejanías azules de las montañas de Castilla, que podrían ser las sierras del norte de Soria, vistas desde el lado de Logroño. Los colores están en el plano de la evocación, que así se asegura en una percepción espiritual, como es la propia de la imagen poética.

LA ESTROFA CUARTA: HISTORIA Y CORAZÓN

Pasemos ahora a la estrofa de cierre. La dependencia de Antonio con Manuel es aquí intensa. Manuel llamó en su «Glosa» de Berceo *romeo peregrino; peregrino* salió antes en esta poesía de «Mis poetas» (verso 2). En ella Antonio dice que Berceo cuenta el *repaire* del *romeo cansado* (verso 13). La dependencia con los mismos versos de Berceo es clara:

Milgaros, 17   Todos quantos vevimos   que en piedes estamos
siquiere en presón   o en lecho yagamos,
todos somos romeos   que camino andamos;
san Peidro lo diz esto,   por él vos lo provamos.

Antonio prepara el cierre de la poesía y es ocasión de comprometer de algún modo al lector actual; por eso aparece el pronombre *nos* que vierte la obra de Berceo tanto sobre el propio Antonio como sobre cualquier lector de esta poesía: todos pueden aprovechar la lección de que la vida es un camino, una peregrinación, una *romería* en palabras medievales. Y que esto es así lo prueba Berceo con la autoridad de San Pedro, pues ya se cuidó de señalar que lo que él dice no es palabrería de juglar, sino escritura verdadera y, en este caso, la Primera Epístola de San Pedro en el *Nuevo Testamento* (I *Petr.*, 2, 11). La romería como símbolo de la vida humana es frecuente en el Antiguo Testamento y en el Nuevo y en los Padres de la Iglesia y en los comentaristas de la Biblia [25]. Si insisto aquí en esta mención es por la importancia que tiene la consideración del camino en la obra de Antonio. La romería dura la vida entera, y la vida es una peregrinación. Manuel recogió aún más de cerca esta identificación al referirse *a los de ahora, que andamos el camino* («Glosa», verso 10). A Antonio vemos que, del amplio conjunto de la obra de Berceo, del cantor de los milagros de la Virgen y de las vidas de sus Santos, lo

25. Véanse los comentarios de B. Dutton, GONZALO DE BERCEO, *Los milagros de Nuestra Señora*, ed. cit., p. 40.

que más le atrajo para destacarlo en su poesía es que diera al *romeo cansado*, al hombre de este mundo, un descanso:

> *Milagros*, 19   En esta romería   avemos un buen prado
> en qui trova repaire   tot romeo cansado...

La imagen de la vida como camino, de origen bíblico, fue una de las predilectas de Antonio, y que se corresponde con su experiencia, con la vida del poeta: Sevilla, Madrid, París, Soria, Baeza, Segovia, Madrid y, durante la guerra civil, Valencia, Barcelona, hasta acabar, entre la riada de un ejército en derrota, en Collioure, donde dio fin al camino.

Pero Antonio añade algo más a este perfil sencillo del poeta medieval: la actividad que le ocupa en este mundo, y que expresa diciendo su *dictado* (palabra medieval, que significa en general 'escrito, composición'), es la del escritor, el mismo oficio que Antonio. El clérigo lee y copia de los viejos códices y en esta labor va creando sus libros de poesía, tal como correspondía a su época. Pero Antonio siente una oscura afinidad electiva con el viejo escritor, que hace que no lo considere como un poeta más de los muchos que figuran en la lista de las historias de la literatura medieval [26]. Gonzalo fue, como Antonio, poeta intelectual, que quiso andar al compás lingüístico del hombre del pueblo. Existe en Gonzalo el fondo libresco propio de un clérigo de la época; y en Antonio, una preocupación por la filosofía que hace derivar su obra poética hacia cauces peculiares. Por eso los dos gustan, uno de ajuglararse, y el otro, de disfrazarse de profesor sentencioso; se valen de frases hechas que, poéticamente contrastadas, recobran brillo inusitado, refranes, observaciones que acercan el pensamiento teológico o filosófico. Por eso a Berceo le agrada valerse de fórmulas populares (pedir el vaso de buen vino, como señaló Manuel en su «Glosa»); y Antonio hizo que Mairena dijera: «Pensad que escribís en una lengua madura, repleta de folklore, de saber popular...» [27] Este compromiso del poeta medieval resultaba ser el suyo, a través de la distancia tan amplia que los separa en el curso de la literatura española.

Pero aún hay más en esta estrofa final: el cierre de la misma con el verso 16. El paralelo entre Gonzalo y Antonio se amplía en la consideración de cómo trata el poeta medieval los asuntos. Y esto lo indicó Menéndez Pelayo, que en cierto modo señala el camino de esta revaloración de Berceo; en efecto, en su *Antología de poetas líricos* (que también vimos que tuvo en cuenta Manuel Machado) pueden leerse estos juicios: «Nadie le ha calificado de gran poeta, pero es sin duda un

---

26. En esto disiento de la opinión de SEGUNDO SERRANO PONCELA (*Antonio Machado. Su mundo y su obra*, Buenos Aires, Losada, 1954, p. 200), que encuentra que Antonio no tiene ninguna relación espiritual o temática con el clérigo medieval.
27. *Obras*, ed. cit., p. 383.

poeta sobremanera simpático, y dotado de mil cualidades apacibles que van penetrando suavemente el ánimo del lector, cuando se llega a romper la áspera corteza de la lengua y la versificación del siglo XIII» [28]. Dice después Menéndez Pelayo que Berceo ha sido autor considerado por críticos y filólogos «más cuidadosos de las rarezas gramaticales que del sentimiento estético. Mejor suerte merecía quien tuvo alma de poeta y en su candorosa efusión creó para sí una lengua artística, lengua que sabe herir agudamente todas las fibras del alma...» [29] Y acaba con esta afirmación: «Más enseñanza y hasta más deleite se saca del cuerpo de sus poesías, que de casi todo lo que contienen los Cancioneros del siglo XV» [30]. He querido mostrar esta opinión de un crítico que pudo haber conocido Antonio porque subraya lo que él señala en la labor del clérigo:

> 16   mientras le sale fuera la luz del corazón.

Del conjunto de la obra de Berceo, este fue probablemente el verso que más sorprendió la sensibilidad de Antonio. Pertenece a una parte de la vida de Santo Domingo en la que nos cuenta la formación del que comenzó siendo «santo pastorcillo»; contó Berceo su paso por la escuela y cómo aprendió lo que convenía a un mozo de coro; y sigue así:

Santo Domingo, 40   Fue alçado el moço,   pleno de bendición,
salió a mancebía,   ixió santo varón,
fazié Dios por él mucho,   oyé su oración,
fue saliendo afuera   la luz del coraçón.

Antonio daría un salto ante este acierto: sacar fuera la luz del corazón. Esto fue lo que él atribuyó a Berceo, siendo de la vida del Santo, y esto es lo que, en cierto modo, había sido su mismo propósito: poner luz, claridad, en la hondonada del corazón, y que esa luz saliera fuera y alcanzara a los demás, porque el amor de caridad pide eso. La luz que crea Dios, tal como Berceo nos indica en los *Loores de Nuestra Señora:* «Por El fue hecha luz, e el mundo criado» [31], puede hallarse como actividad de amor en el corazón de los hombres. Otra vez se acordaría Berceo de la imagen luminosa, y fue precisamente al fin de la misma vida de Santo Domingo; cuando van a dar tierra al cuerpo del religioso, y dice:

Santo Domingo, 531   Condesaron el cuerpo,   diéronle sepultura,
cubrió tierra a tierra,   como es su natura,
metieron gran tesoro   en muy grand angostura.
lucerna de gran lumne   en lenterna oscura.

28. M. MENÉNDEZ PELAYO, *Antología de poetas líricos castellanos*, ed. de *Obras Completas*, cit., I, p. 168.
29. Idem, pp. 172-173.
30. Idem, p. 187.
31. *Poetas castellanos anteriores al siglo XV*, BAE, LVII, ed. cit., p. 94, est. 23.

Lo que fue el Santo en vida se expresa por esta luminosa imagen: *lucerna* ('luz, luminaria, antorcha') *de gran lumne* ('lumbre, resplandor') que se encierra en la sepultura, *lenterna oscura*.

En Berceo la expresión tiene significación religiosa, y sólo cabe interpretar en un sentido de caridad cristiana los efectos de esta luz del corazón. Antonio lo entiende así, y en el cuerpo de su poesía este sentido se mantiene implícito, pero ocurrió que también dio a la misma expresión un significado humano; en efecto, en lo que Concha Espina nos ha dejado conocer de la correspondencia entre Antonio y Guiomar, el poeta recuerda en una carta este mismo verso de Berceo: «Sí, es verdad, se me ilumina el rostro cuando te veo. Es que, como dice Gonzalo de Berceo, me sale fuera la luz del corazón y esa luz es la que pone en él mi diosa...» [32]. La versión profana del verso de Berceo aparece en una carta de la intimidad e indica que aún después de 1926, en que conocería a Pilar Valderrama, el recuerdo de Berceo y la sugestión del verso de que me ocupo se mantenían vivos, y no, desde luego, con un fin literario.

Para el propósito que me guía, quiero notar que esta imagen de la luz se encuentra en Berceo con gran fuerza, y se corresponde con el arte de la pintura (cuadros, vidriería, ilustración de códices, etc.) de la época, en el que la luz saliendo del corazón es un procedimiento común para indicar la condición del alto amor cristiano, signo de bienaventuranza, reflejo, en último término, de la luz de Dios que por estas criaturas bienaventuradas alcanzaba a los hombres.

La palabra *corazón*, como vemos, es clave en el léxico poético de Antonio; para entender cuál es su significación, conviene acudir a lo que había sido su contenido semántico en la espiritualidad medieval, procedente del uso bíblico. Así el *corazón* de Antonio recoge el sentido general de *'sedes vitae spiritualis sive in cognoscendo, sive in volendo, sive in sentiendo'*, tal como posee el término *cor* en la Biblia. Sólo así, mezclando en la vida espiritual el conocer, el querer y el sentir del hombre, se consigue esta plenitud que nos permite contar con el corazón tanto para amar a la mujer como para amar al prójimo, como para amar la sabiduría y la verdad.

Por eso, por hallar en Berceo a otro poeta que quiere comprometerse siempre con la vida a través del corazón, lo convierte en el primero de los suyos, en la larga lista de la literatura española.

32. CONCHA ESPINA, *De Antonio Machado a su grande y secreto amor*, Madrid, Lifesa [1950], p. 22.

I I

MANRIQUE, POETA DEL TIEMPO

Manrique, un poeta que comprometen su obra con la vida

El caso de Jorge Manrique es diferente al de Berceo, pues Antonio no se siente atraído hacia él sólo por motivos de índole literaria. El caballero medieval que es, al mismo tiempo, *inmenso poeta*, le ofrece una lección sobre cómo la experiencia del hombre puede servir a un tiempo para la vida y para la creación poética. El planteamiento de este asunto le da motivo para pensar en lo que representa por sí misma la vida de un poeta. Hay evidentemente en ello un síntoma de insatisfacción, sobre todo si se compara esto con las radicales afirmaciones de algunos poetas bohemios del Modernismo, como Rubén Darío, que dijo de los poetas que eran «Torres de Dios» y que debían sacrificarlo todo a la poesía. Si bien Antonio durante un tiempo participó de esta fe en la poesía como motivo para la vida, en 1914, de manera incidental, sienta una tremenda afirmación: «... una vida de poeta no es absolutamente nada» [1]. Esto lo dice al comentar el libro de Hilario Ayuso, un político republicano al que conocía desde sus tiempos de estudiante y al que admiraba por saber compartir la combatiente acción política y social con la poesía. La cuestión obtuvo un eco en Manrique, al que Antonio se refiere en estos términos: «Al margen de su vida de soldado, Jorge Manrique escribió sus *Coplas* inmortales y Garcilaso sus bellas *Eglogas*. Pero ni Garcilaso ni don Jorge se dedicaron a la lírica, sino a la guerra.» La materia que se transforma en poesía, la sacaron estos hombres —Ayuso en su tiempo, Manrique en el pasado— de su vida, y por eso señala el camino de la crítica para entender las obras: «Cuando se cierre el ciclo, próximo a fenecer, de la barbarie erudita, se explicará a Garcilaso y sobre todo al inmenso Manrique por su vida de soldados, y no por las influen-

---

1. *Obras*, ed. cit., p. 797. Prólogo a *Helénicas*, de Manuel Hilario Ayuso.

cias literarias que ambos padecieron.» Hay en Antonio una admiración
contenida por estos hombres de acción que supieron ser poetas; y no
es que la vida pueda verterse directamente en la obra, pues, en el mismo trozo citado del mencionado Ayuso, dice en el artículo que escribió sus *Helénicas* más «como una reacción contra ella que con el
propósito de expresarla»[2]. No hay, sin embargo, que creer que Antonio piense en lanzarse a una actividad política; es la época en que lee
a Platón, Leibnitz y Kant. Parece como si esta otra actividad del pensamiento le pareciera mejor que la poética. De todas maneras, el caso
es que Manrique aparece así sorprendido en su profunda unidad vital
de soldado y de poeta conjuntamente; como una resonancia nietzs-
cheana, sólo el poeta que ha vivido con intensidad puede valerse de
la muerte como tema poético.

EL MAR, TEMA FOLKLÓRICO UNIVERSAL

Manrique fue para Antonio poeta y hombre ejemplares en muchos
sentidos; desde sus primeros tiempos de escritor se dedicó a su obra,
y la glosó, convirtiéndola también en motivo poético. Como veremos,
su conocimiento no es, sin embargo, completo, pues del Manrique poeta de Cancionero no menciona más que las *Coplas* y, aun dentro de
estas, muestra su predilección por determinadas estrofas y aún más,
cabe añadir que en ellas se fija en algunas palabras, sobre todo en
río y *mar*. Antes de proseguir con el comentario del poeta medieval, conviene tener en cuenta otro factor, de índole a la vez familiar
y folklórica, que pudo intervenir en esta promoción. G. Ribbans, el
minucioso comentarista de las *Soledades*, al anotar la poesía «Glosa»
que examino a continuación, recuerda que hubo una mención de Rodríguez Marín al significado del mar en el folklore, en una parte en
que se refiere al padre de Antonio: «El mar —me decía Machado [y
Alvarez]— representa lo indistinto, la gran generalización en cuyas
inmensas lobregueces se sepulta *ad perpetuam* todo lo determinado
e individual; el gran ruido donde se confunde y pierde toda nota
particular»[3]. La cita es oportuna aquí, pues en el mismo Machado padre existe una resonancia de Manrique, dentro de una significación
general del mar, que el folklore puede determinar como propia del
fondo de los grandes mitos antropológicos.

---

2. Idem, p. 797.
3. G. RIBBANS, prólogo a su edición citada de las *Soledades*, p. 159. La cita
procede de *Cantos populares españoles*, 1882, I, pp. 183-184.

LA «GLOSA» DE ANTONIO MACHADO: AJUSTE MÉTRICO

Antonio reconoce en Jorge Manrique a otro de *sus poetas*, de los poetas del período medieval que admite como suyos. La poesía en donde lo hace se titula «Glosa». Esta poesía aparece en la edición primera de las *Soledades* (1903), y en la primera de las *Poesías Completas* (1917).

LVIII

GLOSA

> *Nuestras vidas son los ríos*
> *que van a dar a la mar,*
> *que es el morir.* ¡Gran cantar!
> Entre los poetas míos
> 5   tiene Manrique un altar.
>
>   Dulce goce de vivir:
> mala ciencia del pasar,
> ciego huir a la mar.
> Tras el pavor del morir
> 10   está el placer de llegar.
>
>   ¡Gran placer!
> Mas ¿y el horror de volver?
> ¡Gran pesar! [4]

Por de pronto, Antonio se alinea en la fila de los glosadores de Manrique, uno de los poetas más afortunados en esto. Antonio Pérez Gómez [5], que fue un gran conocedor de la bibliografía española, ha recogido datos de 58 ediciones de glosas, correspondientes a ocho autores, cuatro manuscritas y cuatro ediciones colectivas, además de las perdidas o confusas. Se trata probablemente del texto más glosado de la literatura española desde 1501 hasta nuestros días. Machado se sitúa en esta concurrencia, y es evidente que este favor general le indujo a meditar una explicación para el caso. El mismo título de «Glosa» es de raigambre medieval. Manuel lo había usado en 1904 con la «Glosa» (luego «Retablo»), dedicada a Berceo; y ambos seguían a otros muchos autores que en la Edad Media y los Siglos de Oro realizaron obras con este título.

No se trata aquí, sin embargo, de una glosa sistemática, como las de Alonso de Cervantes, Rodrigo de Valdepeñas, Montemayor, Silves-

---

4. *Obras*, ed. cit., p. 101.
8. *Obras*, ed. cit., p. 207, n.º XLV, de «Proverbios y cantares», de *Campos* «...la fonte que mana y corre...», 1963.

tre o cualquiera de los otros glosadores que verificaron una labor de perfecto ajuste poético entre su comentario y la obra de Manrique. En Antonio la cita es ocasional en el sentido de que escoge del conjunto de las *Coplas* sólo las estrofas que convienen para su caso. Y además el poeta de hoy quiere embeber en su poesía las mismas palabras del poeta de ayer, lo que consigue completando el pie quebrado del verso 3 e igualándolo con los demás octosílabos.

La forma métrica me parece que es la de dos quintillas octosílabas *abbab cbbcb* con la rima *b* común a las dos; y estas dos quintillas van seguidas de una copla de pie quebrado 4*d* 8*d* 4*b*, en la que la última rima es la misma que se repite en las quintillas. Con esta disposición métrica Antonio ha embutido la parte de la copla de Manrique en una nueva composición que posee una finida como las poesías medievales, destinada a servir de conclusión de la parte de las quintillas. Es evidente que Antonio elige aquí una forma de poesía cancioneril en lo que a su vez es una recreación de Manrique. Su labor es consciente, pues una complejidad de esta especie no se puede inventar sin más.

Pero Antonio va más allá, y es que aprovecha el juego de las rimas, tan propia de esta poesía cancioneril, para darle un sentido trascendente, por encima de la estricta función de las mismas. Siendo la rima *b -ar*, la *c -ir* y la *d -er*, se logra así una gran afluencia de infinitivos sustantivados; por otra parte, lo mismo que en el caso de Manuel, el *morir* del verso 3, eliminado aparentemente de la rima por quedar en posición de hemistiquio, reaparece en las rimas en *-ir* (versos 6 y 9, este último con el mismo término *morir*). La significación de los infinitivos potencia la impresión del tiempo que transcurre, y subraya la idea de fluencia que se desprende del conjunto poético. Este logrado ajuste morfo-semántico a su vez recoge la intención poética del cancionero medieval, donde tales esfuerzos «técnicos» por parte del poeta forman parte de la poesía de la época. Y así la noción de glosa, si bien no es sistemática en su presentación, sí lo es cuanto a la disposición interna de los elementos poéticos; y así se logra que el verso antiguo se incruste en la poesía moderna de una manera armoniosa, sin estridencias arcaizantes.

EL LIRISMO TEMPORAL

Antonio sitúa en esta poesía la cita de Manrique en razón del sentido universal que le otorga el que en ella se plantee en forma magistralmente poética la cuestión de la temporalidad, referida a la vida, que es decir a la muerte del hombre [6]. En efecto, Antonio lo declararía en una conferencia de Segovia (6 de abril de 1922) hablando sobre la literatura rusa, lo que le da ocasión para referirse a la universali-

---

6. *Poesie*, ed. cit., p. 1153.

dad de la literatura española: «De toda la rica producción española, ¿cuántas obras han logrado la estimación universal? Las *Coplas* de don Jorge Manrique, la *Celestina*, el *Quijote*, *La Vida es sueño* y *El Burlador de Sevilla*; acaso la poesía de Góngora; seguramente la obra de nuestros místicos más excelsos»[7]. Esta universalidad, en principio, cuenta en favor de la posible expansión de la obra hacia lectores de otras lenguas por medio de la traducción, y también por el uso que se puede hacer de ella entre los lectores castellanos, siempre dispuestos a recibir estos versos con benevolencia ¿Quién, que tenga alguna idea de la literatura española, no los ha oído, no se los sabe de memoria? *¡Gran cantar!* es la exclamación que rellena el pie quebrado para así ajustarlo al discurrir del octosílabo. Y la exclamación requiere explicar al lector el motivo que la inspira. Al cabo se trata de una *Glosa*, y Antonio, para expresar lo que siente por Manrique, prefiere valerse de una frase dicha: «ponerle, tenerle a uno en un altar» significa entronizarlo, hacerle objeto de reverencia y devoción. Y así aparece Manrique en la hornacina, como «santo de su devoción», tal como dice el pueblo.

La segunda mitad del poemilla es propiamente la glosa cuyo desarrollo se corresponde paralelamente con los versos de Manrique:

6. *Dulce goce de vivir* se corresponde con 1. *Nuestras vidas son*
                                                     [*los ríos*

La vida en su transcurso es por sí misma, por el solo hecho de vivirla, un *goce; dulce goce*, precisa, exaltando así su valor absoluto, refiriéndose a la vida sólo por sí misma, como tal, aunque no se le ponga un cometido o se le pida algún favor.

7. *mala ciencia del pasar* se corresponde con 2. *que van a dar a*
                                                        [*la mar*

Ya en este punto el poeta se alarma; el vivir es algo que no permanece, como no lo hace el río, según el viejo proverbio de Heráclito: ir camino del mar es una servidumbre, una ciencia, de mala condición al cabo. Lo espontáneo es la vida por sí misma: un pájaro que vuela, un perro que pasa, la bella andadura de la muchacha con la que nos cruzamos, el latido alegre del corazón; la ciencia es lo reflexivo: la necesidad de pensar, la filosofía.

8. *ciego huir a la mar* se corresponde con 3. *que es el morir*

Y reunir el río con el mar, hacia el fin de la existencia, ya es una ciega huida, es un atropellado tanteo sabiendo que al fin las aguas del

7. *Obras*, ed. cit., p. 814.

mar —de la muerte— prevalecerán. Por eso el poeta había escrito en forma condensadísima:

> Morir... ¿Caer como gota
> de mar en el mar inmenso? [8]

El ciclo está claro: lo que fue gota de lluvia que procede del mar cae a la tierra, que la devuelve por la fuente, que se hace arroyo; y este, río que devuelve aquella gota otra vez al mar. La vida sería el río, y la poesía refiere el goce de la vida, la conciencia del paso hacia la muerte. Puede observarse que la poesía oscurece su sentido hacia el desenlace. Los infinitivos precedentes han marcado sobre todo la idea poética del curso de la vida-río. ¿Qué puede, pues, representar el *morir* y el *llegar* de los versos 9 y 10? *El pavor del morir* ha de entenderse que se siente en la vida, desde ella, y entonces el *placer de llegar* resulta enigmático: ¿llegar, adónde? ¿A la vida o a la muerte? Si es a la muerte, el sentido resulta ortodoxo desde la teología cristiana, pues es la llegada a la salvación final del alma merecedora; si es a la vida, puede entenderse que a la vida consciente del presente, del hoy, y el placer está en eso, en sentirse alegre por regresar otra vez del sueño, que es como una muerte pequeña, aplazada, aún reversible. Pero el texto se oscurece aún más en los dos versos finales: ¿qué puede ser el *horror de volver*? Me parece que el oscuro sentido de estos versos puede ponerse en relación con un poema de humor matizadamente negro del mismo Antonio. Está en forma de un diálogo entre Caronte, figura mitológica grata al poeta, y éste le pregunta:

> —¿Tú eres Caronte, el fúnebre barquero?
> Esa barba limosa...
>   —¿Y tú, bergante?
> —Un fúnebre aspirante
> de tu negra barcaza a pasajero,
> que al lago irrebogable se aproxima.
> —¿Razón?
>   —La ignoro. Ahorcóme un peluquero.
> —(Todos pierden memoria en este clima.)
> —¿Delito?
>   —No recuerdo.
>   —¿Ida, no más?
> —¿*Hay vuelta?*
>   —Sí.
>   —Pues ida y vuelta, ¡claro!
> *Sí, claro... y no tan claro*: eso es muy caro.
> Aguarda un momentín, y embarcarás. [9]

En esta poesía aparece la mención de *vuelta*, que podría ponerse

---

8. *Poesías*, ed. cit., p. 207, n.º XLV, de «Proverbios y cantares», de *Campos de Castilla*.
9. Idem, p. 336. Se trata de otra de las poesías de los «Recuerdos de sueño, fiebre y duermevela», del «Cancionero apócrifo», de *Los Complementarios*,

en relación con el contexto del *horror de volver*. ¿Sería allí una alusión subterránea a la leyenda mitológica de Caronte? La condición de irreversible condujo a Antonio a crear una palabra: *irrebogable*, aplicada al agua de la laguna de Caronte. Por todo esto pienso si en este caso no hay una alusión a Dante, el poeta que imaginativamente fue a los Infiernos y volvió para contarlo. ¿Puede haber sido lo que haya inspirado el horror de volver? Por lo menos, el poema recuerda de algún modo el aire del Infierno dantesco, con los diálogos que ponen en claro los casos que Dante va viendo en su viaje. ¿Pudo referirse, por otra parte, a la transmigración de las almas, con un destino que no fuese humano en la vuelta? ¿O acaso al ciclo heraclitiano a que antes me referí: gota-fuente-río-mar? [10]

Cabe pensar también en un volver los recuerdos, lo que haya sido la vida y ya no es: recordar es algo parcial e incompleto frente a la conciencia en trance de vivir, de la vida que está urdiendo el presente. Por otra parte, la memoria es en el Cancionero popular engendradora de pena:

> De las potencias del alma
> la memoria es la cruel,
> porque causa el mayor mal
> recordando el mayor bien. [11]

El tiempo resulta así este cauce en el que el goce del presente está sombreado por los restos del pasado y por la conciencia de que ese presente acabará en el futuro por ser pasado. Este es el camino del comentario que sigue.

REPERCUSIÓN EUROPEA: «NEVERMORE», «JAMAIS PLUS», «MAI PIÚ»

Para completar esta posible significación de la poesía, me parece conveniente relacionarla con la poesía que la precede, la LVII:

LVII
CONSEJOS
I

> Este amor que quiere ser
> acaso pronto será;
> pero ¿cuándo ha de volver
> lo que acaba de pasar?
> Hoy dista mucho de ayer.
> ¡Ayer es Nunca jamás!

---

de Abel Martín; precede a otra poesía en la que se refiere a Dante y que comento más adelante.

10. Así lo estima PEDRO CEREZO GALÁN en su libro *Palabra en el tiempo. Poesía y filosofía en Antonio Machado*, Madrid, Gredos, 1975, p. 81, que dice que en esta ocasión apunta a la teoría del eterno retorno.

11. ANTONIO MACHADO Y ÁLVAREZ, *Cantes flamencos*, Madrid, Austral, Espasa-Calpe, 1975, 3.ª ed., p. 138.

II

Moneda que está en la mano
quizá se deba guardar;
la monedita del alma
se pierde si no se da. [12]

La poesía se refiere probablemente a alguna experiencia amorosa, y en la parte I Antonio eleva el caso concreto *Este amor* a la condición universal: amor y tiempo se cruzan, y el pasado (el *ayer = Nunca jamás*) y el futuro desaparecen: sólo queda el Hoy absoluto. Resulta curiosa la forma estrófica de esta poesía: Zubiría[13] llamó la atención sobre la mezcla de asonantes (versos impares: *será* | *pasar* | *jamás*) con consonantes (versos pares: *ser* | *volver* | *ayer*). Si se observan estas cadenas de rimas, se encuentra, como en la poesía LVIII, el uso de los morfemas en infinitivo en *-ar*, aquí en correlación con el futuro y el adverbio *jamás* en los versos impares; y en los pares, el infinitivo en *-er* con el adverbio *ayer*. Verbos y adverbios se acumulan en el eje de la rima; y en estos ambas poesías se relacionan por valerse de este realce métrico del tiempo en curso y de los adverbios temporales. La asignación de la poesía se encuentra, pues, en la exaltación del presente a costa indudablemente del pasado y aun del futuro. Ribbans[14] ve, con razón, en esta parte una reiteración del tema del *nevermore*, al que Machado se muestra muy adicto, considerándolo como una de las manifestaciones más líricas del siglo XIX; el propio poeta había publicado en 1901 («Electra», 9, 11 mayo) una poesía así titulada en inglés, suprimida en las *Soledades*, y otra, titulada «Mai piú» (XLIII, de las *Soledades*). La obsesión por el asunto aparece en forma muy clara, sobre todo en su primera época, y está claramente relacionada con el tema manriqueño. La proximidad de las dos poesías no es para mí azarosa, sino premeditada. Es el encuentro, posible en la vida poética de Antonio, entre los modernos Poe y Baudelaire y el medieval Manrique en torno de la consideración del tiempo, que acaba por convertirse en un tema de constante meditación filosófica.

La parte II de la poesía no parece que tenga que ver con la I, pero esto pudiera ser sólo apariencia. Cambia, en efecto, el tono filosófico de la I en una copla popular sentenciosa[15], pero el hilillo de la asonancia en *-á* enlaza ligeramente las dos partes. En cierto modo, la copla establece la valía de la entrega a otro del alma; la conciencia de

---

12. *Obras*, ed. cit., p. 100.
13. RAMÓN DE ZUBIRÍA, *La poesía de Antonio Machado*, 3.ª ed., Madrid, Gredos, 1973, p. 225.
14. Véase el prólogo de G. RIBBANS a la citada edición de *Soledades*, p. 23 y la nota de la p. 158; el origen se halla en el estribillo *Nevermore* de la poesía «The Raven», de E. A. Poe, el *Jamais plus*, como recoge Baudelaire, a su vez. La mayúscula de la palabra *Nunca* señala con más insistencia esta relación.
15. Así lo refuerza la variante que introdujo el poeta, pues en su primera aparición el verso tercero decía: «Pero lo que está en el alma»; el cambio realizado insiste con fortuna en el tono popular a través de la repetición y del diminutivo.

sí mismo sólo se adquiere por la cesión de una mismo al otro, hombre o Dios, acto fundamental de amor. Según Sánchez Barbudo [16], esta copla nos muestra que «Machado era un solitario inconforme con su soledad». Esta posición espiritual, «uno de los temas centrales de su pensamiento», está en reducida expresión en la parte II de esta poesía, de significación profundamente cristiana. Obsérvese que la copla se asegura en el eje verbal del tiempo presente por dos motivos: por la condición sentenciosa de la misma, de acuerdo con el molde popular; y porque esta relación entre el que canta (y siente) la copla y el «otro» tiene que establecerse en la acción del presente, pues no puede ser ni un *hice* ni un *haré*, sino un *hago*, un *estoy haciendo* por los otros.

¿Podría referirse esta parte II a *Este amor* con que comienza la parte I? De alguna manera el poeta invita al «otro» (¿ella?) al amor. ¿Es el *amor que quiere ser?* Tendríamos entonces el caso de la significación polivalente [17], tan propia de la poesía popular, y la copla concreto de este posible amor que se entrevé en la parte I, y en el valdría para la expresión del caso general, y para su aplicación al caso que esta parte II, actuando según la función de canción popular, sería un motivo con el que convencer a «ella» para que atendiese al *amor que quiere ser.*

G. Ribbans indica que esta copla segunda reitera algunas ideas expuestas por Antonio en un comentario del libro de Unamuno *Vida de don Quijote y Sancho;* se refiere a la gran actividad del escritor vasco, que nunca descansa escribiendo, hablando y exhortando: «A él acudimos en demanda de auxilio espiritual y él, siempre en amable maestro, nos acoge. Mucha es su generosidad. Pero Unamuno sabe cómo el espíritu es de suyo altruista, y que sólo se pierde cuando se guarda. Tal vez por esto se da consejo y no dinero, y el que nos roba nuestra bolsa, nos roba lo único que nos puede robar» [18]. Como el artículo debe de ser inmediato a la aparición del libro en 1905, y la poesía aparece en las *Soledades* de 1907, cabe pensar en un aprovechamiento de la sentencia en dos contextos diferentes.

Lo importante es que en la parte I de la poesía LVII y en la «Glosa» se repiten los verbos claves *pasar* y *volver.* Y el *horror de volver* de la poesía LVIII, con su gran pesar, se condiciona con la imposibilidad de que vuelva lo que pasó, de la poesía LVII. El recuerdo, aunque sea sueño, sólo será una realidad ya triturada por el tiempo, y constituye el consuelo y dolor del poeta.

---

16. ANTONIO SÁNCHEZ BARBUDO, *El pensamiento de Antonio Machado*, Madrid, Guadarrama, 1974, 3.ª ed., p. 11.
17. «Poseen también las coplas populares [...] una condición de gran precio, a saber, que el molde de ellas es tan amplio, vago e indeterminado, que basta la más leve modificación [...] para hacerlas adaptables a los casos y cosas más diferentes...» (A. MACHADO y ÁLVAREZ, *Cantes flamencos*, ed. cit., pp. 18-19.)
18. G. RIBBANS, en las notas de su edición citada de las *Soledades*, p. 156 el texto, en *Obras*, ed. cit., p. 766.

MAIRENA, POETA DEL TIEMPO: UBI SUNT?

Manrique resulta, pues, el poeta que se debate, como Antonio, con el tiempo. Por eso pasa a integrar las reflexiones de El «Arte Poético» de Juan de Mairena, que, como es sabido, comienzan así: «Juan de Mairena se llama a sí mismo el poeta del tiempo» [19]. Las artes tienden a crear obras intemporales, aun la poesía y la música, ambas necesitadas del tiempo para existir. Y escribe: «El poeta pretende, en efecto, que su obra trascienda de los momentos psíquicos en que es producida. Pero no olvidemos que, precisamente, es el tiempo (el tiempo vital del poeta con su propia vibración) lo que el poeta pretende intemporalizar; digámoslo con toda pompa: eternizar. El poema que no tenga muy marcado el acento temporal estará más cerca de la lógica que de la lírica» [20]. Aquí están, pues, los hitos últimos de la creación posibles: lógica y lírica. Hacia la una o hacia la otra tenderán las obras de los poetas desde el origen mismo de la poesía.

El ejemplo del que se vale Antonio para ilustrar la poesía lógica es Calderón, representante del barroco literario, del que menciona este soneto, que pretende expresar la fugacidad del tiempo y lo efímero de la vida humana. Dice Mairena que en «el soneto A las flores que pone Calderón en boca de su Príncipe Constante, veremos claramente la diferencia que media entre la lírica y la lógica rimada. Recordemos el soneto de Calderón:

> Estas que fueron pompa y alegría,
> despertando al albor de la mañana,
> a la tarde serán lástima vana
> durmiendo en brazos de la noche fría.
>
> Este matiz que el cielo desafía,
> iris listado de oro, nieve y grana,
> será escarmiento de la vida humana:
> tanto se aprende en término de un día.
>
> A florecer las rosas madrugaron,
> y para envejecer florecieron.
> Cuna y sepulcro en un botón hallaron.
>
> Tales los hombres sus fortunas vieron:
> en un día nacieron y expiraron,
> que pasados los siglos, horas fueron». [21]

Mairena se lanza a un análisis de la condición de los conceptos

---

19. Obras, ed. cit., p. 315.
20. Idem, p. 315.
21. Idem, p. 316.

reunidos por Calderón: son de condición intemporal, ajenos al fluir de la conciencia. Y concluye: «Al *panta rhei* de Heráclito sólo es excepción el pensamiento lógico. Conceptos e imágenes en función de conceptos —sustantivos acompañados de adjetivos definidores, no cualificadores— tienen, por lo menos, esta pretensión: la de ser hoy lo que fueron ayer, y mañana lo que son hoy. El *albor de la mañana* vale para todos los amaneceres; la *noche fría*, en la intención del poeta, para todas las noches. Entre tales nociones definidas se establecen relaciones lógicas, no menos intemporales que ellas. Todo el encanto del soneto de Calderón —si alguno tiene— estriba en su corrección silogística. La poesía aquí no canta; razona, discurre en torno a unas cuantas definiciones. Es —como todo o casi todo nuestro barroco literario— escolástica rezagada» [22].

Para establecer, en el extremo contrario de esta poesía lógica, el examen del caso de la poesía «lírica», Mairena parte de un ejemplo concreto de las *Coplas* de Jorge Manrique:

«Veamos —dice Mairena— una estrofa de don Jorge Manrique:

> ¿Qué se hicieron las damas,
> sus tocados, sus vestidos,
> sus olores?

> ¿Qué se hicieron las llamas
> de los fuegos encendidos
> de amadores?

> ¿Qué se hizo aquel trovar,
> las músicas acordadas
> que tañían?

> ¿Que se hizo aquel danzar,
> aquellas ropas chapadas
> que traían? [23]

El caso de Manrique es distinto al de Calderón: lo evocado es expresión vivida y, como tal, identificable en el curso de una vida. Importan las cosas por lo que fueron, y su evocación les quisiera dar otra vez la vida que pasó: «En la estrofa de Manrique nos encontramos en un clima espiritual muy otro, aunque para el somero análisis que suele llamarse crítica literaria la diferencia pasa inadvertida. El poeta no comienza por asentar nociones que traducir en juicios analíticos, con los cuales construir razonamientos. El poeta no pretende saber nada: pregunta por damas, tocados, vestidos, olores, llamas, amantes... El ¿qué se hicieron?, el devenir en interrogante, individualiza ya estas nociones genéricas, las coloca en el tiempo, en un pasado

---

22. Idem, pp. 316-317.
23. Idem, pp. 315-316. Rectifico el verso tercero de la cita, que aparece *sus colores;* sin embargo, el comentario de Antonio, como se verá en seguida, se refiere a los *olores.*

vivo, donde el poeta pretende intuirlas como objetos únicos, las re-
memora o evoca.» [24] Es un pasado vivo por vivido, y Manrique se esfuerza para transmitir al oyente o al lector, no la reflexión del caso,
común a la humanidad, sino la emoción que se desprende de que ten-
gan que pasar a ser recuerdos lo que fueron las situaciones vividas
por el caballero ·en relación con damas, amor, música, bailes, trajes,
etcétera: «No pueden ser ya cualesquiera damas, tocados, fragancias
y vestidos, sino aquellos que, estampados en la placa del tiempo, con-
mueven —¡todavía! —el corazón del poeta. *Y aquel trovar* y *el danzar
aquel* —aquellos y no otros— ¿qué se hicieron?, insiste en preguntar
el poeta, hasta llegar a la maravilla de la estrofa: *aquellas ropas cha-
padas*, vistas en los giros de una danza, las que traían los caballeros
de Aragón —o quienes fueren—, y que surgen ahora en el recuerdo,
como escapadas de un sueño, actualizando, materializando casi el pasado, en una trivial anécdota indumentaria.» [25] Y el comentario final
recoge el inútil empeño del poeta, pero, por humano, transido de poesía: «Terminada la estrofa, queda toda ella vibrando en nuestra memoria como una melodía única; que no podrá repetirse ni imitarse,
porque para ello sería preciso haberla vivido. La emoción del tiempo
es todo en la estrofa de don Jorge; nada, o casi nada, en el soneto
de Calderón. La diferencia es más profunda de lo que a primera vista
parece. Ella sola explica por qué en don Jorge la lírica tiene todavía
un porvenir, y en Calderón —nuestro gran barroco— un pasado aboli-
do, definitivamente muerto.» [26]

La cita de Manrique en el *Arte Poética* de Mairena sirve para sus-
tentar una apreciación del arte que es contraria a la del Barroco, objeto del examen estético de Antonio. En este caso, Manrique es el
peón de ataque, pero, para el fin que aquí nos ocupa, podemos separar la referencia y cita de Manrique, y considerarlas por sí mismas.
Frente al barroco, un poeta del límite de la Edad Media; Manrique es
un *pre-*, y puede añadírsele la indicación necesaria: un preclásico, un
prerrenancentista. Y su expresión del tiempo no es sino la culminación
del tópico del *ubi sunt?*, que queda asegurado en sus *Coplas* de una
manera definitiva en la literatura española. Pero Antonio no considera como crítico literario la historia de un tópico, sino esta concreta
formulación del mismo, que le hiere como experiencia poética. Manrique es un poeta de variada obra, pero Antonio lo reconoce a partir
de estas estrofas que le han tocado tan a lo vivo.

Esta consideración obtiene en la obra de Antonio diversas modalidades según el contexto correspondiente. No es mi cometido establecer esta diversidad, que adopta significación filosófica, como han
señalado los críticos. Pasado y futuro en relación con el presente constituyen el curso del tiempo, que sólo existe si un hombre vive. Y en
este caso es el poeta y su vida; y en ella, la experiencia del amor, que

---

24. Idem, p. 317.
25. Idem, p. 317.
26. Idem, p. 317.

actúa como reactivo. Así lo explora Macrí [27] en el examen de las poesías dedicadas a Guiomar (CLXXIII y CLXXIV), que culmina en esta formulación poética:

> Todo a esta luz de abril se transparenta;
> todo en el hoy de ayer, el Todavía
> que en sus maduras horas
> el tiempo canta y cuenta,
> se funde en una sola melodía,
> que es un coro de tardes y de auroras.
> A ti, Guiomar, esta nostalgia mía. [28]

La nostalgia es la presencia (Todavía) del ayer, que así es aún hoy. Tal es la moderna formulación del *ubi sunt?*, que no es un recuerdo de una memoria mecánica, sino este combate de la vida con el tiempo para que subsista lo que fue, sin que por eso deje de existir lo que está siendo. Y esto es compatible con la poesía comentada antes, del «Nunca jamás», en la que el poeta siente cómo se le escapa el ayer, aun queriendo retenerlo. Y esta es la agonía temporal del poeta.

Por eso, Gullón, que busca los fundamentos últimos de la poética de Antonio, resume en estos términos el paralelo espiritual entre Manrique y el poeta moderno, a pesar del tiempo cronológico que los separa: «Por escribir desde la mismísima sustancia del tiempo, compenetrado con ella, identificó su poesía con el fluir de lo temporal. Se comprende su devoción por Jorge Manrique, pues saltando sobre los siglos, nadie como él expresó con tanta hermosura emociones análogas. Vistos ahora, con perspectiva suficiente, Manrique y Machado habitan el mismo círculo de la poesía eterna.» [29]

El tiempo que los separa es el de los relojes y no el del corazón. Y esta identidad entre los dos la confirma en forma apretadísima y contundente una *soleá:*

> Toda la imaginería
> que no ha brotado del río,
> barata bisutería. [30]

Es decir, que cualquier imagen poética —y eso es la poesía, expresivamente— que no proceda del río de la vida —el tiempo—, no tiene más valor que las apariencias de joyas falsas. Y esto ocurre —volvemos siempre a lo mismo— porque nuestras vidas son ríos.

---

27. *Poesie*, ed. cit., pp. 207-209.
28. *Obras*, ed. cit., pp. 341-342.
29. RICARDO GULLÓN, *Una poética para Antonio Machado*, Madrid, Gredos, 1970, p. 181.
30. *Obras*, ed. cit., p. 287; «De mi cartera», IV, fechada en 1924.

LA FILOSOFÍA POÉTICA DEL TIEMPO: EL MAL TRAGO

Desde la consideración del tiempo se enlaza con el *ubi sunt?* y con otras cuestiones. Y de este modo dice Mairena, en otra parte, que la filosofía de la historia se ha definido burlonamente como el arte de profetizar el pasado. La paradoja es un arma de dos filos, y la burla hace también daño a las veras. Y por eso Mairena escribe: «En todo caso, el arte de profetizar el pasado es la actividad complementaria del arte, no menos paradójico, de preterir lo venidero, que es lo que hacemos siempre que, renunciando a una esperanza, juzgamos «sabiamente», con don Jorge Manrique, que se puede dar lo no venido por pasado.» [31] En esta mención, Antonio prosifica la tan conocida parte primera de la estrofa segunda de las *Coplas:*

> Pues si vemos lo presente
> cómo en un punto se es ido
> y acabado,
> si juzgamos sabiamente
> daremos lo no venido
> por pasado.

Si el presente, que es lo que vivimos, se nos va así, el futuro no tiene sentido; el sabio no echa cuentas con lo que vendrá, porque cuando llegue, será en seguida pasado. A su vez, este presente en constante fluidez no es indefinido, pues tiene el límite inexorable de la muerte, esa muerte que, según Mairena, «va con nosotros, nos acompaña en vida; ella es, por de pronto, cosa de nuestro cuerpo.» [32]. Y Mairena añade, apoyándose otra vez en Manrique: «Y aunque creamos —¿por qué no?— en la dualidad de sustancias, no hemos de negar por eso nuestro trato con Ella mientras vivimos —como hace Epicuro, si mi cita no es equivocada—, ni el respeto que debe inspirarnos tan fiel compañera. Nuestro don Jorge Manrique la hizo hablar con las palabras más graves de nuestra lengua, en aquellos sus versos inmortales:

> [diciendo:] Buen caballero,
> dejad el mundo [engañoso]
> y su halago;
> [vuestro corazón de acero
> muestre su esfuerzo famoso]
> en este trago.

Y antes que hablemos de la inmortalidad —tema ya más retórico— meditad en lo que llevan dentro estas palabras de don Jorge, y en cuán lejos estamos con ellas del manido silogismo de las escuelas y

31. Idem, p. 428.
32. Idem, p. 425.

de las chuflas dialécticas de los epicúreos.» [33] En efecto, lo de la muerte como *trago* hubo de hacerle impresión a Antonio, pues contando la muerte del supuesto Mairena, escribió: «Porque mi pobre maestro tuvo una agonía dura, trabajosa y desconfiada —debió de pasar lo suyo en aquel *trago* a que aludió Manrique—...» [34] Y añade: «Con todo, debió de salvarse a última hora, a juzgar por el gesto postrero de su agonía, que fue el de quien *se traga* ligeramente la muerte misma, sin demasiadas alharacas.» [35] El juego léxico ha sido feliz: el mal trago ha sido tragarse la muerte misma, acabar con lo que acaba. Y no sólo ya con su imaginado maestro, sino con Valle-Inclán, en el mismo *Juan de Mairena*, después de referir cómo el inventor de Bradomín ordenó que lo enterrasen civilmente, dio muestras de ser «un caballero, sin mendiguez ni envidia»; y acaba refiriendo su agonía: «Y aquellas sus últimas palabras a la muerte, con aquella impaciencia de poeta y de capitán: '¡Cuánto tarda esto!' ¡Oh, qué bien estuvo don Ramón en el *trago* supremo a que aludía Manrique!» [36]

LOS ENLACES SEMÁNTICO-POÉTICOS:
RESONANCIAS MANRIQUEÑAS

Las *Coplas* aportan a la obra de Antonio un esquema semántico-poético que utiliza con frecuencia cuando se trata de establecer la resonancia del tiempo en relación con la vida y con la muerte, cuestión que aparece con frecuencia en su poesía. El recurso resulta de una gran flexibilidad, y determinadas palabras escogidas de los versos de las *Coplas* se articulan en nuevos sintagmas, siempre de gran eficiencia poética; resultan fórmulas lingüísticas, sustentadas con su propia significación, al tiempo que la resonancia de las *Coplas* manriqueñas aparece sin que resulte plagio o nota de arcaísmo.

Uno de los ejemplos más claros es la poesía LXXXVII de los *Proverbios y Cantares* (CLXI):

> ¡Oh, Guadalquivir!
> Te vi en Cazorla nacer;
> hoy, en Sanlúcar morir.
>
> Un borbollón de agua clara,
> 5   debajo de un pino verde,
> eras tú, ¡qué bien sonabas!
>
> Como yo, cerca del mar;
> río de barro salobre,
> ¿sueñas con tu manantial? [37]

33. Idem, p. 426. Véase más adelante la causa de las correcciones establecidas.
34. *Obras*, ed. cit., pp. 451-452.
35. Idem, p. 452.
36. Idem, p. 492.
37. Idem, p. 267; son de *Nuevas canciones*, 1924; fechados a partir de 1919.

El poemilla, aunque breve, es de gran densidad. El *Yo - tú* (poeta - río)se articula con la temporalidad *ayer - hoy*, que espacialmente se corresponde con unas menciones geográficas concretas: *Cazorla - Sanlúcar*. El río no es aquí un concepto abstracto, sino el Guadalquivir andaluz, y el mar, el Atlántico, pero estas realidades geográficas, evidentes y destacadas por el poeta, dejan transparentar el río y el mar de Manrique, imagen de la vida; y en este caso, si el tiempo pasado fue mejor, por eso resulta clave la pregunta. *Soñar* es, una vez más, recordar con certeza de que la realidad no puede volver, aunque haya sido el paisaje idílico de origen en relación con el barro de hoy. El poeta, *cerca del mar* —como el río en Sanlúcar—, presiente también que la muerte está cerca. La seguidilla hexasílaba, estrofa popular, es aquí la forma que expresa estas inquietudes manriqueñas, aplicadas en constante cruce paralelo, al poeta y al Guadalquivir, que puede ser considerado como el río del poeta por muchos motivos.

*   *   *

Es frecuente que las imágenes que fluyen de los versos de Jorge Manrique procedan de más lejos y aparezcan incorporadas a otros contenidos como un elemento dentro de diferentes órdenes poéticos. En el caso de la poesía XLII de las *Soledades primeras*, aparece una confirmación de la interpretación que di a la estrofa 6 del poema sobre Manrique: «dulce goce del vivir». La poesía, que tiene un tono becqueriano [38], comienza así:

> La vida hoy tiene ritmo
> de ondas que pasan,
> de olitas temblorosas
> que fluyen y se alcanzan.

> 5   La vida hoy tiene el ritmo de los ríos,
> la risa de las aguas
> que entre los verdes junquerales corren
> y entre las verdes cañas. [39]

El «ritmo» de la vida y del río se reúnen en la imagen, y la realidad de ambos tienen el signo optimista que se acoge en el significado del «dulce goce de vivir» de la «Glosa» de Antonio. Falta la culminación en el mar, que da el signo trágico a Manrique, pero una unidad parcial de las *Coplas* del caballero medieval: «nuestras vidas son los ríos», está actuando subterráneamente en la expresión del poeta moderno, valorando el presente —*la vida, hoy.*

*   *   *

38. Véase José Luis Cano, *De Machado a Bousoño*, «Quimera y poesía» (Bécquer y Machado), Madrid, Insula, 1955, p. 36.
39. *Obras*, ed. cit., p. 86.

El sistema sigue actuando en la segunda salida de las *Soledades* de 1907, en que aparece en la poesía XIII, «Hacia un ocaso radiante...», otra de estas resonancias manriqueñas. El poeta pasea una tarde calurosa por los campos próximos a la ciudad. El río corre cerca:

> Pasaba el agua rizada bajo los ojos del puente.
> Lejos, la ciudad dormía,
> como cubierta de un mago fanal de oro transparente.
> Bajo los arcos de piedra el agua clara corría. [40]

La voz del agua, prosopopeya elemental, sacude al caminante solitario en el crepúsculo del campo:

> Yo caminaba cansado,
> sintiendo la vieja angustia que hace el corazón pesado.
>
> El agua en sombra pasaba tan melancólicamente,
> bajo los arcos del puente,
> como si al pasar dijera:
>
> «Apenas desamarrada
> la pobre barca, viajero, del árbol de la ribera,
> se canta: no somos nada.
> Donde acaba el pobre río la inmensa mar nos espera.» [41]

La nada y el mar eran así paralelos a la meditación del alma y la muerte. El poeta aplicaba de esta manera la palabra de Manrique en esta paráfrasis creadora. El desafío de la gota al mar en que acabará a través del río es el del alma del poeta a la muerte. Observemos que cuando Antonio menciona el término *mar* dentro de este cuadro de resonancias manriqueñas, suele usar la forma femenina, como en el poeta medieval y en el lenguaje marinero.

*   *   *

Otro uso de esta unidad de expresión se halla en el «Poema de un día. Meditaciones rurales» (Baeza, 1913), donde la referencia conjunta del río y del mar aparece tres veces. Primero, es la observación del agua cayendo benéfica sobre los campos:

> Señor, ¿no es tu lluvia ley,
> en los campos que ara el buey,
> y en los palacios del rey?
> ¡Oh agua buena, deja vida
> en tu huida!

40. Idem, p. 66.
41. Idem, p. 66.

> ¡Oh tú, que vas gota a gota,
> fuente a fuente, río a río,
> como este tiempo de hastío
> corriendo a la mar remota... [42]

R. S. Piccioto [43] señaló que este encadenamiento de la gota, la fuente y el río hacia el mar procede de las *Coplas* manriqueñas, de la estrofa que fue el objeto de la «Glosa» de Antonio, antes comentada, y, sobre todo, de su continuación demorada en el orden de la anchura de los cauces:

> ... allí los ríos caudales,
> allí los otros medianos,
>   y más chicos,
> allegados, son iguales...

La huida del agua en Antonio va por los grados de gota, fuente y río, pero el fin es el mismo: el anegamiento en el mar, que es el morir. La lluvia que cae, lo hace lo mismo en los campos de labranza que sobre los palacios reales, marcando así la igualdad de su beneficio, que depende entonces del que la reciba, no del agua por sí misma, aunque luego acabe confundida en el mar.

Y luego, ya la experiencia de la lluvia, origen del agua, que trajo por asociación el recuerdo de las *Coplas*, pasa a imagen, esta vez para significar la filosofía de Unamuno:

> Agua del buen manantial,
> siempre viva,
> fugitiva;
> poesía, cosa cordial. [...]
> Bogadora,
> marinera,
> hacia la mar sin ribera. [44]

Y poco después, en una nueva incidencia, la significación última, en el límite de la muerte desesperanzada, tal como aparece en la consideración de los hombres rurales que sienten el paso del tiempo como esperan la intermitencia de las lluvias, todo como un pasar:

> Algo importa
> que en la vida mala y corta
> que llevamos,
> libres o siervos seamos;
> mas, si *vamos*
> *a la mar,*
> lo mismo nos han de dar. [45]

---

42. Idem, poema CXXVIII, p. 184.
43. ROBERT S. PICCIOTO, *Meditaciones rurales de una mentalidad urbana: el tiempo, Bergson y Manrique en un poema de Antonio Machado*, «La Torre», XII, 1964, pp. 144-146.
44. *Obras*, p. 185.
45. Idem, p. 185.

Y la filosofía toma cuerpo en las frases más sencillas de la tertulia del boticario:

> ... Así es la vida, don Juan.
> —Es verdad, así es la vida. [46]

El poema enlaza a Manrique con Bergson, en una incidencia que toca lo más vivo del dolor de Antonio. Señala Piccioto, con razón, que «la metáfora del mar deriva de un poema elegíaco escrito con motivo de la muerte de un ser amado» [47]. En Manrique fue su padre, y en Antonio, su mujer. El tiempo del reloj se la llevó:

> (Tic-tic, tic-tic...) Era un día
> (Tic-tic, tic-tic...) que pasó,
> y lo que yo más quería,
> la muerte se lo llevó. [48]

* * *

Reloj y agua que va a dar en el mar es el enlace entre Manrique y Bergson, el poeta de cancionero y el filósofo del instante vivido. Por eso aparece·el mar en uno de los poemas más profundamente sentidos de Antonio, en una oración que dirige a Dios y enfrenta las dos voluntades: la de Dios y la del poeta:

> Señor, ya me arrancaste lo que yo más quería.
> Oye otra vez, Dios mío, mi corazón clamar.
> Tu voluntad se hizo, Señor, contra la mía.
> Señor, ya estamos solos mi corazón y el mar. [49]

La trágica contienda de voluntades se ha resuelto con la victoria del Todopoderoso; por eso el poeta muestra al Señor lo que le queda en la soledad: el corazón y el *mar*, término que recoge toda esta compleja red semántica que se asegura en las *Coplas* manriqueñas, otra queja del hombre por la pérdida de un ser querido. Es la sola palabra ajena al discurso lógico de la poesía y, por tanto, la que comporta la mayor concentración alusiva de la tragedia [50].

Precisamente este sentido de contienda entre el hombre y Dios, en el que se interpone el mar como esta suma de significaciones que se

---

46. Idem, p. 186.
47. R. S. Piccioto, *Meditaciones rurales de una mentalidad urbana...*, art. cit., p. 148.
48. *Obras*, ed. cit., p. 183.
49. Idem, p. 176; poema CXIX de *Poesías Completas*, 1917.
50. Así lo entiende también G. Ribbans en su prólogo de *Soledades...*, ed. cit., pp. 29-30.

establecen sobre el cañamazo de las *Coplas*, aparece también en uno de los «Proverbios y cantares»:

> Todo hombre tiene dos
> batallas que pelear:
> en sueños lucha con Dios
> y despierto, con el mar. [51]

El mar es aquí también la última palabra de la poesía y la que da a la pieza el sentido misterioso: ese mar es la imagen que se carga de valor simbólico y destaca sobre el fondo de la copla, pues la poesía tiene este aparente carácter de obra popular, tanto en el léxico como en la andadura estilística. El alejandrino trenzado en el cuarteto de rimas cruzadas que comenté antes, forma de raigambre culta, sirve lo mismo que esta copla, de apariencia popular, para destacar la significación poética de este *mar* de Antonio.

*   *   *

Si el mar es el fin último, donde todo se anega, el cauce del río desde la fuente mantiene el significado del *dulce goce de vivir*. En el poema «Pascua de Resurrección» escribe:

> Buscad vuestros amores, doncellitas,
> donde brota la fuente de la piedra.
> En donde el agua ríe y sueña y pasa,
> allí el romance del amor se cuenta. [52]

El poema recoge el júbilo de las bodas del poeta con Leonor, celebradas ese año, y en su primera aparición tenía unos versos dedicados a los «nobles palurdos de la estepa»:

> hombres del alto llano
> por donde un largo río corre a la mar sin priesa. [53]

Un corte del poeta que, desde luego, mejora la obra suprimió a los *palurdos* y el arcaísmo dialectal *priesa*, pero ocultó la mención del río que, sin prisas, alcanzará el mar, que era el contrapunto de la parte primera.

*   *   *

En la alegría de las bodas y en el dolor de la muerte, vemos, que los enlaces semántico-poéticos del río-mar aparecen en las poesías que pueden presumirse más directamente personales del poeta. Pero estos

---

51. *Obras, ed. cit.*, p. 203, n.º CXXXVI, XXVIII, de *Campos de Castilla*.
52. Idem, p. 145; publicada en *La Lectura*, 1909.
53. Idem, p. 973.

enlaces juegan también en las poesía narrativas. Así en el estudio del prólogo a su edición de las *Poesías* de Manuel Machado, Macrí señala que en *La tierra de Alvargonzález* corren el agua y los asesinos:

> A la vera de la fuente
> quedó Alvargonzález muerto [...]
> Cuenta la hazaña del campo
> el agua clara corriendo,
> mientras los dos asesinos
> huyen hacia los hayedos.

Y más adelante el agua que corre, insistente y monótona, denuncia el hecho con húmeda lengua :

> Se acercaban a la fuente.
> El agua clara corría,
> sonando cual si contara
> una vieja historia, dicha
> mil veces y que tuviera
> mil veces que repetirla.
>
> Agua que corre en el campo
> dice en su monotonía:
> Yo sé el crimen: ¿no es un crimen
> cerca del agua, la vida?
>
> Al pasar los dos hermanos
> relataba el agua limpia⁊
> «A la vera de la fuente
> Alvargonzález dormía.» [54]

Comenta Macrí: «Il rapporto grammaticale-semantico tra particolare e universale sta tra 'El agua' e 'agua', El crimen' e 'un crimen'.» [55] La universalización del río es posible por esta múltiple función poética que señalamos en los casos en que se relaciona con Manrique; más allá queda el término «río» con otras posibilidades que se salen ya del objeto de mi estudio.

* * *

A veces el eco de Manrique es más ocasional; la asociación resulta casi mecánica en esta estrofa de «A orillas del Duero». Estos dísticos alejandrinos, de la obra más conocida del poeta, asocian así el río (el Duero, en este caso) con el mar a través de Castilla:

> El Duero cruza el corazón de roble
> de Iberia y de Castilla.

---

54. Idem, pp. 154 y 169.
55. Idem, p. 169.

¡Oh, tierra triste y noble,
la de los altos llanos y yermos y roquedas,
de campos sin arados, regatos ni arboledas;
decrépitas ciudades, caminos sin mesones,
y atónitos palurdos sin danzas ni canciones
que aún van, abandonando el mortecino hogar,
como tus largos ríos, Castilla, hacia la mar! [56]

Estos castellanos van a la emigración, que es decir a la muerte si se interpreta la velada resonancia manriqueña. La denuncia de la situación de Castilla se refuerza si los poetas de la historia aparecen, pues con el eco de Manrique hay una referencia al *Poema del Cid*.

* * *

Otras veces el parentesco léxico-semántico es muy lejano y pertenece más a la interpretación del crítico que a una presencia lingüística; así ocurre con la poesía LXIX, cuyo texto es:

Hoy buscarás en vano
a tu dolor consuelo.

Lleváronse tus hadas
el lino de tus sueños.
5   Está la fuente muda,
y está marchito el huerto.
Hoy sólo quedan lágrimas
para llorar. No hay que llorar, ¡silencio! [57]

En esta poesía G. Ribbans encuentra una «evocación de cosas insignificantes pero emotivas, de un modo que recuerda a Jorge Manrique» [58]. La asociación se basa en que aquí, como en las alusiones a las ropas en Manrique, hay una actualidad del recuerdo, pues esas cosas aparecen «como escapadas de un sueño, actualizando, materializando casi el pasado, en una trivial anécdota indumentaria» [59].

* * *

Y, en último término, puede hablarse de un tono elegíaco que Antonio adopta en determinadas ocasiones, en el que cabe encontrar la modelación que Manrique impone a la elegía; esto ocurre, por ejemplo, en el poema dedicado a José María Palacio, comentado, entre

---

56. *Obras*, ed. cit., p. 127; poema aparecido en «La Lectura» (1909) e incorporado a *Campos de Castilla* (1912).
57. Idem, ed. cit., p. 109.
58. *Soledades...*, ed. cit. de G. RIBBANS, p. 178.
59. *Obras*, ed. cit., p. 317.

otros, por Guillén, Beceiro, Gaos y Gullón. El poema está escrito en Baeza el 29 de abril de 1913:

A JOSÉ MARÍA PALACIO

1   Palacio, buen amigo,
     ¿está la primavera
     vistiendo ya las ramas de los chopos
     del río y los caminos? En la estepa
5   del alto Duero, Primavera tarda,
     ¡pero es tan bella y dulce cuando llega!...
     ¿Tienen los viejos olmos
     algunas hojas nuevas?
     Aún las acacias estarán desnudas
10   y nevados los montes de las sierras.
     ¡Oh mole del Moncayo blanca y rosa,
     allá en el cielo de Aragón, tan bella!
     ¿Hay zarzas florecidas
     entre las grises peñas,
15   y blancas margaritas
     entre la fina hierba?
     Por esos campanarios
     ya habrán ido llegando las cigüeñas.
     Habrá trigales verdes,
20   y mulas pardas en las sementeras,
     y labriegos que siembran los tardíos
     con las lluvias de abril. Ya las abejas
     libarán del tomillo y el romero.
     ¿Hay ciruelos en flor? ¿Quedan violetas?
25   Furtivos cazadores, los reclamos
     de la perdiz bajo las capas luengas,
     no faltarán. ¡Palacio, buen amigo!
     ¿tienen ya ruiseñores las riberas?
     Con los primeros lirios
30   y las primeras rosas de las huertas,
     en una tarde azul, sube al Espino,
     al alto Espino donde está su tierra... [60]

La poesía está escrita el año siguiente de la muerte de Leonor, y la clave cordial de la obra está en esa «presencia ausente» que no se nombra, pero que da sentido elegíaco a la obra. Según Gullón la calidad excepcional de la poesía es que «como las *Coplas* [...] de Manrique y como "Muerte de Abel Martín" [...], es una elegía sin rastro de autopiedad» [61]. El poeta de hoy, como el poeta de ayer, acumula las preguntas que concentran la belleza del mundo, «la belleza senci-

60. Idem, p. 180.
61. R. GULLÓN, *Una poética para Antonio Machado*, ob. cit., p. 124.

lla que sirvió de marco a Leonor; ella no volverá a gozarla»[62]. Antonio se refiere a la muerte con gran discreción; sólo el que sepa que el Espino, frente a Soria, es donde está el cementerio, encuentra sentido al posesivo «su tierra...», la de ella, Leonor, porque ella ya lo es.

MANRIQUE, SIEMPRE ACTUAL

Propiamente, lo que resulta de este uso polivalente es que Manrique, sus *Coplas* y, más en concreto, la evocación fluyente del río que acaba en el mar, que es muerte, se elevan a la categoría de símbolo. El poeta medieval posee una validez íntegra y actual, que no histórica, y se proyecta sobre la poesía moderna en toda su eficiencia.

Prueba de ello es que esta validez se mantiene cuando las resonancias medievalizantes pueden hallarse más lejos, carentes en apariencia de cualquier lazo de relación con la situación en que vive el poeta, y en una coyuntura muy diferente; esto pasó en la guerra civil española, época poco propicia, al parecer, a las menciones de la poesía medieval. En agosto de 1936 Antonio comenzó un artículo dedicado a «Los milicianos de 1936» con estos versos de Manrique:

> Después de puesta [la] vida
> tantas veces por su ley
> al tablero...[63]

Antonio cita oportunamente sólo esta primera parte de la estrofa 33, pues en la segunda parte *ley* rima con *rey*, servicio poco adecuado para un poema dedicado a las fuerzas de la República.

Y en otra ocasión, en unas líneas que añade a la poesía dedicada al escultor Emiliano Barral, muerto en el frente de Madrid en 1936, apoyándose en la estrofa 40 y última de las *Coplas:* «Era tan gran escultor que hasta su muerte nos dejó esculpida en un gesto inmortal:

> Y aunque [la] vida murió
> nos dejó harto consuelo
> su memoria».[64]

Otro ejemplo lo tenemos en un artículo publicado en «La Vanguardia» de Barcelona durante la guerra civil. Si el caso de su amigo Barral le hizo recordar el buen ejemplo del caballero, un comentario a los recuerdos que conservaba de un discurso de Pablo Iglesias, el político socialista, al que oyó de niño, vuelve a traerle a la memo-

---

62. Idem, p. 124.
63. *Obras,* ed. cit., p. 660, recogido en otra variante en p. 677, fechado en Valencia 7 noviembre 1937.
64. *Poesie,* n. de Macrí, ed. cit., p. 1239.

ria las coplas de Manrique. Escribe Antonio que, en 1935, «Ilya Ehrenburg, nuestro fraterno amigo, me recitaba en Madrid las coplas
de don Jorge Manrique, que él había traducido al ruso y que yo sabía de memoria en castellano. Muy bien sonaban en la lengua de Tols-
toy, y en labios de Ehrenburg, aquello de

> Nuestras vidas son los ríos
> que van a dar en la mar,
> que es el morir;

Y aquello otro de

> allí los ríos caudales,
> allí los otros medianos
> y más chicos,

> allegados, son iguales:
> los que viven por sus manos
> y los ricos.

Y una reflexión escéptica de muy honda raíz en mi alma, porque
arrancaba de otra reflexión infantil, acudía a mi mente. Si los ricos
y los que vivimos por nuestras manos —o por nuestras cabezas— somos iguales, allegados a la mar del morir, y el viaje es tan corto, acaso no vale la pena de pelear en el camino. Pero la voz de Ehrenburg
me evocaba, también por su vehemencia, las palabras que Pablo Iglesias fulminaba contra las desigualdades del camino, sin mencionar
siquiera su brevedad. Y aquella reflexión mía no llegó a formularse
en la lengua francesa, que Ehrenburg y yo utilizábamos para enten-
dernos. Porque, decididamente, el compañero Iglesias tenía razón,
y el propio Manrique se la hubiera dado. La brevedad del camino en
nada amengua el radio infinito de una injusticia. Allí donde esta aparece, nuestro deber es combatirla.» [65]

En circunstancias tan diferentes, los mismos versos que habían
inspirado toda su vida su concepción del tiempo, aparecen otra vez
interpretados desde un punto de vista diferente; y hacen que en estos
últimos tiempos de su vida, el caballero medieval se ponga de acuerdo con el político socialista para señalar que, aun en la brevedad
del camino de la vida, la injusticia no haya de tolerarse.

EL USO IRÓNICO DE LAS «COPLAS»

Otro aspecto que confirma todo esto procede del uso irónico que
puede ofrecer un texto por contraste con las *Coplas*. Esto es lo que
ocurre con el poema CXXXIII, «Llanto de las virtudes y coplas por la

---

65. *Obras*, ed. cit., pp. 639-640.

Leandro Oroz. Antonio Machado y la musa (*hacia 1915*). (Cortesía del Banco Urquijo.)

muerte de don Guido», de las *Poesías Completas*, de 1917. El *Llanto de las virtudes* es imitación de las *Lamentaciones y Plantos* medievales; acaso recordase el *Planto de las virtudes e poesía*, del Marqués de Santillana, obra fácil de conocer. Y la segunda parte del título, no puede ser más claro que contrahace las *Coplas* de Manrique. Y no sólo en la cabeza, sino también en el desarrollo es patente la resonancia manriqueña, manifiesta por el uso de los pies quebrados que sin orden interrumpen los octosílabos en diferentes combinaciones métricas. Y también porque en contraste con el señorío evocado por Jorge con respecto a su padre, la vida de este «señor de Sevilla» resultó aniquiladora de todo valor positivo. Y el poeta escribe:

> Yo pregunto: ¿Qué llevaste
> al mundo donde hoy estás?
>
> ¿Tu amor a los alamares
> y a las sedas y a los oros,
> y a la sangre de los toros
> y al humo de los altares?
>
> Buen don Guido y equipaje,
> ¡buen viaje!...
>
> El acá
> y el allá, caballero,
> se ve en tu rostro marchito,
> lo infinito:
> cero, cero. [66]

La negatividad de don Guido sólo tiene valor en relación con el contraste de fondo que le impone la sombra de Jorge Manrique. Antonio Machado establece así el contraste y, en sentido inverso, las virtudes del señorío aparecen realzadas en el caballero y poeta medieval, admitido en su entereza humana, y por esto tocado de la alta condición poética de la simbolización, valedera también para el hombre de la España de Machado. Gullón encuentra en el poema una doble distanciación: la visible y apreciable entre el autor (Machado) y la figura (don Guido), y la invisible y sutil que se establece entre la figura del señorito y el arquetipo medieval. La distancia primera está claramente manifiesta y cobra un sentido social, mientras que la segunda, establecida por la imagen de Manrique, evocada sin palabras, aparece sugerida al lector por líneas imperceptibles de forma y estructura [67]. Aun callado, con la presencia sólo apuntada en la experiencia literaria del lector, Manrique impone la mestría de la condición humana ejemplar en un sentido universal, fuera del tiempo y de la ocasión.

---

66. Idem, p. 194.
67. R. GULLÓN, *Una poética para Antonio Machado*, ob. cit., p. 191.

Ya para terminar esta relación de Antonio con Manrique, digo que hay que tener presentes las fuentes y lecturas que son comunes en la literatura occidental en este caso de la relación *río-mar*. Sobre todo hay una: en el comienzo del *Eclesiastés* se viene leyendo, entre otras imágenes que prueban que no hay nada nuevo bajo el sol: «Todos los ríos van a dar en el mar, y el mar no se colma: al lugar de donde salieron los ríos, allí vuelven de nuevo para correr sus cursos otra vez» (1,7). En Antonio esta meditación, que por tantos lugares pudo llegarle, tiene un evidente matiz manriqueño.

LAS CITAS DESCUIDADAS

La obra de Jorge Manrique aparece así presente de una manera viva en muy diferentes circunstancias, en la soledad de la meditación y en el tumulto de la guerra. El mismo descuido que pone en su mención nos indica que no iba al libro a buscar la cita, pues se la sabría de memoria [68], no siempre con exactitud.

Oreste Macrí ha señalado estas divergencias en los comentarios correspondientes a las poesías respectivas [69]. Así:

Poesía	Cita Machado	Aparece en Manrique
LVIII	que van a dar a la mar [70]	que van a dar en la mar
J. Mairena, XXII	dejad el mundo afanoso	dejad el mundo engañoso
Idem	muestre su esfuerzo vuestro corazón de acero	vuestro corazón de acero muestre su esfuerzo
A. E. Barral	aunque su vida murió	aunque la vida murió
Milicianos, 1936	Después de puesta su vida	después de puesta la vida

Si Manrique no aparece en las notas que Antonio tenía tomadas en su *Cuaderno de Literatura* (obra que no fue destinada a la imprenta) [71], es porque todos los que allí se citan desde el primero, Hurtado de Mendoza, seguido de Castillejo, Villegas, etc., son escritores del período de los Siglos de Oro. Don Jorge los precede, en el período final de la Edad Media, y esta perspectiva histórica nunca dejó de tenerla en cuenta el poeta.

---

68. En un fragmento de un trozo comentado antes, Antonio afirmó en sus últimos días que las *Coplas* de Manrique se las «sabía de memoria» *(Obras*, ed. cit., p. 639).
69. *Poesie*, ed. cit., notas, p. 1153.
70. Pero aparecen de una manera correcta en *Obras*, ed. cit., p. 640.
71. *Obras*, ed. cit., pp. 865-894.

III

EL CID Y EL ROMANCERO

FOLKLORE Y TRADICIÓN MEDIEVAL

La vía hasta la Edad Media tiene dos caminos: el de la poesía popular (folklórica, para asegurarlo mejor) y el de la poesía documentada (quiero decir, conocida por textos literarios). Antonio, como Manuel, fue particularmente sensible a la primera. De familia le venía, pues ya es conocida la importante función de su padre, Antonio Machado y Alvarez (1846-1893), en el arraigo en España de los estudios folklóricos. Los estudios sobre literatura popular que Antonio, el padre, realizaba, coincidieron con la creación de la Folklore Society (1878) en Inglaterra, y Machado y Alvarez no paró hasta constituir en Sevilla la Sociedad Folklórica Andaluza (1881). Sus diversas publicaciones, y en especial la *Colección de cantes flamencos* (Madrid, «El Porvenir», 1881)[1], serían conocidas, en el proceso de su preparación y en su redacción, por sus hijos, sobre todo de los poetas Manuel y Antonio[2]. Antonio lo recuerda años más tarde (1916), ocupado en sus trabajos:

> Mi padre en el jardín de nuestra casa,
> mi padre entre sus libros trabajando. [...]
> Mi padre escribe —letra diminuta—
> medita, sueña, sufre, habla alto.[3]

1. Reeditada con una breve nota editorial por Ediciones Demófilo, S. A., Madrid, 1975.
2. Se ocupa ampliamente de esta relación entre el padre y Antonio el folklorista PAULO DE CARVALHO-NETO, *La influencia del folklore en Antonio Machado*, Madrid, Ediciones Demófilo, 1975, en especial pp. 83-93.
3. *Obras*, ed. cit., p. 738; «Mi padre», fechada el 13 de marzo de 1916. Es conocidísimo el soneto «Esta luz de Sevilla... Es el palacio» (ídem, p. 289; CLXV, IV, de *Nuevas canciones*), con el mismo asunto.

La obra folklórica del padre les entró por el corazón, en el ambiente de la vida familiar, antes de que pudieran apreciar su valor como documento científico y literario.

Por este camino del folklore se puede alcanzar también la Edad Media, y se traspasa a veces, pues los hitos cronológicos en tales estudios no pueden marcarse con seguridad. El cauce de la poesía popular viene de lejos y, desde luego, pasa por la Edad Media y continúa hasta el día de hoy. La dificultad está en señalar qué es lo que procede de la Edad Media, y no de antes o de después. Mairena tenía una conciencia muy clara del folklore: «Mairena entendía por *folklore*, en primer término, lo que la palabra más directamente significa: saber popular, lo que el pueblo sabe, tal como lo sabe; lo que el pueblo piensa y siente, tal como lo siente y piensa, y así como lo expresa y plasma en la lengua que él, más que nadie, ha contribuido a formar. En segundo lugar, todo trabajo constante y reflexivo sobre estos elementos, y su utilización más sabia y creadora.» [4] Obsérvese que en el segundo lugar, junto al hecho del saber y sentir popular, indica que estos elementos folklóricos pueden utilizarse como materia de trabajo, estudio y reflexión; y además, y esto fue muy importante para Manuel y Antonio, para servirse de ellos de una manera creadora, esto es poética. Precisamente en este sentido Mairena interpreta un camino posible para la filosofía o actitud ante el mundo que lleva implícito el folklore, en el que se implica la creación. De ahí la justificación de una poesía filosófica, como pretendía el poeta. Y así Antonio parte de un determinismo herderiano, que hace decir a Mairena, supuestamente nacido en Sevilla y, por tanto, andaluz: «A los andaluces —decía mi maestro— nos falta fantasía para artistas; nos sobra, en cambio, sentido metafísico para filósofos occidentales. Con todo, es el camino de la filosofía el que nosotros debemos preferentemente seguir.» [5] Pero no hay que acudir a los «filósofos» autóctonos, como Séneca y Averroes. La solución es esta: «Nuestro punto de arranque, si alguna vez nos decidimos a filosofar, está en el *folklore* metafísico de nuestra tierra, especialmente el de la región castellana y andaluza.» [3] Un poeta puede seguir este camino —y es lo que hace Antonio— y entonces hay un amplio margen que va desde la aproximación más cerrada o la copla del pueblo hasta contenidos cada vez más complejos, cifras de filosofía que mantienen, sin embargo, las formas métricas de la poesía folklórica. No se pierde el «aire» del género, y esto fue lo que harían Manuel y Antonio, cada uno a su manera, pero fieles a las enseñanzas del padre [7]. En 1920, contestando a una encuesta de Rivas Cherif, Antonio manifestó, entre

4. Idem, p. 421.
5. Idem, p. 462.
6. Idem, p. 462.
7. Véase lo que dice el padre, ANTONIO MACHADO Y ALVAREZ: «Si los poetas eruditos hacen coplas *completamente iguales* a las del pueblo, esto sólo puede indicar que también ellos son *del pueblo*, sin otra diferencia que la de la cola o el apellido.» (*Cantes flamencos*, ob. cit., prólogo, p. 19.)

otras cosas, lo siguiente sobre su concepción del arte: «Yo, por ahora, no hago más que folklore, *auto-folklore* o *folklore de mí mismo*.
Mi próximo libro será, en gran parte, de coplas que no pretenden .imi-
tar la manera popular —inimitable e insuperable, aunque otra cosa
piensen los maestros de retórica—, sino coplas donde se contiene
cuanto hay en mí de común con el alma que canta y piensa del
pueblo.» [8]

Un poeta que tenga este criterio, forzosamente ha de adoptar
un aire medieval, en la medida que la tradición folklórica se mantuvo y engrandeció en esta época en que la lengua castellana inició
su literatura escrita. Es muy difícil señalar en qué consiste este
aire, pero el entendido lo encuentra en las manifestaciones poéticas
que están conservadas por una moda literaria en los Cancioneros
de la lírica cortés de fines de la Edad Media y comienzos del siglo XVI, en los pliegos sueltos de la imprenta popular y en otras
manifestaciones; y así encontramos los villancicos y las poesías pa-
ralelísticas, sobre todo piezas breves como canciones de alba, de
viaje, etc.; y también hay que contar con el riquísimo romancero.
El conocimiento de esta literatura no es fácil, y menos aún lo era en
tiempos de Manuel y Antonio Machado, pues requiere un cierto grado de erudición literaria junto con la capacidad de apreciación folklórica; y sólo así se llega a reconocer el aire medieval propio de
estas piezas primitivas, populares y de cancionero. Y, sobre todo,
lo más difícil es cribar lo que más se aproxima a la realidad poética popular por entre el tratamiento cortés más o menos intenso
de que fueron objeto las piezas folklóricas para pasar a los textos
escritos en los períodos medieval y de los Siglos de Oro españoles.

Pero la desconfianza hacia la Universidad que caracteriza a Mairena, le hace temer que el estudio del folklore pudiera fácilmente
desviarse de su fin. Mairena recoge la opinión de que, en contraste
con el folklore, la ciencia literaria se orienta sobre todo hacia la
literatura que él llama erudita: «Mucho me temo, sin embargo, que
nuestros profesores de Literatura —dicho sea sin ánimo de moles-
tar a ninguno de ellos— os hablen muy de pasada de nuestro *folklore*, sin insistir ni ahondar en el tema, y que pretendan explicar-
nos nuestra literatura como el producto de una actividad exclusivamente erudita» [9].

Sin embargo, con esto Mairena lo que hace es crearse un poco
el enemigo a la medida. ¿Cómo el estudio de una literatura de la
condición que fue la española puede prescindir de la poesía folklórica, y aun del folklore en general? Y esto mucho menos en 1934
y hasta 1936, en que el Centro de Estudios Históricos, dirigido por
Ramón Menéndez Pidal, ofrecía los frutos del estudio del *Poema
del Cid* y del Romancero. Y sobre todo, hay que contar con los

8. MANUEL TUÑÓN DE LARA, *Un texto de don Antonio Machado*, «Bulletin Hispanique», LXXI, 1969, p. 315; publicado en «La Internacional», 17 septiembre 1920.
9. Idem, p. 422.

efectos creadores del revelador discurso que leyó Menéndez Pidal
en la inauguración del curso 1919-1920, sobre *La primitiva lírica española* [10]; este discurso fue una pieza fundamental para asegurar en
la literatura española la presencia y la función de la lírica popular
en la Edad Media, y dio al folklore histórico bases para la consideración, en la Edad Media, de la canción del pueblo, y también, al
mismo tiempo, fue una lección magistral para los jóvenes poetas
que incorporaban a sus propósitos renovadores una veta de poesía
popularizante.

Aun contando con este discurso y los cinco volúmenes de *La verdadera poesía castellana*, de Julio Cejador [11], que extendieron el conocimiento de la lírica primitiva, Antonio teme que el folklore como
conjunto científico pueda convertirse en un bizantinismo científico
si se desorienta el estudio: «Y lo peor sería que se crease en nuestras Universidades cátedras de *Folklore*, a cargo de especialistas ex-
pertos en la caza y pesca de elementos *folklóricos*, para servidos
aparte, como materia de una nueva asignatura. Porque esto, que
pudiera ser útil alguna vez, comenzaría por ser desorientador y des-
caminante» [12]. Y el caso que presenta es un posible estudio del refranero en el *Quijote*, y cuál habría de ser el sentido de su verdadera
utilidad.

Con Mairena (con el bifronte Mairena-Antonio, criatura-creador)
hay que andarse con cuidado en esto porque es parte implicada en
el asunto. Incidentalmente, habla de Espronceda, y abre este decisivo paréntesis: «... donde, como sabemos los folkloristas...» [13].
De ahí que poco después declarase esto: «Las obras poéticas realmente bellas, decía mi maestro —habla Mairena a sus discípulos—,
rara vez tienen un solo autor. Dicho de otro modo: son obras que
se hacen solas, a través de los siglos y de los poetas, a veces a pesar de los poetas mismos, aunque siempre, naturalmente, en ellos.
Guardad en la memoria estas palabras, que mi maestro confesaba
haber oído a su abuelo, el cual, a su vez, creía haberlas leído en alguna parte. Vosotros meditad sobre ellas» [14].

Mairena expone esto un tanto enigmáticamente: caben dos interpretaciones que confluyen en un mismo concepto, la tradición. La primera sería la acción retocadora de la tradición viva, y la otra podría
ser la acción de los lectores u oyentes enriqueciendo el área de interpretación de la obra. La alusión al *abuelo* nos sitúa en el ámbito
de la familia de los Machado, y su efecto aparece tanto en Antonio
como en Manuel. Algo queda en la casa cuando sale el folklore a
relucir, y por eso la orientación popularista de los dos hermanos
tiene estas raíces. Y bien claramente lo dice: «Si vais para poetas,

10. Impreso en Madrid, Jiménez y Molina, 1919, el discurso se reprodujo en
Estudios literarios, Madrid, 1920, y obtuvo gran divulgación.
11. Madrid, «Revista de Archivos», 1921-1924.
12. *Obras*, p. 422.
13. Idem, p. 435.
14. Idem, p. 436.

cuidad vuestro folklore. Porque la verdadera poesía la hace el pueblo. Entendámonos: la hace alguien que no sabemos quién es o que, en último término, podemos ignorar quién sea, sin el menor detrimento de la poesía. No sé si comprenderéis bien lo que digo. Probablemente, no» [15].

Pues sí es fácil entender si acudimos al concepto de tradición que Menéndez Pidal está puliendo desde comienzos de siglo.

LA SOMBRA DEL CID

Manuel Machado, como indiqué en la parte primera de este libro, había dedicado a Castilla una poesía así titulada en *Alma*, libro de 1902, basada en la interpretación poética de un episodio del cantar épico. En «Blanco y Negro» (13 de febrero de 1904) aisló a un personaje del cantar como asunto del poema «Alvar-Fáñez. Retrato». Antonio no llegó a centrar tan concretamente en el *Poema del Cid* las poesías en las que aparece Rodrigo Díaz de Vivar; establece alusiones de paso, y da por supuesto que los lectores pueden entender las referencias que establece en el juego poético. Por de pronto, lo mismo que pasa con Berceo y con Manrique, las poesías en que cruza la alusión al Cid son posteriores a las de Manuel. Rodrigo, el héroe de la épica castellana, aparece, como era de esperar, en relación con Castilla, y en forma tan caracterizadora que el poema que contiene esta aiusión (n.° XCVIII) se tituló en su primera aparición en «La Lectura» (1910) precisamente de la misma manera que el libro completo: «Campos de Castilla.» La relación venía asegurada por un concepto herderiano de la relación entre la tierra y el hombre, que Antonio sentía, como he indicado en varias ocasiones, de una manera viva. Con ocasión del comentario de *Helénicas*, un libro de su amigo el político republicano Manuel Hilario Ayuso, al que veía con frecuencia en Soria, escribe en 1914 Antonio: «Ayuso en Soria se me agigantaba; y no, ciertamente, porque aquella comarca sea tierra estéril para el espíritu. No. Aquella altiplanicie numantina ha sido fecunda madre de místicos, de poetas, de pensadores. Por allí debió nacer el juglar anónimo que compuso la Gesta de Myo Cid...» [16]. Con esto recoge las conclusiones de Menéndez Pidal, que son de que «el Cantar se escribió en la actual provincia de Soria, en el extremo sureste de lo que hoy se llama Castilla la Vieja» [17]. La escuela de Filología aseguraba las palabras de Antonio, pero su función poética era de otra índole; en el poema «Campos de Castilla», elevado a la condición de signo de la obra total, después de describir la re-

15. Idem, p. 519.
16. Idem, p. 794.
17. Así en el *Cantar de mio Cid*, ed. cit. de MENÉNDEZ PIDAL, I, p. 73, que reproduce el texto de 1908; una versión para un público más amplio aparece en la colección «La Lectura», 1913, que se convertiría en «Clásicos castellanos».

gión y la soledad en que se encuentra, piensa en lo que Castilla fue
y en lo que es, sobre todo en cuanto al signo militar:

> Castilla miserable, ayer dominadora,
> envuelta en sus andrajos desprecia cuanto ignora.
> ¿Espera, duerme o sueña? ¿La sangre derramada
> recuerda cuando tuvo la fiebre de la espada?
> Todo se mueve, fluye, discurre, corre o gira;
> cambian la mar y el monte y el ojo que los mira.
> ¿Pasó? Sobre sus campos aún el fantasma yerra
> de un pueblo que ponía a Dios sobre la guerra.

La evocación histórica resulta inevitable:

> La madre en otro tiempo fecunda en capitanes,
> madrastra es hoy apenas de humildes ganapanes.
> Castilla no es aquella tan generosa un día,
> cuando Myo Cid Rodrigo el de Vivar volvía,
> ufano de su nueva fortuna y su opulencia,
> a regalar a Alfonso los huertos de Valencia;... [18]

En la percepción renovada del héroe, Antonio mantiene su aspecto medieval en el nombre: *myo Cid Rodrigo el de Bivar* imprimió en la primera aparición de la poesía en 1910 en «La Lectura», combinación de los nombres que usó para don Rodrigo el juglar del *Poema del Cid*. *Bivar* es la grafía antigua del códice por *Vivar*, que adopta luego Antonio, pero mantuvo la de *myo* como signo de arcaísmo. En cuanto a lo del regalo de los huertos, le ocurrió lo que a su hermano Manuel en «Alvar-Fáñez»: que es una invención suya que más o menos expresa la generosa altanería del conquistador con que se manifiesta ante su Rey. De todas maneras se ofrece patente la intención de convertir a don Rodrigo en la representación de la tierra castellana.

La valoración de la vieja Castilla aparece como positiva, pues esta generosidad pasa a ser de la tierra, que es decir del pueblo según el juego de conceptos del poeta. Las virtudes de antaño no aparecen en la realidad de la época en que vive el poeta. Cierto que, sin embargo, algunos de los adjetivos de valor aún mantienen su sentido; así ocurre con el que emplea el poeta del cantar con respecto a Castilla, cuando habla Minaya en el verso 672:

> De Castiella la gentil   exidos somos acá.

Y cuando el Cid le dice a Minaya, mensajero a Castilla, en el verso 829:

> ¿Hides, vos, Minaya,   a Castiella la gentil?

18. *Obras*, ed. cit., p. 127.

En la ausencia, la patria invocada con nostalgia recibe la apelación de *gentil*. Antonio, cuando desde Lora del Río, en Andalucía,
recuerda Soria, lo hace a través del sentimiento poniendo enfrente
las dos patrias, la de la tierra y la del corazón:

> En estos campos de la tierra mía,
> y extranjero en los campos de mi tierra
> —yo tuve patria donde corre el Duero
> por entre grises peñas,
> y fantasmas de viejos encinares,
> allá en Castilla, mística y guerrera,
> *Castilla la gentil*, humilde y brava,
> Castilla del desdén y de la fuerza—,
> en estos campos de mi Andalucía,
> ¡oh tierra en que nací!, cantar quisiera. [19]

En este caso Antonio sigue manteniendo la vigencia de la más
antigua valoración de la patria castellana. Esto, sin embargo, es una
apreciación personal y resultado de una situación emotiva: la muerte de Leonor, que había ocurrido el 1 de agosto de 1912. Más adelante, cuando los recuerdos son más vagos, Antonio reordena sus
impresiones; en un artículo publicado en 1932, escribió: «Cuando
recuerdo las tierras de Soria, olvido algunas veces a Numancia [...],
a Mío Cid Campeador, que las cruzó en su destierro, y al glorioso
juglar de la sublime gesta, que bien pudo nacer en ellas; pero nunca
olvido al viejo pastor de cuyos labios oí ese magnífico proverbio
["nadie es más que nadie"]...» [20]. El refrán popular se sobrepone
a la obra literaria, según la valoración heredada de su padre, pero
no se olvide que Antonio dice es un olvido *parcial*, pues Soria aparece en él unida a la sombra del Cid.

Por otra parte, también de sus primeros tiempos de Soria es un
testimonio en el que Antonio se muestra poco propicio a dejarse
llevar de estas evocaciones históricas, si se establecen para mover
una política que no esté concorde con los tiempos o, lo que es peor,
si se usa la tradición para enmascarar las miserias del presente.
Poco antes que el poema «Campos de Castilla», Antonio había escrito
en un artículo, el primero que publicó en Soria, lo siguiente: «...nues-
tro patriotismo ha cambiado de rumbo y de cauce. Sabemos ya que
no se puede vivir ni del esfuerzo ni de la virtud ni de la fortuna de
nuestros abuelos...» [21] Y tiene ocasión de referirse al Cid en este
párrafo: «¿Vendría en nuestra ayuda la tizona de Rodrigo, si tu-

---

19. Idem, pp. 178-179, n.º CXXV, de *Campos de Castilla*.
20. Idem, p. 859, «Soria», aparecido en «El Porvenir Castellano».
21. Idem, p. 768; se titula el artículo «Nuestro patriotismo y la marcha de
Cádiz» y fue publicado por vez primera en *La Prensa de Soria al 2 de mayo
de 1808* (Soria, 1908).

viéramos que lidiar otra vez con la morisma? No creemos ya en los milagros de la leyenda heroica.» [22]

La afirmación, sin embargo, se vio contradicha por el propio Antonio durante la guerra civil. En el torbellino de los acontecimientos, el escritor quiso poner también de su parte lo que llama «retórica guerrera» [23]; aunque la emplea con discreción, el Cid le ofreció varios temas adecuados a su propósito. Así ocurre con el *Poema del Cid* y las obras sobre don Rodrigo, sobre todo con la oposición entre don Rodrigo y los infantes de Carrión: «Alguien ha señalado, con certero tino, que el *Poema del Cid* es la lucha entre una democracia naciente y una aristocracia declinante. Yo diría, entre la hombría castellana y el señoritismo leonés de aquella centuria.» [24]

El *Poema del Cid* resulta así favorecido, y Antonio considera al héroe de Vivar a su lado, bien en los poemas caracterizadores del espíritu de Castilla o en la guerra que él vive con intensidad precisamente en el bando que menos utilizó los motivos de la tradición en la «retórica guerrera» como motivo de propaganda política.

Queda, por fin, que señalar que, como recoge Macrí [25], puede que el nombre de Alvargonzález proceda del ambiente histórico-legendario del *Poema del Cid*, donde abundan los personajes cuyo nombre es Alvar. Recuérdese que Manuel hizo una poesía con el retrato de Alvar-Fáñez.

UNA ÉPICA ROMANCÍSTICA DEL SIGLO XX

Resulta indicativo que los hermanos Machado prefieran el nombre de «folklore» para referirse al cauce de la poesía del pueblo. Menéndez Pidal, paralelamente a la obra poética de los Machado, apoya la denominación de «tradición» y «poesía popular». En 1910 había aparecido *L'épopée castillane à travers la littérature espagnole* (París, A. Colin, trad. de Henry Mérimée), que representaba una voz de España, autorizada por largos años de estudio, en el concierto de la historia de la época medieval europea. En 1914 comienza a publicar el estudio sobre *Poesía popular y romancero* en la naciente «Revista de Filología Española». Con esto puede decirse que el tratamiento riguroso del Romancero se había establecido desde un punto de vista científico. Con este fondo de crítica literaria, Antonio escribe en 1917 el prólogo de *Campos de Castilla* (cuya primera edición era de 1912), esta vez metido en las *Poesías Completas;* allí justifica la novedad que contenía la obra. La tierra de Soria —escribe en este prólogo—, con el amor y la muerte de Leonor, había orientado sus ojos y su corazón hacia lo esencial castellano. Vacila entre

22. Idem, p. 768.
23. Idem, p. 591, *Mairena póstumo*, «La Hora de España», n.º 21.
24. Idem, p. 661, «Los milicianos de 1936», IV.
25. *Poesie*, ed. cit., p. 1178.

un punto de vista subjetivo y el objetivo al considerar el mundo; las inquietudes filosóficas son cada vez más intensas. Por eso escribe: «Y pensé que la misión del poeta era inventar nuevos poemas de lo eterno humano, historias animadas que, siendo suyas, viviesen, no obstante, por sí mismas.» [26] Y esto le produjo el encuentro con el género, tan firme y desarrollado, del romance: «Me pareció el romance la suprema expresión de la poesía y quise escribir un nuevo Romancero.» [27] Este Romancero sería *nuevo* no de forma, pues esta se halla asegurada desde los orígenes, sino en razón de los elementos que se reunirían en el conjunto de la composición; Antonio pretende volver a los orígenes del romance narrativo, contando con que los protagonistas sean hombres del campo que dejaban sueltas sus pasiones. Por otra parte, téngase en cuenta que Antonio viene ejercitándose en el romance lírico desde 1907. Su hermano Manuel vimos que había recogido muy pronto (en 1894, como he indicado en la primera parte de este trabajo) la corriente romántica del Romancero. La novedad de Antonio suponía algo diferente de lo que constituía una tradición que se había iniciado y asegurado en la Edad Media. De ahí la advertencia que se ve en el caso de formular: «Muy lejos estaba yo de pretender resucitar el género en su sentido tradicional.» Y precisa: «La confección de nuevos romances viejos —caballerescos o moriscos— no fue nunca de mi agrado, y toda simulación de arcaísmos me parece ridícula.» Antonio nos ofrece esta noticia: «Cierto que yo aprendí a leer en el *Romancero general* que compiló mi buen tío don Agustín Durán; pero mis romances no emanan de las heroicas gestas, sino del pueblo que los compuso y de la tierra donde se cantaron; mis romances miran a lo elemental humano, al campo de Castilla y al Libro Primero de Moisés, llamado *Génesis.*» [28]

Vemos, pues, que sin moverse de la familia, puede referirse a Agustín Durán (1789-1862), que había compilado el que sería *Romancero general*, la obra que más a mano había de estar para quien quisiera conocer este tesoro de poesía, reunido en los volúmenes X y XVI de la «Biblioteca de Autores Españoles» (1849 y 1851) [29]. Pero si él aparta esta modalidad del romance recogido en el Romancero general (esto es, el que llegó a la imprenta), en cambio sugiere que se acerca al que aún permanece en el folklore del pueblo, radicado en lugares precisos, a lo que en Andalucía se llama la copla de una manera indeterminada. Es cierto que uno y otro son aspectos de una misma tradición, pero Antonio prefiere el canto del pueblo que él transforma en una versión literaria, a través de la cual pretende salvar el aire poético original. En Soria se siente en el lugar de ori-

26. *Obras*, ed. cit., p. 47.
27. Idem, p. 47.
28. Idem, pp. 47-48.
29. Véase D. T. Gies, *Agustín Durán...*, ob. cit., pp. 92-119, en especial en p. 119, en que se refiere a Cipriana Alvarez Durán, como se ha visto para el caso paralelo de Manuel.

gen del Romancero; allí se refiere a «el alto solar del Romancero» [30].
Y en otra poesía, «Orillas del Duero», cierra la composición pre-
guntándose:

> ¿Y el viejo romancero
> fue el sueño de un juglar junto a tu orilla?
> ¿Acaso como tú y por siempre, Duero,
> irá corriendo hacia la mar Castilla? [31]

El Romancero se transforma así en un sueño más de los que
aparecen en la obra de Antonio, y quien lo sueña esta vez es el juglar; con esto enlaza con la época, pues propiamente el juglar es
el mantenedor de la canción de gesta, y lo es del Romancero sólo en
su último período. Pero no importa, la entidad del Romancero como
poesía de un pueblo entra en juego, y del Romancero viejo se puede
pasar al nuevo —novísimo, diríamos mejor—, al creado por el poeta.
De ahí que Antonio se proponga realizar en el siglo XX una épica de
una nueva especie narrativa que reúna el poema, la tierra y el hombre, intención que suponía admitir la personalidad colectiva de un
pueblo —aquí, el de Soria— de evidente carácter herderiano, y de
acuerdo con las teorías folklóricas de su padre.

Esto supone, pues, apartarse de aprovechar el caudal literario del
romance medieval, pero, al mismo tiempo, es un reconocimiento
del poder creador del viejo género, pues cabe establecer una realización renovada del mismo, con el criterio paralelo con que los prerrafaelistas habían pretendido interpretar los tiempos nuevos dentro de las corrientes vivas de la Edad Media.

Aunque Antonio declarase que quiso dar nueva vida poética al
romance narrativo, no por eso dejó de aludir a piezas del Romancero medieval. Así en la evocación del viejo olivo del camino, comienza el poema así:

> Parejo de la encina castellana
> crecida sobre el páramo, señero
> en los campos de Córdoba la llana
> que dieron su caballo al Romancero... [32]

La referencia es muy general, y Macrí la puso en relación con el
romance «Ya se salen de Castilla» [33], y el de «A Calatrava la Vieja»,
por la expresión de *Córdoba la llana*. En el mismo poema de Alvar
González se pueden rastrear otros romances [34].

30. Así lo llama en la poesía «Recuerdos» *(Poesías*, ed. cit., p. 173, fechada
en el tren, abril de 1913 —ó 1912—, corriendo por tierras andaluzas).
31. *Obras*, ed. cit., p. 133; aparece por primera vez en *Poesías Completas*,
1917.
32. Idem, p. 231; «Olivo del camino», n.º CLIII, de *Nuevas Canciones*.
33. *Poesie*, ed. cit., p. 1224.
34. Véanse los comentarios de Macrí, *Poesie*, ed. cit., p. 1178 (en relación
con el romance de doña Lambra); y 1181 (con «Ese buen Diego Laínez»).

APUNTES CRÍTICOS SOBRE EL ROMANCE

Más adelante, en 1925, Antonio reflexionó otra vez sobre las posibilidades poéticas del romance, esta vez en un comentario escrito leyendo la poesía de Moreno Villa. Dice así en esta ocasión, según el texto del cuaderno manuscrito de *Los Complementarios:* «Si la poesía es, como yo creo, palabra en el tiempo, su metro más adecuado es el romance, que canta y cuenta, que ahonda constantemente la perspectiva del pasado, poniendo en serie temporal hechos, ideas, imágenes, al par que avanza, con su periódico martilleo, en el presente.» El romance resulta ser así la forma más adecuada para la literatura española, tanto la épica en los comienzos colectivos como en la lírica, en las formas personales, hasta el presente: «Es una creación más o menos consciente de nuestra musa, que aparece como molde adecuado al sentimiento de la historia y que, más tarde, será el mejor molde de lírica, de la historia emotiva de cada poeta. No es extraño que nuestra lírica llegase con Gustavo Adolfo Bécquer —único lírico del ochocientos— a una marcada predilección por el asonante y que, después, el archimélico Juan Ramón Jiménez nos diese tantos inolvidable romances sentimentales» [35].

Antonio aplica el caso a Moreno Villa: «En las composiciones más bellas de Moreno Villa, más claras de ambiente, más directas de forma y más emotivas, suele aparecer la forma romanceada.» Y esto le da pie para referirse a la rima asonante: «El asonante —tan propio de nuestra métrica— tiene ciertas ventajas sobre la llamada rima perfecta. El culto a la dificultad de todo negro catedrático ha contribuido al mayor prestigio del consonante.» Se propone estudiar la rima asonante, y otro día reanuda los apuntes del cuaderno así: «La rima asonantada es una atenuación de la rima que permite la repetición indefinida de las mismas vocales, acompañadas de diversas articulaciones. Cuando se la emplea tal como cristaliza en nuestros romances: sin la bárbara y caótica mezcla de asonancias distintas y con la doble serie de versos libres y rimados, alcanza por sí misma un cierto encanto. Esa asonancia continuada —cuya monotonía es sólo aparente— contribuye en nuestro Romancero —épica rememorada— a acentuar el sentimiento del tiempo, lo que en el epos castellano es, realmente, lírica. Como toda rima, no contiene el romance sino el repetido encuentro de un sonido con su imagen fónica, pero la iteración periódica de las mismas vocales va reforzando en la memoria la serie de fonemas pasados y nos da en cada momento de la rima una sensación nueva...»

35. ANTONIO MACHADO, *Los Complementarios*, Madrid, Taurus, 1972, ed. de Domingo Ynduráin, con facsímil del texto original, pp. 234-236, a las que pertenecen las citas que siguen, ordenadas por mí. Las «Reflexiones sobre la lírica», de las *Obras*, ed. cit., pp. 821-831, no traen los comentarios sobre la rima y el romance.

Si bien el texto tiene su origen en el comentario a la poesía de su contemporáneo Moreno Villa, todas estas observaciones tocan a la constitución del romance desde sus mismos orígenes medievales. Y hay que pensar que esto le valdría a él como experiencia para su misma creación, pues no era posible apartarse de un cauce que fluía de tan lejos y con tanta fuerza creadora como el romance.

EL NOMBRE AFORTUNADO: GUIOMAR

Pero acaso el mejor testimonio —si bien indirecto— de su aprecio por el Romancero venga dado por el hecho de que el nombre que ocultó en su poesía a Pilar Valderrama, haya sido el de una heroína del género: Guiomar es la protagonista del «Romance de Guiomar y del Emperador Carlos: que trata de cómo libró al rey Jafar su padre y a sus reinos del Emperador, y de cómo se tornó cristiana y casó con Montesinos», contenido en un pliego suelto del siglo XVI encontrado por Wolf y que Menéndez Pelayo recogió en la *Antología de poetas líricos castellanos* (1899-1906). El romance pareció a Menéndez Pelayo «verdaderamente ingenioso y en algunos pasajes muy bizarro y galano»; estimaba que «tiene visos de parodia, pero quizá en la intención de su autor no lo fuera» [36]. Esto podría ser para Antonio un motivo más de atracción, pues el romance, siendo propiamente antiguo, poseía este sentido de juego, entre las veras y las bromas, y contaba una deliciosa historia imaginada. La pieza comienza así:

> Ya sale Guiomar
> de los baños de bañar,
> colorada como la rosa,
> su rostro como cristal.

Guiomar con cien damas de su servicio va en busca de su padre, que está muy triste y llorando, y le pregunta la causa:

> —Por Dios vos ruego, el Rey,
> me digades la verdad:
> ¿Qué es la causa del enojo?
> ¿Quién vos ha hecho pesar?
> Y acordaos que las mujeres
> son para bien y para mal.

El padre le explica que el emperador Carlomagno le ha conminado a que le entregue los reinos; ella le propone entonces ir a visitar a Carlomagno y, aunque al principio se opone, acaba por darle el

---

36. Cito por *Antología de poetas líricos castellanos*, edición de *Obras Completas*, cit., VII, pp. 309-310; el texto en VIII, pp. 403-409.

permiso. Con grandes preparativos se organiza la expedición que había de visitar al emperador, con Guiomar en cabeza:

Pues decir de Guiomar,
seria largo de contar,
que toda la noche en peso,
jamás se quiso acostar;
mas puesta en invenciones
y en vestidos se ensayar.

Doña Guiomar va deslumbrante:

Ver cuál iba Guiomar
nadie lo sabria contar:
encima de una hacanea blanca,
que en Francia no le habia tal,
un brial vestido blanco,
de chapado singular,
mongil de blanco brocado,
enforrado en blanco cendal,
bordado de pedrería
que no se puede apreciar,
una cadena a su cuello
que valía una ciudad,
cabellos de su cabeza,
sueltos los quiere llevar,
que parecen oro fino
en medio de un cristal,
una guirnalda en su cabeza
que su padre le fue a dar,
de muy rica pedrería,
que en el mundo no hay su par.

Llegan al real de Carlomagno, que recibe a Guiomar con agrado y cortesía, y la lleva a su tienda:

El emperador que la mira
le fue tanto a contentar,
que la tomó por los brazos
y le hizo levantar,
besándola en el carrillo
las manos no le quiso dar,
antes la tomó del brazo
y en la tienda la hizo entrar;
hízole dar una silla,
cabo él la mandó asentar,
fablándole muchas palabras
que era placer de escuchar,
dícele que le pesaba

por ser de tan gran edad,
para ser su caballero
y de ella se enamorar.

Lo demás ya se contó en el título del romance: Guiomar libró con gracia femenina los reinos de su padre, se tornó cristiana y casó con Montesinos. He destacado los versos anteriores porque creo que recogen lo que Antonio pudo encontrar en Pilar Valderrama en un paralelismo de juego poético con la situación que vive. Poco después de los cincuenta años, el poeta conoce a una hermosa mujer que le causa gran impresión[37]. El tono del romance, entre festivo y épico, con la evocación de que la graciosa morita, que aúna ingenio y belleza, resulta adecuado para fijar un nombre que había de ser decisivo en su obra. Y acaso no convenga olvidar que el nombre tiene en su constitución fonética esta sílaba *mar*, de tan profunda significación en la poesía de Antonio.

EL PRETÉRITO IMPERFECTO

No pasó inadvertido a Antonio un rasgo estilístico del Romancero que tocaba a su preocupación con el tiempo: el uso del pretérito imperfecto como tiempo descriptivo en el pasado, con un valor poético en el que el carácter concluso o inconcluso de la acción queda diluido; así ocurre con el conocido romance de Abenámar:

—Abenámar, Abenámar,
moro de la morería,
¿qué castillos *son* aquéllos?
Altos *son* y *relucían*.
—El Alhambra *era*, señor,
y la otra *es* la mezquita;
los otros los Alixares,
labrados a maravilla,
el moro que los *labró*,
cien doblas *ganaba* al día...

La alternancia de este pretérito imperfecto a veces con tiempos de presente o de pretérito perfecto simple establece un juego temporal característico del Romancero, cuyas peculiaridades han sido estudiadas.

Sobre este aspecto del verbo del Romancero hizo Antonio estos dos versos en los que se refiere al abundante uso del procedimiento estilístico:

Del pretérito imperfecto
brotó el romance en Castilla.[38]

37. Véanse las referencias de Macrí, *Poesie*, ed. cit., pp. 51-52, que promete noticias más amplias del asunto.
38. *Obras*, ed. cit., p. 713; en la edición de D. Ynduráin aparecen fechados el 15 de junio de 1914.

Aquí interpreto que el poeta emplea la denominación del «pretérito imperfecto» en un doble sentido: como tal tiempo en la conjugación, y como el «tiempo» que él persigue en su filosofía poética, que en este caso no es perfecto. Es decir, que el romance (palabra también con dos sentidos: forma métrica determinada y lengua vulgar) queda señalado como forma métrica por el uso frecuente de este tiempo poético; y como lengua, aparece en lucha con un pasado que el hombre no logra dominar, hacer perfecto, pues no puede serlo como tal. La anfibología es premeditada para que el lector se obligue a meditar en los vericuetos de la «gramática lírica», que líneas anteriores anunció así:

> El adjetivo y el nombre,
> remansos del agua limpia,
> son accidentes del verbo
> en la gramática lírica,
> del Hoy que será Mañana,
> y el Ayer que es Todavía. [39]

Esta, declara Antonio, era su estética de 1902; la indeterminación temporal encuentra en el Romancero esta demostración de que la temporalidad vence al espacio: en la prolongación del pretérito imperfecto («el Ayer que es todavía») cabe todo: desde el presente hasta las diferentes variedades del pasado y hasta la prolongación de lo que se ha de repetir en el futuro, como el jornal del albañil moro que acabaría haciendo la maravilla de la Alhambra.

EL ROMANCE FOLKLÓRICO

Lo dicho hasta aquí se ha referido al Romancero narrativo y a las implicaciones históricas que traía consigo su uso en la época actual como una forma poética aún viva y adaptable a las intenciones del poeta. Al mismo tiempo, y con límite a veces imposible de separar, se encuentra la perduración del romance y su coexistencia con la canción popular de raíces tradicionales. La misma curiosidad que Antonio sentía por estas manifestaciones poéticas, inspiraba la recogida sistemática del Romancero, según aparece en los consejos de María Goyri en los *Romances que deben buscarse en la tradición oral*, impresos en 1906 y 1907 [40]. Antonio, escribiendo como poeta en romance hexasílabo, confiesa haber quedado ensimismado oyendo el canto de los niños; es la poesía VIII de las *Soledades* primeras, que tiene en su primera aparición una variante importante:

39. Idem, p. 713.
40. Aparecieron en la «Revista de Archivos, Bibliotecas y Museos», XV, 1906, pp. 374-386; XVI, 1907, pp. 24-36.

> Yo escucho las *coplas*
> de viejas cadencias
> que los niños cantan
> cuando en coro juegan... [41]

Coplas es el término que resulta más preciso en Andalucía, pues así se designan los romances folklóricos; Antonio cambió luego esta palabra por *cantos* [42], más general en su significado y menos comprometido con una modalidad literaria determinada. La *copla* (o romance folklórico andaluz) lleva consigo letra y música. Antonio lo sabe bien cuando da esta exactísima definición de la tradición que, por su lado, persiguen los filólogos del Centro de Estudios Históricos:

> Del romance castellano
> no busques la sal castiza;
> mejor que el romance viejo,
> poeta, cantar de niñas.
> Déjale lo que no puedes
> quitarle: su melodía
> de cantar que canta y cuenta
> un ayer que es todavía. [43]

*   *   *

Entre el documento escrito y la canción que mantiene la letra en su melodía, Antonio prefiere el segundo. Pero la tradición es eso: el ayer (texto antiguo) que es todavía (hoy, en la letra cantada). Por eso se permitió inventar a Froilán Meneses, el núm. 12 de sus «Poetas que pudieron existir», cuya obra está en la línea de la recreación del romance tradicional. Lo sitúa nacido en León y muerto en 1893; antes de darnos su obra, el propio Antonio la apostilla así:

> Aunque tú no lo confieses,
> alguien verá de seguro
> lo que hay de romance puro
> en tu romance, Meneses. [44]

La mención de *romance puro* puede interpretarse como manifestación lingüística castiza, y el segundo *romance* puede referirse al romance, forma estrófica, que figura a continuación. Con esto Antonio rehace lo que dijo Juan de Valdés sobre el Romancero: «... pienso que los llaman romances porque son muy castos en su romance» [45], opinión que recae naturalmente en el Romancero medieval. La pieza poética del fingido romance es la siguiente:

---

41. Texto según Macrí en *Poesie*, ed. cit., p. 1138, variante de la edición de 1903.
42. Como trae la ed. cit. de *Poesías*, p. 62, desde las *Soledades* de 1907.
43. *Obras*, ed. cit., pp. 265-266.
44. Idem, p. 735.
45. Juan de Valdés, *Diálogo de la lengua*, Ed. J. F. Montesinos, Madrid, «La Lectura», 1928, p. 163.

En Zamora hay una torre,
en la torre hay un balcón,
en el balcón una niña:
su madre la peina al sol.
Ha pasado un caballero
(¡quién sabe por qué pasó!)
y al ver a la blanca niña,
volver de noche pensó.
Embozado en negra capa
el caballero volvió,
y antes de salir la luna,
la niña se apareció.
Desde el balcón a la calle,
desde la calle al balcón:
si palabras de amor suben,
bajan palabras de amor.
Pasada la media noche,
cuando quebraba el albor
el conde vuelve de caza
de los montes de León.
Salióle al paso la niña:
—Por aquí paséis, señor.
Tengo en mi lecho un hermano
que malherido cayó.
No entréis en la alcoba, conde...
—Dejadme pasar, por Dios,
que yerba traigo del monte
y habré de sanarle yo. [46]

Los elementos con que está urdido este romance de invención
pueden rastrearse en la tradición actual. Se trata de una versión
más del romance de la esposa infiel, entremezclado en esta poesía
con otros muchos en forma premeditadamente confusa. De una versión recogida por mí en Antequera, se identifican los términos iguales o aproximados que van en cursiva:

Estando una dama linda
sentadita en el *balcón*,
ha pasado un caballero,
hijo del emperador...

... mi marido no está en casa
que ayer tarde salió,
que se fue de *cacería*
a los montes de León...

La manera como la dama pretende impedir que el conde entre

46. *Obras*, ed. cit., pp. 735-736.

en la alcoba, es diferente en las distintas versiones. Entonces Antonio aprovecha esta libertad para urdir el romance con un juego poético semejante al de los folklóricos. En este caso, sin embargo, ha preferido escudarse detrás del pretendido Froilán Meneses en lo que es una pieza premeditadamente elaborada con un material folklórico primario.

Pero la cuestión no acaba aquí: lo que ha sido en esta reelaboración del romance popular un juego poético de folklorista de corazón, puede ir más allá y convertirse en material literario para su aventura sentimental. Sobre la base de este romance, en *Los Complementarios* aparece la siguiente reelaboración poética:

> La plaza tiene una torre,
> la torre tiene un balcón,
> el balcón tiene una dama,
> la dama una blanca flor.
>
> 5   Ha pasado un caballero
> —¡quién sabe por qué pasó!—,
> y se ha llevado la plaza,
> con su torre y su balcón,
> con su balcón y su dama,
> 10 su dama y su blanca flor. [47]

La pieza poética es de gran belleza; la iniciación (versos 1-6) está en la línea del romance popular, y podía ser una variante más de la base romancística referida. De repente, el caballero se transforma en un vendaval —entendemos que erótico— que lo arrastra todo tras de sí sin dejar sino un vacío integral; para que este vacío sea más patente, Antonio echa mano de un recurso retórico usado por la poesía cancioneril: la anadiplosis o reduplicación (el caso de *balcón*, v. 8 y v. 9; y *dama*, v. 9 y v. 10), y el movimiento de absorción detrás del caballero queda aún más acentuado. ¿Qué sentido tiene esto? Por de pronto el poético en sí, de cómo el amor deshace y absorbe la realidad en el amante; esta poesía está en un grupo de «Consejeros, coplas y apuntes» que siguen a unas reflexiones de Abel Martín en que menciona las condiciones del amor humano (y a las que me referiré más adelante [48]), pero las tales coplas están solo «vagamente relacionadas» [49] con este tema. Barjau [50] conecta esta poesía con un episodio de la vida del poeta: se trataría del balcón de Guiomar en Segovia frente al cual paseaba el poeta hasta que ella le pidió que no lo hiciese [51]. Para el caso es lo mismo; la

47. Idem, p. 304.
48. Véase en el capítulo V, pp. 261-262.
49. *Obras*, ed. cit., p. 302.
50. EUSTAQUIO BARJAU, *Antonio Machado: teoría y práctica del apócrifo*, Barcelona, Ariel, 1975, pp. 56-57.
51. «En el tren, solo y pensando en mi diosa, y viéndola con su traje azul en su balcón...

resonancia del romance popular, de la «copla» según la denominación específica andaluza, está aquí lo mismo que en el apócrifo Froilán Meneses. El uso de tales materiales literarios está en la línea
que vengo mostrando, y en este caso encontramos su uso en dos
planos: el de la recreación de la tradición medieval, y el que recoge
su quintaesencia lírica.

*   *   *

En otras dos poesías existe en el trasfondo de las mismas un
eco del conocido romance de la monja contra su voluntad. En realidad las dos versiones son una misma, pues primero se publicó la
versión titulada «Soledades», en «La Lectura» 1909 [52], y es la evocación de una monja:

> ¡Hoy he visto a una monjita
> tan bonita!

En la poesía de Antonio resuena el conocido romance popular:

> Yo me quería casar
> con un mocito barbero,
> y mis padres me querían
> mocita en un monasterio...

Esta poesía se encuentra formando parte de la núm. CX, «En Tren»,
de *Campos de Castilla*, en la que la evocación se enmarca en un
viaje en tren, cuyas referencias preceden y siguen a la mencionada:

> ¡Frente a mí va una monjita
> tan bonita!

Y al final acaba en esta versión con un irónico trasunto del conocido poema de Campoamor:

> El tren camina y camina,
> y la máquina resuella,
> y tose con tos ferina.
> ¡Vamos en una centella! [53]

*   *   *

No puedo extenderme más en el cultivo del romance que realizó

> Hora del último sol.
> La damita de mis sueños
> se asoma a mi corazón.

Es otra imagen adorada para el recuerdo y sólo para el recuerdo; el balcón
de la diosa. Pero fiel a tu mandato, no he vuelto a pasear por allí.» (C. ESPINA
De Antonio Machado..., ob. cit., p. 29.)
52. *Obras*, ed. cit., p. 743 y la n. de la pág. 985.
53. Idem, p. 143.

Antonio porque esto me apartaría de mi objetivo. Este cultivo aparece desde sus primeras obras de invención enteramente personal. En el caso del romance hemos considerado cómo Antonio tuvo una plena conciencia de las intenciones y posibilidades de su uso, y cómo no podía librarse del predeterminismo estilístico que esta forma traía consigo. Así ocurre, por citar un ejemplo característico, con la pieza que se titula precisamente «Romance» en su aparición de 1917 en «Renacimiento»:

> He andado muchos caminos,
> he abierto muchas veredas,
> he navegado en cien mares
> y he atracado en cien riberas... [54]

La vía del aprovechamiento lírico del romance queda, pues, libre en la obra de Antonio, y esta predilección por una forma que nace y se afirma en la Edad Media quedaría registrada en esta copla de 1924:

> Prefiere la rima pobre,
> la asonancia indefinida.
> Cuando nada cuenta el canto,
> acaso huelga la rima. [55]

54. Idem, p. 56; el n.º II de *Soledades*.
55. Idem, p. 287; «De mi cartera», en *Nuevas Canciones*.

I V

LA VERTIENTE DE LA LIRICA MEDIEVAL

ANTONIO, MAESTRO DEL GAY SABER

Hemos de partir de una de las referencias más conocidas, en la que Antonio se identifica, no sin alguna gota de humor, con los maestros del gay saber; esta alusión existe al comienzo del «Poema de un día. Meditaciones rurales»:

> Heme aquí ya, profesor
> de lenguas vivas (ayer
> profesor de gay-saber,
> aprendiz de ruiseñor)... [1]

Fechado en 1913, opone su vida de profesor de francés en Baeza a su actividad precedente, que nombra con la designación medieval del arte de la poesía y su ejercicio. El comienzo, tan sabido, del *Cancionero* de Baena dice: «Aquí se comiença el muy notable y famoso libro fundado sobre la muy graçiosa e sotil arte de la poetría e gaya çiencia.» [2] Santillana vierte la palabra poesía «en el nuestro vulgar que gaya sçiençia llamamos.» [3] Don Enrique de Villena escribe *La arte del trobar, se llamaua antiguamente en Castilla, la gaya sçiençia* [4]. La resonancia medieval, pues, no puede ser más clara; por otra parte, la opinión *ayer - aquí ya* [hoy] ha hecho que esto se haya entendido en forma radical como una declaración de que el poeta abandonó el Modernismo hacia una nueva vía poética. Antonio mez-

1. *Obras*, ed. cit., p. 182, n.º CXXVIII.
2. *Cancionero de Juan Alfonso de Baena*, Madrid, C. S. I. C., 1966, ed. de J. M. Azáceta, I, p. 3.
3. MARQUÉS DE SANTILLANA, *Il Proemio del Marchese di Santillana*, «Revue Hispanique», LV, 1922, ed. Luigi Sorrento, p. 21.
4. ENRIQUE DE VILLENA, *Arte de trovar*, Madrid, Suárez, 1923, ed. F. J. Sánchez Cantón, p. 44.

cló esto del *gay saber* con los cantos del ruiseñor, e inventó el *gay trinar*, tal como aparece en su «Retrato»:

> mas no amo los afeites de la actual cosmética
> ni soy un ave de esas del nuevo gay-trinar. [5]

Como en otras partes he dicho, la repulsa del uso indiscriminado de los muchos recursos que el Modernismo trajo para la poesía, no significa que Antonio abandone lo que pudo ofrecerle para la creación auténtica que pretendía. Como indica Tomás Navarro, en el caso de métrica Antonio se comporta como un buen conocedor de toda clase de recursos poéticos: «De este modo la versificación de Machado resulta a la vez sencilla y compleja, antigua y moderna, clásica y popular. A través de su obra, mientras de una parte fue desnudando sus versos de novedades externas, de otra fue ahondando en la elaboración y refinamiento de lo familiar y tradicional.» [6]

En todo caso, con lo de *gay trinar* y *gay saber* es posible que quisiera denunciar los excesos preciosistas de la literatura cancioneril de la Edad Media y también el uso que el Modernismo llevó a cabo con imitaciones excesivamente directas de estos recursos, como hizo Rubén con sus *Dezires, layes y canciones* [7]. No obstante, hay que indicar que Antonio también usó alguno de estos recursos retóricos. Como indica Tomás Navarro: «El más repetido y visible es el de la ligadura de un verso con el siguiente mediante la reiteración de los mismos vocablos y expresiones, base del antiguo *lexaprendre*, trovadoresco y popular.» [8] Y esto lo encontramos en las *Soledades* (1903):

> tus labios besaron mi linfa serena,
> y en la tarde clara *dijeron tu pena.*
> *Dijeron tu pena* tus labios que ardían... [9]

Y también en otras dos poesías del mismo libro [10] y en *Campos de Castilla* (1912) [11]. Un análisis detenido de la poesía de Antonio habría de mostrar el uso de otros recursos, y en los párrafos siguientes evidenciaré que el complejo mundo de la poesía cancioneril, una de las grandes creaciones del Medievo europeo, se halló presente en la obra de Antonio Machado.

---

5. *Obras,* ed. cit., p. 125; n." XCVII en *Campos de Castilla,* 1912.
6. TOMÁS NAVARRO TOMÁS, *Los poetas en sus versos: desde Jorge Manrique a García Lorca,* Barcelona, Ariel, 1973, p. 257.
7. Véase mi libro *Rubén Darío y la Edad Media,* ob. cit., pp. 60-63.
8. T. NAVARRO, *Los poetas en sus versos: desde Jorge Manrique a García Lorca,* ob. cit., p. 256.
9. *Obras,* ed. cit., p. 60; n.º VI.
10. Idem, p. 87; n.º XLIII, «Era una mañana y abril sonreía...»; p. 207, n.º CXXXV, XLIV, en estrofa popular.
11. Idem, p. 130; n.º C, «El hospicio».

ECOS DE LA LÍRICA CANCIONERIL MEDIEVAL

Las reminiscencias de poesía medieval son muchas y su descubrimiento podría prolongar en exceso esta parte, que se apoyaría a veces en deducciones procedentes de datos cada vez más alejados de testimonios concretos.

Las más de las veces se trata del uso de palabras propias del ámbito medieval que obtienen nuevas aplicaciones; así ocurre que el «aristón poético» que inventa Meneses para registrar la poesía de los grupos humanos, se llama *máquina de trovar* [12]. La designación quiere expresar un tipo imaginario de poesía formulística, tal como se nos aparece la poesía cancioneril de la Edad Media, que valga en este caso para grupos («entretener a las masas») mientras llegan los poetas de un tiempo nuevo; además, hay otro enlace de esta *máquina de trovar* con los escritores medievales; su autor dice que su artificio «no es, como el de Lulio, máquina de pensar, sino de anotar experiencias vitales, anhelos, sentimientos...». Antonio tiene aquí en cuenta a Raimundo Lulio y los inventos sobre la base de la *Ars magna combinatoria*.

Ausias March aparece citado de refilón, referido a Valencia; evoca la tragedia de la guerra primero en verso y luego en prosa, y el poeta dedica unos versos al atardecer en la ciudad:

> —Valencia de finas torres,
> en el lírico cielo de Ausias March,
> trocando su río en rosas
> antes que llegue a la mar— [13]

El dolor de la guerra y sus complicaciones internacionales no impiden al poeta recordar al otro poeta medieval, también lírico y angustiado como él.

Las *Danzas de la muerte*, género en el que la forma teatral y la lírica moralizadora se aúnan, están presentes en la obra de Antonio pero de manera poco patente. Así ocurre una vez [14] en que aparecen en contraste con Anacreonte, con el que establecen una pendulación entre Antigüedad y Edad Media; y en la evocación de la muerte a través de un juglar burlesco [15], poema «muy flojo» en opinión de Ribbans [16].

12. Idem, pp. 326-328, «Diálogo entre Juan de Mairena y Jorge Meneses».
13. Idem, p. 646.
14. Idem, p. 111. Es la poesía LXV, «Yo, como Anacreonte».
15. Idem, pp. 40-41, poesía desechada por el poeta.
16. *Soledades...*, ed. cit. de G. Ribbans, p. 242.

La cantiga cliii de Alfonso el Sabio

También aparece en la poesía de Antonio alguna referencia concreta a la lírica medieval. En el poema «El Dios ibero», de *Campos de Castilla*, el arranque de la obra es una alusión concreta al argumento de la Cantiga CLIII de Alfonso X el Sabio. Dice Antonio:

> Igual que el ballestero
> tahur de la cantiga,
> tuviera una saeta el hombre ibero
> para el Señor que apedreó la espiga,
> y malogró los frutos otoñales,
> y un «Gloria a ti» para el Señor que grana
> centenos y trigales
> que el pan bendito le darán mañana. [17]

La cantiga en cuestión cuenta «como un tafur tirou con hûa baesta hûa saeta contra o ceo, con sanna porque perdera, porque cuidaua que firia a Deus o Santa María.» [18]
Y así se dice que, jugando un tahur perdía muy fuerte, y le entró gran saña contra Dios; ocurría el hecho en Cataluña ante una iglesia de la Virgen, y tanto perdió, que quiso vengarse de Dios y de su Santa Madre. Y prosigue:

> E leuantou-sse do iogo
> et foi trauar mui correndo
> log' en hûa baesta
> que andaua y uendendo
> un corredor con seu cinto
> et con coldre, com' aprendo,
> todo chêo de saetas,
> et uêo-ll' en malandança.

> *Tan grand' amor á a Uírgen*
> *con Deus, seu Fill', e iuntança,*
> *que porque y non dultemos,*
> *a uezes faz demostrança.*

> E pois armou a baesta,
> disse:—D'aquesta uegada
> ou a Deus ou a sa Madre

---

17. *Obras*, ed. cit., p. 130, n.º CI. Apareció en *El Porvenir Castellano*, en 1913, y se incorporó a la primera edición de *Poesías Completas* (1917).
18. Alfonso el Sabio, *Cantigas de Santa María*, Ed. Real Academia Española, Madrid, Aguado, 1889, II, pp. 225-226. En otro códice dice que echó la saeta «et cuidaua que firiría a Deus ou a Santa Maria».

darei mui gran saetada.—
Et pois que aquesto disse,
a säet' ouue tirada
suso escontra o ceo,
et fez mui gran demorança...

Mientras la saeta subía a los cielos, se puso a jugar a los dados, hasta que volvió de lo alto ensangrentada y se clavó en el tablero de juego:

...enton deceu a saeta
et feriú no tauoleyro
toda coberta de sangui;
et creede sen dultança.

Creyeron que alguno estaba herido de espada o de lanza, pero al no ser así y recordar las palabras que el jugador había dicho al lanzar la saeta, quedaron espantados, y el tahur entró en una severa Orden religiosa y a la hora de la muerte la Virgen logró su perdón y salvación.

Vemos, pues, que el término *tahur* procede de la poesía de Alfonso el Sabio, y que la referencia a la Cantiga muestra que Antonio conocía la gran colección de alabanzas y milagros de la Virgen; la poesía moderna tiene la leyenda medieval como fondo que se apunta con un rápido esbozo. Hay efectivamente un gran sentido simbólico en este pendenciero jugador que desafía a los cielos con esta flecha que se pierde en las alturas; flecha que es blasfemia del «hombre ibero», tal como dice más adelante ante el juego de azar que es el trabajo del campo:

«... a ti, en un dado de tahur al viento
va mi oración, blasfemia y alabanza!».

Un Dios ibero responde a esta concepción de la relación del hombre con la Divinidad, y el gesto del *tafur astroso* de la Cantiga es así representativo de un tal comportamiento.

EL OTRO FOLKLORISTA MEDIEVAL: SEM TOB

A un tan fino y experimentado catador de versos como Tomás Navarro no le pasó por alto que uno de los «Proverbios y Cantares» de *Campos de Castilla*, el V, recogía doblemente la experiencia de Sem Tob de Carrión:

Ni vale nada el fruto
cogido sin sazón...
Ni aunque te elogie un bruto
ha de tener razón. [19]

19. *Obras*, ed. cit., p. 198.

Se trata de una redondilla heptasilábica, única de esta especie, que «tiene el corte característico de las de los *Proverbios* de Sem Tob» [20]. Pero no es sólo el título y la métrica, sino que también aparece claro el paralelo con los dos Proverbios, tan conocidos por cualquier estudiante de Literatura, pues el Marqués de Santillana los incluyó en su *Carta* al Condestable, el primer tratado crítico de nuestra literatura:

> Por nasçer en espino,
> non val la rosa çierto
> menos, nin el buen vino
> por salir del sarmiento.
>
> Non val el açor menos
> por nasçer de mal nido
> nin los enxemplos buenos
> por los dezir judío.
>
> (63-64) [21]

Los citó Menéndez Pelayo, y la calificación del estilo que le mereció podría suscribirla Mairena: «...preñado de pensamientos y avaro de palabras, hondamente *sugestivo* [en cursiva en el original] a veces, con cierta especie de poesía filosófica...» [22] Y, sobre todo, establece el módulo que elige para la expresión poética, y cuya perfección destaca el crítico mencionado: «Hay redondillas perfectas, en el que el poeta ha encontrado la expresión única e inmejorable, acuñadas como proverbios y dignas de vivir en la memoria de las gentes y de repetirse a toda hora.» [23] Obsérvese el paralelo en algunos casos en que Antonio pretende el mismo fin que el autor medieval, y el aire de la composición resulta parejo:

> Es el mejor de los buenos   La vara que menguada
> quien sabe que en esta vida   la diz el comprador,
> todo es cuestión de medida: esta mesma sobrada
> un poco más, algo menos.   la diz el vendedor.
>   (XIII)   (7)

Téngase en cuenta que el mismo tono sentencioso se encuentra en el Cancionero popular, tan conocido de Antonio por la labor folklorista de su padre; así, sobre esta apreciación de valor, aplicada a las mujeres hay una copla que cuenta:

---

20. T. Navarro Tomás, *Los poetas en sus versos: desde Jorge Manrique a García Lorca*, ob. cit., p. 245.
21. M. Menéndez Pelayo, *Antología de poetas líricos castellanos*, ed. cit., I, p. 325. Cito el texto de Sem Tob por la edición crítica de I. González Llubera, según la *Crestomatía del español medieval*, II, Madrid, Gredos, 1966, pp. 441 y ss.
22. Idem, p. 328.
23. Idem, p. 334.

> La mujer y la moneda
> tienen mucha semejanza:
> algunas de oro parecen,
> y resulta que son falsas. [24]

En otra parte de «Proverbios y Cantares» (la correspondiente a *Nuevas Canciones*, CLXI, el núm. LXI), la alusión al viejo poeta judío de la Edad Media es directa:

> Como don San Tob,
> se tiñe las canas,
> y con más razón. [25]

El aire ligero de la *soleá* de seis sílabas contiene, sin embargo, una referencia directa a una parte de los *Proverbios morales:*

> Las mis canas teñílas,
> non por las aborresçer
> nin por desdezirlas,
> [nin] mançebo paresçer;
>   mas con miedo sobejo
> de omes que buscarían
> en mí seso de viejo,
> e non lo fallarían.
>
> (45-46)

La condensadísima expresión de la copla de Antonio no tiene sentido sin conocer el motivo que aduce don Sem Tob [26]. Publicadas *Nuevas Canciones* en 1924 (con estos poemas de 1920), cabe suponer que, aun contando con la impersonalidad del aforismo, Antonio acaso pensase en sí mismo, bordeando los cincuenta años, edad de canas y de que los hombres le concedan el seso de la madurez.

¿RESONANCIAS DE MICER FRANCISCO IMPERIAL?

Otras veces se avanza por un terreno más aventurado y se viene a dar en la sospecha de una relación. Me he preguntado si acaso una de sus primeras poesías comparta una oscura resonancia de una obra de Micer Francisco Imperial. Se trata de la titulada «El poeta recuerda a una mujer desde un puente del Guadalquivir»:

---

24. A. MACHADO Y ALVAREZ, *Cantes flamencos*, ed. cit., p. 146.
25. *Obras*, ed. cit., p. 262.
26. Como identificó Macrí, en *Poesie*, ed. cit., p. 1232.

Sobre la clara estrella del ocaso,
como un alfanje, plateada, brilla
la luna en el crepúsculo de rosa
y en el fondo del agua ensombrecida.
El río lleva un rumoroso acento
de sombra cristalina
bajo el puente de piedra. ¡Lento río,
que me cantas su nombre, el alma mía
quiere arrojar a tu corriente pura
la ramita más tierna y más florida,
que encienda primavera
en los verdes almendros de tu orilla!

Quiero verla caer, seguir, perderse
sobre tus ondas limpias.
Y he de llorar... Mi corazón contigo
flotará en tus rizadas lejanías.

¡Oh tarde como aquélla, y río lento
de sombra cristalina!...
Sobre la clara estrella del ocaso
la argéntea luna brilla. [27]

Los elementos de relación son mínimos: sólo el largo título que recuerda el de las poesías de Cancionero, como ocurre con el de Baena, y en concreto con la poesía de Imperial, que es el siguiente: «Este dezir fizo el dicho Miçer Francisco Imperial por amor e loores de una fermosa muger de Sevilla que llamó él Estrella Diana, e fízolo un día que vio e la miró a su guisa, ella yendo por la puente de Sevilla a la iglesia de Sant Ana fuera de la cibdat.» [28] La situación de la circunstancia de la poesía, tan cuidadosamente establecida por Imperial, presenta un lejano paralelo con la indicación titular de Antonio: el mismo río, un puente que puede suponerse que esté en Sevilla, y el gesto del poeta, en cierto modo cortés, como en Imperial; el poeta medieval fue a ver a la señora al alba, y el moderno ni eso siquiera, pues se limita, en el ocaso, a recordarla y a dejar caer una rama en las aguas del río que le sirve de interlocutor. Poesía inmatura, ingenua, pero que no carece de cierto encanto prerrafaelista con la oscura resonancia del poeta medieval al fondo, muy propia del gusto modernista de los primeros tiempos.

---

27. *Obras*, ed. cit., p. 26; es la n.º XV de las poesías aparecidas en la edición de las *Soledades* de 1903, y no incluidas en ediciones posteriores; había aparecido en «Helios», julio 1903, I, VII, p. 399). Véase D. ALONSO, *Poesías olvidadas de Antonio Machado*, en *Poetas españoles contemporáneos*, ob. cit., pp. 133-134.
28. *El Cancionero de Juan Alfonso de Baena*, composición n.º 231, edición citada de J. M. Azáceta, II, pp. 455-456.

ECOS DE LA CANCIÓN LÍRICA POPULAR

La canción lírica popular presenta unas características que en parte coinciden con el romance; el uso de formas métricas ligeras, de rima asonante, es una de ellas. También la canción lírica y el romance proceden de una fuente folklórica pareja, y en donde se encuentra la una se halla el otro. Lo mismo que Antonio dijo sobre la *copla* (o romance folklórico) vale para esta canción, en la que la letra y la música se reúnen siempre para lograr el efecto total de la canción. Por otra parte, el trasvase de la canción lírica al romance comenzó a verificarse en la Edad Media. Por eso, refiriéndose a una de las manifestaciones de esta lírica, en la perduración folklórica que continúa la tradición (el canto de las niñas en este caso), el poeta escribe:

> Mientras danzáis en corro,
> niñas, cantad:
> ya están los prados verdes,
> ya vino abril galán. [29]

> 5   A la orilla del río,
> por el negro encinar
> sus abarcas de plata
> hemos visto brillar.
>   Ya están los prados verdes,
> 10   ya vino abril galán.

La serie de canciones de Antonio tuvo en la primera edición un título revelador: «Folk-lore». Es un folklore inventado por el poeta culto, que recoge resonancias de amplísimos orígenes. Así recuerda, entre otros, el villancico:

> Entra mayo y sabe abril,
> tan garridico le vi venir. [30]

O este otro:

> ¡Por el val verdico, mozas,
> vamos a coger rosas! [31]

Antonio realizó esta poesía, y después de la misma cabeza, desarrolló así la glosa:

29. *Obras*, ed. cit., p. 250; n.º CLIX, XV, «Canciones».
30. DÁMASO ALONSO y JOSÉ MARÍA BLECUA, *Antología de la poesía española. Antología de tipo tradicional*, Madrid, Gredos, 1975 [2.ª ed. 1964], p. 18, n.º 30.
31. Idem, p. 76, n.º 182.

5   Sus abarcas de plata
          hemos visto brillar.
          Se llevó a una mocita
          por el negro encinar.
          Cantad, niñas, en corro:
10   ya vino abril galán.

          Agua abajo del río
          se les ve navegar,
          en el barco de oro
          con remos de coral.
15   Ya están los prados verdes,
          ya vino abril galán [32].

El artificio métrico de la poesía es semejante al de otras piezas glosadas de la lírica tradicional [33]; el canto del corro se menciona directamente, y esto justifica el movimiento de vaivén de los versos 9-10, el último con la represa completa del 1, y los 15-16, con represa completa de los versos 3-4. Las menciones *prados verdes* y *abril galán* recogen el léxico de sistema poético medieval, lo mismo que la personificación de *abril* (versos 7 y 8), presente en las glosas de Tirso de Molina y de Valdivielso, este a lo divino.

El hecho de que existe la versión con música muestra con cuánta evidencia Antonio reconoce que estas canciones en su condición primitiva fueron cantadas, y que requieren la unidad con la melodía para que vuelvan a su condición óptima, y las perciba el oyente en su entereza artística, según ocurría en la Edad Media y luego en las épocas siguientes hasta que quedaron en letra sola.

La absorción de los elementos antiguos es evidente, y lo mismo puede decirse de otras canciones del mismo libro, cuyo título de *Nuevas Canciones* obtiene así su valor pleno. En las «Canciones del Alto Duero», las hay de molino, pastor, colmenero, leñador y hortelano, acompañándose así con los cantos de trabajo medievales [34].

Esta exploración conduciría a señalar la veta del neopopularismo presente en Antonio, que no es mi fin aquí, sino dejar puesta de manifiesto esta veta medieval de la lírica que paralelamente se iba publicando como erudición literaria, y que el poeta transforma en sustancia poética presente.

32. La poesía en *Obras*, ed. cit., tiene sólo la primera estrofa del desarrollo; en la otra versión, destinada a que le pusiera música el P. Enrique Villalba, se le agrega la segunda. Véase en Macrí, *Poesie*, ed. cit., p. 1228.
33. Por ejemplo, la n.º 218 de la mencionada *Antología de la poesía española*. *Antología de tipo tradicional*, p. 88, con la misma rima en asonante en -á que enlaza cabeza y desarrollo.
34. Vienen después de la comentada, y son del grupo CLX, las I, II, III, IV, V y VI, respectivamente; *Obras*, ed. cit., pp. 251 y 252. Todas son uniformemente seguidillas. J. M. Valverde, en su edición, trae la mención de que había otra, de campanero, que aparece en las mencionadas *Obras*, p. 751. Se publicaron en 1922.

El romance de la bella en misa aparece muy al fondo de estas «Alboradas», en donde se mezcla en este caso el romance de la viuda casadera, bajo el signo lírico de la canción de alba:

> En San Millán
> a misa de alba
> tocando están.
>
> Escuchad, señora,
> los campaniles del alba,
> los faisanes del aurora.
>
> Mal dice el negro atavío,
> negro manto y negra toca,
> con el carmín de esa boca.
>
> Nunca se viera
> de misa, tan de mañana,
> viudita más casadera [35].

La forma también popular de las *soleares* da un aire vivo a esta evocación en la que se destila el Cancionero tradicional; un caso paralelo, pero menos preciso, se encuentra en la alborada que Antonio atribuye a otro Antonio Machado, que no es él, pero que también se regocija con estas canciones de alba, que poseen resonancias de sus precedentes medievales [36].

Las imágenes de la cetrería están presentes en la lírica de las *Soledades;* cuando, en «El poeta», Antonio acumula los términos de su compasión, recuerda también el azor, pájaro de tanto prestigio en la literatura:

> Y supo cuánto es la vida hecha de sed y dolor.
> Y fue compasivo [...]
> para el pájaro azorado,
> para el sanguinario azor [37].

EL ARABISMO MODERNISTA MEDIEVALIZANTE

Hay que tener en cuenta que, a veces, no es necesario llegar hasta la fuente de la literatura vernácula para justificar la presencia del color medieval en la obra de Antonio. El Romanticismo y, sobre

---

35. *Obras,* ed. cit., p. 697.
36. Idem, p. 731; comienza: «Como lágrimas de plomo...»; señaló la relación MACRÍ, en *Poesie,* ed. cit., p. 1261.
37. Idem, p. 70.

todo, la veta medievalizante de los premodernistas españoles, pusieron en circulación palabras (y con ellas, las correspondientes situaciones de contexto) que, si en su origen fueron audacias léxicas, acabaron por pertenecer a la lengua española usada por un autor culto. Esta contribución de una moda de época aparece en la obra de Antonio en escasa medida, pero se identifica muy claramente en la «Fantasía de una noche de abril» [38]. De manera significativa, en las *Soledades* de 1903 este poema está dedicado «Al venerable maestro D. Eduardo Benot» y presenta el tono propio del Modernismo evocador de nostalgias medievalizantes, tal como aparece en los siguientes versos que destaco como más característicos. Como principio del poema Antonio sume al lector en una duda que, sin embargo, inmediatamente evoca el contexto cultural del mundo propio del Al-Andalus:

1   ¿Sevilla? ¿Granada? ... La noche de luna

El vino ayuda al efecto confuso e impreciso que se trata de conseguir:

6   Un vino risueño me dijo el camino.
7   Yo escucho los áureos consejos del vino,
8   que el vino es a veces escala de ensueño.

El poeta encuentra a la *dueña* y habla con la dama con retórica de ecos románticos. El recuerdo del Romancero —esta vez culto— pasa por el poema:

50   ¿Seréis la *cautiva* del *moro Gazul?*...

51   Dijéraislo y pronto mi amor os diría
52   al son de mi *guzla* y la *algarabía*
53   más dulce que oyera ventana moruna.

56   Dijera la clara *cantiga* de plata
57   del patio moruno...

66   Yo guardo, señora en mi viejo *salterio*
67   también una *copla* de blanco misterio...

76   Si sois una sombra de la primavera
78   soñada en las *trovas* de dulces *cantores,*
79   yo soy una sombra de viejos *cantares*

81   Los acres, lascivos *dezires* mejores...
84   los nobles, *sutiles* concetos de flores

38. Idem, pp. 95-97; se encuentra en *Humorismo, fantasías, apuntes,* en la parte de «Los grandes inventos», y pertenece a las *Soledades* de 1903, con variantes posteriores. El texto de la versión primera se recoge en las mencionadas *Obras,* pp. 966-968, a cuya numeración me refiero.

Gazul es un moro muy citado en el Romancero morisco artístico; *guzla* es término repetidísimo; *algarabía* es voz medieval que designa la lengua árabe oída por los cristianos; los demás términos pertenecen al gay saber modernista.

El poema fue retocado más tarde por Antonio, y en las *Poesías Completas* de 1917 aparecen las siguientes variantes en lo que aquí toca destacar, aparte de la diferencia del número de los versos:

> 81 [76] Los *gayos*, lascivos *decires* mejores
> 84   verso suprimido.

Encontramos, pues, que la grafía medieval *dezires* se ha cambiado por la moderna *decires;* la supresión del verso 84 obedece a dar mayor flexibilidad al final de la poesía, disolviendo el molde de los quintetos.

La serie de términos establecida pudiera parecer de origen filológico, incluso en los pormenores de las grafías. Sin embargo, el patrón general corresponde al «manierismo árabe-andaluz a lo Villaespesa», como señala Macrí [39] en su comentario; y con razón indica que el propio Antonio fue más riguroso con otro poema, el XLV, «El sueño bajo el sol que aturde y ciega», una evocación de Sevilla (o una ciudad que haya sido árabe a orillas de un río) en el que cortó los versos siguientes, donde aparece en algunos de ellos la referencia del Al-Andalus histórico, con la indicación de los términos mencionados:

> ¡Alma del *moro*, que la tierra verde,
> florida, a sangre y hierro conquistó!
> ¡Alegre son de *lililí* moruno;
> verde *turbante, alfanje* brillador!
> ¡Senda de limoneros y palmeras!
> ¡Soberanas lujurias bajo el sol!
> ¡Dulce tañer de *guzla* solitaria,
> que obscuro encanto lleva al corazón! [40]

El magisterio de Rubén Darío en sus versos medievalizantes [41] pudo hallarse presente en la realización de esta obra, así como la soltura con que su hermano Manuel maneja la misma materia poética, pero esta es una modalidad del Modernismo (acaso la más relacionada con la herencia romántica) que Antonio deja pronto de lado, consciente de que no es el tono adecuado para él. No obstante, en esta poesía realizó una de sus mayores audacias métricas, y fue usar como molde estrófico un quinteto original; sobre la base del dodecasílabo, rimó una cuarteta cruzada ABAB y le añadió un quinto

39. *Poesie*, ed. cit., pp. 106-107.
40. *Obras*, ed. cit., p. 966.
41. Véase mi libro *Rubén Darío y la Edad Media*, ed. cit., pp. 60-66.

verso, É, con rima aguda libre a lo largo de las 16 estrofas [42]. Contando con el color del arabismo modernista y esta invención estrófica, cabe preguntarnos que cómo un poema de esta clase, que se acerca al *gay trinar*, pudo pasar por el severo cedazo de las sucesivas colecciones poéticas de Antonio. El «pobre modernista de 1903» guardó alguna reliquia de esa modalidad que le era poco grata y que el Modernismo ofrecía en la gama de sus variedades.

---

42. T. NAVARRO, *Los poetas en sus versos: desde Jorge Manrique a García Lorca*, ob. cit., p. 248.

V

LAS RESONANCIAS EUROPEAS:
DANTE, EL PREDILECTO, Y LOS FRANCESES

DANTE, UN AUTOR PREDILECTO

Dante es el escritor de la Edad Media europea más apreciado por Antonio y con el que establece un mayor número de relaciones literarias y humanas: «Una de las lecturas predilectas de Antonio Machado», escribe con razón Valverde [1]. Pruébalo con evidencia el que, cuando tiene que poner epígrafes en la cabeza del manuscrito de *Los Complementarios*, escoge a dos autores: Virgilio y Dante, el primero tan relacionado con el segundo. De Dante elige la siguiente cita:

> Siati raccomandato il mio *Tesoro*
> nel qual io vivo ancora... [2]

El fragmento pertenece a la despedida de Brunetto Latino, al que Dante ha encontrado en el Infierno de la *Comedia* entre gente equívoca y poco recomendable; hablaron los dos como maestro y discípulo, y Brunetto acaba su conversación así, antes de salir corriendo para cumplir su eterno penar:

> Gente vien con la quale esser non deggio:
> sieti raccomandato il mio *Tesoro*
> nel qual io vivo ancora, e più non cheggio [3].

Brunetto, el condenado, no pide más que eso al visitante ines-

---

1. JOSÉ MARÍA VALVERDE, *Antonio Machado*, Madrid, Siglo XXI, 1975, p. 158.
2. *Los Complementarios*, ed. cit. de D. Ynduráin, p. 15. El texto de Dante corresponde a *Opere*, ed. cit., Inf. XV, vv. 119-120.
3. *Opere*, ed. cit., canto XV, vv. 119-120, p. 54.
3. *Opere*, ed. cit., Inf., XV, vv. 119-120, p. 54.

perado que ha de volver al mundo: recomiéndale su *Tesoro*, el libro
enciclopédico que había escrito y que contenía, entre su variado
índice, el manual de retórica que en lengua francesa jugó papel
decisivo para orientar las nuevas literaturas románicas que estaban
asegurando por entonces su suerte en Europa; el escritor, aunque
esté en el infierno penando por sus pecados, sabe que aún vive entre los hombres por su obra. Con una confianza análoga escribe
Antonio: la obra, cualquiera que sea el autor, aun la del condenado,
perdura por sobre este, y permanece. El modesto libro de contabilidad
comercial que son, en su materialidad, las páginas de *Los Complementarios*, ha de participar de esta condición paradójica de vivir
cuando ya no exista su autor, aunque no se haya publicado en la
integridad de este texto hasta 1972.

El indicio de esta elección de Dante es sintomático: para escoger
un epígrafe que le convenga de entre una obra tan dilatada como es
la *Divina Comedia*, es necesario haberla conocido bien y releer su
texto hasta dar con la pieza buscada. Y esto lo hizo Antonio pienso
que con detención, y la cita se nos ofrece en italiano. Dante y el
maestro antiguo, Virgilio, aparecen así reunidos de mano del poeta,
y no será la única vez. Más adelante, en unos fragmentos de lecciones de Juan de Mairena, escribió Antonio: «Decía mi maestro Abel
Martín que es la modestia la virtud que más espléndidamente han
solido premiar los dioses.» Y entonces enumera los modestos genia-
les de la cultura europea: Sócrates, Platón, Virgilio, Dante y Cervantes. En lo que toca a los dos a que me refiero escribe: «Recordad a
Virgilio, que nunca pensó igualar a Homero, y al Dante, que no soñó
en superar a Virgilio.» [4] No me parece a mí casual que estos dos
escritores, con Sócrates y Platón y Cervantes, estén reunidos en la
exaltación de una virtud que, por principio, pide la renuncia de
cualquier oropel social y del egoísmo de los triunfos fáciles. Y para
comprenderlo mejor, hay que tener en cuenta que la condición moral que más resalta en la vida de Antonio es indudablemente la de
la modestia. Si en vida fue relativamente poco conocido, se debe en
parte a que él nunca hizo por mostrar sus méritos a los demás,
aunque fuesen auténticos; no fue hombre de acción, sino un contemplador de su intimidad y del mundo. En un testimonio personal
(una carta a José María Valverde), Pedro Salinas, refiriéndose a que
no supieron los de su generación considerar debidamente a Antonio
hasta última hora, escribe: «Tenía ese *pudor del pensamiento*, calidad de oro macizo, sí, de acuerdo enteramente, que se les negó a
otros pensadores, dados al exhibicionismo, y que tan bien completa
su figura.» [5] Virgilio y Dante son los maestros antiguos que encar-
nan una modestia que estaba en lo más íntimo de la personalidad
de Antonio.

4. *Obras*, ed. cit., p. 388.
5. Prólogo a la citada edición de *Nuevas Canciones...*, p. 34.

CITAS DE DANTE

En una carta dirigida a Unamuno, escrita en 1921, Antonio cita directamente a Dante y en italiano. Ya dije que este es un autor favorito del escritor vasco, y por eso no resulta pedante; se está refiriendo a cómo encuentra la corte de Madrid, enriquecida por la Guerra europea: «En medio de esta orgía de paletos, no faltan melancólicos en los cuales empiezo a sospechar cierto fariseísmo: algunos merecerán el *in eterno faticoso manto* con que Dante abruma en su infierno a los hipócritas.» [6] En efecto, Antonio tenía delante un ejemplar de la *Divina Comedia* y se refería a estos versos:

> Elli avean cappe con capucci bassi
> dinanzi a li occhi, fatte de la taglia
> che in Clugnì per li monaci fassi.
>   Di fuor dorate son sì ch'elli abbaglia;
> ma dentro tutte piombo, e gravi tanto,
> che Federigo le mettea di plaglia.
>   Oh in etterno faticoso manto!
> Noi ci volgemmo ancor pur a man manca
> con loro insieme, intenti al tristo pianto;
>   ma per lo peso quella gente stanca
> venia sì pian, che noi eravam nuovi
> di compagnia ad ogni mover d'anca [7].

☆   ☆   ☆

La atención de Antonio hacia el infierno de Dante aparece en otra ocasión. Es una fantasía de Mairena, con aplicación política, y dice así:

(MAIRENA FANTASEA)

> *Imaginad* un mundo en el cual las piedras pudieran elegir su manera de caer y los hombres no pudieran enmendar, de ningún modo, su camino, obligados a circular sobre rieles. Sería la zona infernal que Dante habría destinado a los deterministas.
>   Políticamente, sin embargo, no habría problema. En ese mundo todos los hombres serían liberales; y las piedras... seguirían siendo conservadoras [8].

En este caso vemos, pues, que el procedimiento de la imaginación dantesca es aún válido: la cita es breve y condensada, pero

---

6. *Obras*, ed. cit., p. 926.
7. *Opere*, ed. cit., p. 80; «Infierno», XXIII, 61-72.
8. *Obras*, ed. cit., p. 384.

fácilmente se aprecia que podría desarrollarse. Los condenados a
ese infierno procederían del totalitarismo, aunque sus títulos fueran
distintos; la libertad no es sólo un nombre, piensa Antonio.

* * *

Otra vez aparece Dante en la obra atribuida a Abel Martín; en los
«Recuerdos de sueño, fiebre y duermevela», donde todo es posible
en una asociación subconsciente, acelerada por el enfebrecimiento,
Dante viene traído por el recuerdo de un fragmento de la *Divina Comedia*, también muy conocido: «Lasciate ogni speranza...» La poesía
en cuestión es la siguiente:

> 1   ¡Bajar a los infiernos como el Dante!
>   ¡Llevar por compañero
>   a un poeta con nombre de lucero!
>   ¡Y este fulgor violeta en el diamante!
> 5   *Dejad toda esperanza...* Usted, primero.
>   ¡Oh, nunca, nunca, nunca! Usted delante [9].

Hay que tener en cuenta que esta poesía pertenece a un poemario,
en el cual se engarza con la precedente —un diálogo del poeta con
Caronte— y la siguiente —una vuelta por un barrio como el de Santa
Cruz en Sevilla, en la que el poeta se enreda con la significación de
los nombres de las calles: del Recuerdo, del Olvido, etc.—. Así, bajar
a los Infiernos está entre la evocación del sitio antiguo de Caronte,
uno de los predilectos de Dante, y que aparece precisamente en la
parte del Infierno, y la experiencia de deambular por las calles de
una ciudad de luz. Esta poesía posee por su naturaleza una unidad
peculiar, que aparece comprometida con esta vaga impresión de viaje,
de peregrinación por la vida y la muerte. Hasta que se llega a la cita
de la *Divina Comedia* [10], todo está dicho exclamativamente, con verbos en el infinitivo de admiración que dan al conjunto un tono de elevación retórica, entrecortado por la alusión vivísima de un fulgor
violento. La cita dantesca corta este torno y abruptamente pasa a la
evocación de una situación cotidiana: la pugna cortés ante una puerta, que hace que los dos se cedan el paso... para entrar en el Infierno.
La pirueta humorística es manifiesta, justificada por la situación pa-
tológica de la mente que sueña.

* * *

Observemos, finalmente, que estas menciones a Dante aparecen
como de Abel Martín (que se dice nacido en 1840 y muerto en 1898) [11];

---

9. *Obras*, ed. cit., p. 337, pertenece al *Cancionero apócrifo* de *Los Complementarios* (poesía n.º CLXXII, X).

10. La mención de Dante es «Lasciate ogni speranza, voi ch'entrate» (Infierno, III, 9).

11. *Obras*, ed. cit., p. 293.

parece como si Antonio le quisiera atribuir esta vertiente común del conocimiento de la lírica medieval italiana. Pero Abel Martín no es un erudito de reconditeces ni un gustador de rarezas poéticas, pues en Dante elige menciones muy comunes, algunas de las cuales son ya casi indiferentes a la relación con el origen. Son frases al alcance de todos y que encajan muy bien en la referencia (imaginada) de un profesor de la segunda mitad del siglo XIX que quiere dar autoridad a sus expresiones. Pero la cita magistral de Dante puede encontrarse en lugares en que Antonio asume por sí mismo la responsabilidad de la cita. Así en el «Proyecto de Discurso de ingreso en la Academia de la Lengua», Antonio establece una breve historia del movimiento literario moderno y se pregunta: ¿Qué hay después de Joyce?: «... cuando una pesadilla estética se hace insoportable, el despertar se anuncia como cercano. Cuando el poeta ha explorado todo su infierno, tornará, como el Dante, a *rivedere le stelle*, descubrirá, eterno descubridor de mediterráneos, la maravilla de las cosas y el milagro de la razón.» [12] Aquí alude Antonio al verso final del canto del Infierno, cuando lo deja atrás para entrar en el Purgatorio:

> e quindi uscimmo a riveder le stelle [13].

¿Cómo se asocia la salida del infierno y el volver a ver las estrellas, con el proceso de la literatura de vanguardia? Antonio espera que la poesía vuelva a adoptar un sentido «clásico», con valor de modernidad. No se trata de regresar a fórmulas acabadas, sino de proseguir hacia un arte que equilibre el desaforado subjetivismo de algunos escritores; lo que necesita es que el escritor responda a los imperativos de su tiempo, y así logre la mejor de sus obras.

DANTE Y MACHADO EMPAREJADOS: LOS TEXTOS

Desde bien pronto, en los *Campos de Castilla* (1912), Dante estuvo, al menos en el verso, al lado de Antonio; uno de los primeros *Proverbios y cantares* dice así:

> Las abejas, de las flores
> sacan miel; y melodía,
> del amor, los ruiseñores;
> Dante y yo —perdón, señores—
> 5   trocamos —perdón, Lucía—
> el amor en Teología [14].

Antonio escribe apretadamente, en una sextilla, a la manera sen-

---

12. Idem, pp. 851-852; es una versión inacabada.
13. *Opere*, ed. cit., p. 121; Inf., XXXIV, 139.
14. *Obras*, ed. cit., p. 202; es el n.º XXV de la serie «Proverbios y Cantares» (CXXXVI), de *Campos de Castilla* (1912).

tenciosa; van por delante los ejemplos patentes de abejas y ruiseñores, y detrás, emparejados, los dos poetas, Dante y él, convirtiendo
amor en Teología. En un octosílabo el poeta andaluz nos ofrece la
quintaesencia de la obra espiritual de Dante: trocar *el amor en Teología;* lo demás, el coloquial *perdón, señores,* va a no sin cierta sorna a
la galería para excusarse de ir con tal ilustre compañero; y el otro
perdón, Lucía puede ir a cualquier mujer, como propone Valverde [15]
(y en ese caso la solicitud de perdón sería por no hacer caso de la
parte corporal de ella) o, pensando en forma más alambicada, pudiera referirse a Santa Lucía (que aparece en varias ocasiones en la *Divina Comedia,* y en tal caso sería por no saber ver con los ojos de
la cara, y sólo con los del alma).

La composición posee la brevedad que requiere la sección de
«Proverbios y Cantares» a la que pertenece, y el reducido marco de
la sextilla contiene un juego sentencioso que se carga de dialéctica
con los dos paréntesis vocativos (hacia «señores» y «Lucía») que le
quitan un posible énfasis, adecuado, por otra parte, a la altura literaria de Dante y al propósito tan complejo que expone el poeta.
Este emparejamiento amistoso —*Dante y yo*— es el anuncio en 1912
de una relación que cada vez irá a más, y será ocasión de desarrollar
en la obra de Antonio una veta que acaso haya escondido el prejuicio de querer considerarlo como autor impermeable a las influencias
de los otros escritores; pero un lector con tanta pasión de soledad
como Antonio, no pudo permanecer ajeno a las corrientes más legítimas de la literatura occidental. Se ha traído y llevado aquel proverbio de

> Abejas, cantores,
> no a la miel, sino a las flores [16].

Algunos han podido entender que Antonio invita a los poetas a
buscar en la vida y no en los libros la sustancia de sus libros; pero,
aun admitiéndolo así, hay que situar el proverbio en un contexto y
no extremar su interpretación. Antonio conoce la obra de Dante, y de
ella destaca y pone de relieve, como lo hizo con Berceo, y, sobre todo,
con Manrique, lo que él siente como propio, y que coincide con el
poeta italiano. Antonio es un poeta leído, que enlaza conscientemente con las líneas permanentes de la cultura europea, al mismo
tiempo que permanece fiel a los fundamentos poéticos del pueblo español. Que en algunas ocasiones, en una circunstancia determinada,
hubiera de inclinarse por una de ambas manifestaciones —o, a lo
menos, manifestarlo así—, no quiere decir que menosprecie la otra;
pretender hacer irreconciliables europeísmo y españolidad es negar
una parte del propio ser espiritual del poeta, cercenar dolorosamente lo que es una realidad intelectual. Y cuando el escritor se inclinaba

15. Prólogo a la edición citada de *Nuevas Canciones*, p. 29; o, indica Valverde, alguna de las Lucías de la *Divina Comedia.*
16. *Obras*, ed. cit., CLXI, n.º LXVII, p. 264.

por una parte, lo haría doliéndole intensamente lo que la otra había sido para él.

Y en esto, Antonio sigue los pasos del Modernismo, uno de cuyos aspectos es la veta medievalizante que se había manifestado en la obra de Rubén Darío, como he estudiado en mi libro sobre *Rubén Darío y la Edad Media*. La relación entre Darío y Antonio es patente; el español gritó: ¡salve! al poeta americano, en la salutación de 1904, dedicada «Al maestro Rubén Darío» (poesía CXLVII), y se condolió de su muerte en 1916 (poesía CXLVIII). El maestro había mostrado su preferencia por Dante particularmente en el poema «Visión», de *El Canto errante*, libro de 1906. Rubén escribe en veintinco tercetos y el cuarteto de cierre una condensada evocación de los cielos, tal como aparece en «el reino de la lira de Dante». Y añade:

> ... Aquí todo conspira
> todo al supremo amor y alto deseo.
> Aquí llega el que adora y el que admira [17]

El poeta dice, asombrado del espectáculo:

> —¡Oh, bendito al Señor —clamé—; bendito,
> que permitió al arcángel de Florencia
> dejar tal mundo de misterio escrito
> con lengua humana y sobrehumana ciencia... [18]

Y confiesa que llegó hasta allí por una sublimación del amor humano:

> —Por el amor humano
> he llegado al divino, ¡gloria al Dante! [19]

La creación de Rubén Darío está dentro del sentido de la estética de fin de siglo, con su espiritualidad de sello prerrafaelista: y el bohemio impenitente sueña, en esta ocasión al menos, con estas exaltaciones del espíritu, y con ellas se goza recreando otra vez viejas imágenes con nuevo signo. Cuando Antonio se empareja con Dante en la poesía antes comentada, esté en esta línea espiritualizadora del amor, propia de una de las caras del Modernismo, y detrás del ejemplo magistral de Rubén. Para comprender esto creo que lo mejor es contemplar el cuadro que pintó Leandro Oroz hacia 1915 con el asunto de Antonio y su musa. El poeta, ensimismado, está junto a la mujer, lejana y ajena, musa con la que sólo cabe la comunicación espiritual. El cuadro, con su fondo de jardín umbrío y cerrado, tiene un aire muy de época, y viene al punto para considerar desde la pers-

---

17. R. DARÍO, *Poesías Completas*, ed. cit., p. 721.
18. Idem, p. 722.
19. Idem, p. 722; véase mi libro *Rubén Darío y la Edad Media*, ob. cit., pp. 139-140.

pectiva de la pintura esta posición espiritual de Antonio, en particular su enlace con esta corriente del arte. Si así vio Leandro Oroz a
Antonio, podemos tener en cuenta su visión, auténtica en su momento, para nuestra consideración de hoy.

LA VÍA LINGÜÍSTICA DEL ITALIANO

Como ocurre en los presupuestos de los estudios comparatistas,
hay que comprobar primero que la vía lingüística hacia la lengua italiana esté libre para la comunicación. Antonio se nos muestra, a través
de su apócrifo Mairena, referido a su vez al otro apócrifo Abel Martín,
un tanto «reaccionario» (como él mismo escribe) en cuanto al conocimiento de las lenguas modernas: «El francés, el inglés, el alemán,
el italiano, deben estudiarse, como el griego y el latín, sin ánimo de
conversarlos.» [20] Quiere esto decir que el dominio poético únicamente se logra en una sola lengua; y esto lo sabía muy bien quien era
poeta y... profesor de francés. Pero, para nuestros efectos, no hay
dificultad en aceptar que Antonio conociese el italiano como para
leer los autores antiguos y modernos. Es cierto que la gran vía del
conocimiento de Europa le vino por el francés [21], y que lo que fue
la aportación de la Italia moderna a la cultura de Europa, aparece
en Antonio en forma muy parcial, y centrada sobre todo en la figura de Dante [22]. Una referencia combativa se refiere a la intervención
del gobierno italiano de Mussolini en la guerra civil de España; entonces, Antonio se refiere al «ítalo», denominación en la que el cultismo quiere ser despectivo [23]. Pero esta referencia aparece incidentalmente en esta parte última de su vida, y no toca al legado cultural,
sino a una posición política de circunstancias. La mejor prueba de su
devoción por el autor florentino se encuentra en el testimonio fehaciente de que Antonio quiso conocer y aun copiar de su puño y letra
una poesía de Dante. La edición del manuscrito de *Los Complementarios* ha mostrado que, donde el texto impreso dice sencillamente la
siguiente apreciación sobre el soneto: «Va el soneto de lo escolástico a lo barroco. De Dante a Góngora, pasando por Ronsard» [24], este
párrafo en el manuscrito citado va antecedido de la siguiente poesía
de Dante:

---

20. *Obras*, ed. cit., p. 446.
21. Los biógrafos coinciden en que Antonio aseguró su francés, al tiempo
que ampliaba su conocimiento de la literatura contemporánea, en su primera
estancia en París («Están trabajando para la editorial Garnier, haciendo un trabajo de traducción que les permite vivir y aprender bien el francés», GABRIEL
PRADAL-RODRÍGUEZ, «Vida y obra», en *Antonio Machado (1875-1939)*, New York,
Hispanic Institute, 1951, p. 23.)
22. Salvo el caso patente de D'Annunzio, que trato al fin de este capítulo.
23. *Obras*, ed. cit., p. 651.
24. Idem, p. 711.

UN SONETO DE DANTE

1   Amore e l'cor gentil sono una cosa,
Siccom'il Saggio in suo dittato pone,
E cosí esser l'un senza l'altro osa
Com'alma razional senza ragione.

5   Fagli natura quando è amorosa,
amor per sire, e l'cor per sua magione,
dentro alla qual dormendo si riposa
talvolta poca, e tal lunga stagione.

    Beltate appare in saggia donna pui
10   che piace agli occhi sì, che dentro al core
nasce un desio de la cosa piacente;

    e tanto dura tal ora sin costui,
che fa svegliar lo spirito d'amore;
e simil face donna in uomo valente [25].

El soneto recoge la doctrina fundamental del *dolce stil nuevo;* es, por tanto, uno de los más conocidos de la *Vita nuova.* Lo menciono aquí para probar que la vía de la lengua italiana estuvo abierta para Antonio, pues él mismo copió de su mano este soneto; además como diré más adelante, su contenido le afectó de manera viva, y tuvo en cuenta lo que se dice en él para asegurar algunos aspectos de su poesía.

Nel mezzo del cammin...

Un fragmento de la *Divina Comedia* aparece incrustado en un soneto de Antonio; pertenece a *De un Cancionero apócrifo* (1924-1926). El autor viene refiriéndose al apócrifo Abel Martín, cuya vida había situado en 1840 a 1898, según dije ya.

La parte en que se encuentra el soneto se titula «Guerra de Amor», y esto es ya significativo. Este título es semejante al de otras poesías medievales de Cancionero que recogen la tradición cortés europea; así entre los españoles están la «Guerra de Amor» de Luis Vivero y la «Batalla de amores» de Gómez Manrique. La expresión es un tópico muy generalizado, y en la *Vita nuova,* Dante se refiere a los combates que le dan los pensamientos de amor: «mi cominciaro

25. Dante, *Opere,* ed. cit., p. 387; el soneto pertenece a la *Vita nuova,* y anoto las siguientes variantes con respecto a esta edición: v. 2: *si come il saggio in suo dittare pone;* v. 3: *sanza;* v. 4: *sanza;* v. 5: *Falli; quand'e;* v. 6: *dentro la qual;* v. 9: *Bieltate;* v. 11: *disio;* v. 14: *omo.* A un lado de la copia, Antonio escribió: *concepto y pasión.*

El refugio del café en Segovia.

Soneto de Dante manuscrito por Antonio Machado en «Los Complementarios».

Epígrafe inicial de «Los Complementarios».

molti e diversi pensamenti a combattere e a tentare...»[26] Y el párrafo siguiente comienza: «Appreso la battaglia de li diversi pensieri...»[27] Amor, pues, es combatiente·en el alma del poeta moderno como lo había sido en Dante y en tantos otros. Y así, dentro de este sentido del amor que pone guerra en el espíritu, se desarrolla el soneto que comienza con un fragmento de la *Divina Comedia* en italiano:

II

> *Nel mezzo del cammin* pasóme el pecho
> la flecha de un amor intempestivo.
> Que tuvo en el camino largo acecho
> mostróme en lo certero el rayo vivo.
>
> Así un imán que, al atraer, repele
> (¡oh claros ojos de mirar furtivo!),
> amor que asombra, aguija, halaga y duele,
> y más se ofrece cuanto más esquivo.
>
> Si un grano del pensar arder pudiera,
> no en el amante, en el amor, sería
> la más honda verdad lo que se viera;
>
> y el espejo de amor se quebraría,
> roto su encanto, y roto la pantera
> de la lujuria el corazón tendría[28].

Y el soneto va seguido de un comentario en prosa, del que me ocuparé más adelante, pues ahora voy a referirme a la parte poética del conjunto. El comienzo del soneto es uno de los trozos más conocidos de Dante: es el principio de la *Divina Comedia*, y desde muy pronto entró en nuestra literatura. Recordemos tan sólo que en el *Dezir de las siete virtudes* ya se menciona en un cuerpo de poesía castellana, cuando Micer Francisco Imperial describe al hombre cortés que trae un libro en la mano:

> Traya un libro de poca escriptura
> escripto todo con oro muy fino,
> e conmençaba: *En medio del camino*
> e del laurel corona e centura[29].

Pero no hay que ir tan lejos; Rubén Darío cita el mismo verso,

26. *Opere*, ed. cit., XIII, p. 377.
27. Idem, XIV, p. 378.
28. *Obras*, ed. cit., p. 300.
29. *Cancionero de Baena*, fol. 81v. composición n.º 250.

sólo que en traducción castellana, en uno de los poemas de *Cantos de vida y esperanza* (1905):

THÁNATOS

En medio del camino de la vida...
dijo Dante. Su verso se convierte:
En medio del camino de la muerte [30].

Darío le da la vuelta al sentido original y escribe un poema sobre la muerte. Al testimonio que mencioné antes de la «Visión» de Rubén, hay que unir esta otra cita directa del mismo verso de que se vale Antonio. Sin embargo, este caso no sería decisivo, pues el verso (y su traducción) llega a constituir una unidad fraseológica que podía usarse sin que hubiese que establecer una relación con la fuente italiana. Esto se encuentra, por ejemplo, en la poesía LXXXV:

Hoy en mitad de la vida,
me he parado a meditar...
¡Juventud nunca vivida,
quién te volviera a soñar! [31].

Me interesa este ejemplo porque en él se percibe muy directamente el eco rubeniano, adaptado a la intención de Antonio, distinta del recuerdo hedonista del poeta americano. También Unamuno se valió de citas de Dante para comenzar sus poesías, pero, como trataré a continuación, el caso de esta mención de Dante aparece en un peculiar contexto [32].

EL MÓDULO ESTRUCTURAL DE LA «VITA NUOVA»

El soneto en cuestión no es, como en otros casos, un poema dentro de un libro poético. El *Cancionero* en que se halla situado no lo es como tal, ni se considera completo: obsérvese que Antonio se refiere al título *De un Cancionero apócrifo*, o sea que es parte *de un Cancionero* (título medieval, por otro lado), y le da la falsa condición de *apócrifo*. Y bajo este título recoge una obra en prosa y en verso en que ambos forman un cuerpo de doctrina conjunto. Los libros constituidos así tenían una tradición, y la historia de la Poética muestra que tal mezcla resultó poco grata a los teóricos de la literatura y no obtuvo gran difusión. Sin embargo, por resultar en ocasiones conveniente a determinadas intenciones, acabó por abrirse camino en

---

30. R. DARÍO, *Poesías Completas*, ed. cit., p. 683; es el n.º XXXVI de «Otros poemas».
31. *Obras*, ed. cit., p. 117. La poesía, que comienza: «La primavera besaba...», lleva el título de «Nevermore» en la edición de *Poesías escogidas* (1917).
32. *Poesie*, ed. cit., p. 1245.

la Edad Media como una modalidad genérica propia, inicialmente didáctica, pero extendida luego a otros aspectos; y así obtuvo en la *Vita Nuova* de Dante una de sus más calificadas expresiones: el módulo estructural está constituido por la poesía que aparece rodeada del marco de un comentario que le da sentido y que la sitúa para el lector en un sistema de pensamiento poético. Así, en el caso de la poesía que copió Antonio de la *Vita Nuova*, el soneto en cuestión aparece en esta obra seguido del siguiente comentario: «Questo sonetto si divide in due parti: ne la prima dico di lui in quanto è in potenzia; ne la seconda dico di lui quanto di potenzia si riduce in atto. La seconda comincia quivi: *Bieltate appare*. La prima si divide in due: ne la prima dico in che suggeto sia questa potenzia; ne la seconda dico sì come questo suggetto e questa potenzia siano produtti in essere, e come l'uno guarda l'altro come forma materia. La seconda comincia quivi: *Falli natura*. Poscia quando dico: *Bieltate appare*, dico come questa potenzia si riduce in atto; e prima come si riduce in uomo, poi come si riduce in donna, quivi: *E simil face in donna.*» [33]

Este mismo procedimiento, que se asegura magistralmente en cuanto al tema del amor en la *Vita Nuova*, de ir trenzando poesía y comentarios, aparece también apuntado en los capítulos de la obra *De un cancionero apócrifo;* en el caso del soneto «*Nel mezzo del cammin* pasóme el pecho», el poeta establece su comentario con la indicación: «Quiere decir Abel Martín que...» Esto es lo que paralelamente Dante escribe: «... ne la prima dice...». Dejando de lado que el contenido de la obra de Antonio es mucho más vario y complejo, y muchas veces zigzagueante, y el de la de Dante es uniforme, resulta que la obra de los dos posee una constitución análoga en cuanto que los poemas están rodeados de la prosa que aclara y glosa el verso. Pero es que además ambas obras, la de Dante y la de Antonio (o al menos en gran parte), son libros de amor. En el caso del poeta moderno, después de presentar al apócrifo maestro y su pretendida filosofía, escribe: «Vengamos a las rimas eróticas de Abel Martín»; poco después: «En un largo capítulo de su libro *De lo uno a lo otro*, dedicado al amor, desarrolla Abel Martín el contenido de este soneto.» Y luego : «Sigámosle también en las notas que acompañan a sus rimas eróticas», etc. [34] Por tanto, *De un cancionero apócrifo* se empareja con la *Vita Nuova* en este tratamiento del amor.

EL SONETO COMO UNIDAD ESCOLÁSTICA

Por de pronto, una cuestión formal se enlaza con el asunto. Téngase en cuenta que, en Antonio, la mención de Dante aparece, como indiqué en relación con el soneto, considerado en cuanto a su historia y sus posibilidades poéticas. El párrafo completo que sigue al soneto

33. DANTE, *Opere*, ed. cit., p. 387.
34. *Obras*, ed. cit., pp. 296 y 297.

copiado por Machado, de la *Vita Nuova*, es el·siguiente: «Va el soneto de lo escolástico a lo barroco. De Dante a Góngora, pasando por
Ronsard. No es composición moderna, a pesar de Heredia. La emoción del soneto se ha perdido. Queda sólo el esqueleto, demasiado só-
lido y pesado, para la forma lírica actual. Todavía se encuentran algunos buenos sonetos en los poetas portugueses. En España son be-
llísimos los de Manuel Machado. Rubén Darío no hizo ninguno digno
de mención.» [35] Parece que el descubrimiento de las posibilidades
poéticas del soneto le vino a Antonio por la vía reflexiva. En el manuscrito de *Los Complementarios* copia diversos sonetos [37], y su uso
poético se intensifica desde las *Nuevas Canciones* de 1924. Pero mi
objeto, en esta ocasión, es referirme sólo al caso de Dante. Antonio
señala que el soneto va de Dante a Góngora, desde lo escolástico a lo
barroco: y así Dante es portavoz de un escolasticismo válido para la
poesía. Pero hay que entender que el escolasticismo que aquí entra
en juego no es el propio de la filosofía medieval en un sentido estricto, sobre todo en un orden religioso. Para mí se refiere Antonio a
que el poeta que escriba con sentido filosófico, ha de tener la obli-
gación de glosar conceptualmente, si llega el caso, lo que dijo en los
versos. Juan de Mairena —otra voz de Antonio— indicó que todo poeta supone una metafísica, y añade: «acaso cada poema debiera tener
la suya —implícita, claro está, nunca explícita—, y el poeta tiene el
deber de exponerla por separado, en conceptos claros» [37]. Este procedimiento es el que entra en juego, y, en el fondo, viene a ser el mismo que justifica la práctica poética de la *Vita Nuova*, en donde se
aplica a un caso de amor.

Por otra parte, Antonio tuvo que meditar sobre el asunto y docu-
mentarse en cuanto a la relación de la escolástica y del arte, una de
las claves de la Edad Media. De ahí que entre los textos ajenos a su
obra que copia en *Los Complementarios*, se halle un fragmento de
La esencia del estilo gótico, de Worringer, que califica de «maravillosos conceptos»: «Más tarde, cuando estudiemos la escolástica —fenómeno parejo de la arquitectura gótica— veremos cómo refleja fiel-
mente la voluntad constructiva del goticismo. También encontrare-
mos en ella una desmedida afición a los refinamientos constructivos
sin objeto directo, esto es, sin fin cognoscitivo —puesto que el conocimiento está ya afianzado en la verdad revelada de la Iglesia y el
dogma— y sin otro propósito que el de crear una movilidad infinita,
en ascensión ininterrumpida, para envolver en ella el espíritu como
en un humo capitoso. La esencia del estilo gótico.» [38]

---

35. Idem, p. 711.
36. De Manuel copia el soneto «Van Laethem. Doña Juana la Loca» comentado en este libro en las pp. 102-106.
37. *Obras*, ed. cit., p. 322.
38. *Los Complementarios*, edición citada de D. Ynduráin, pp. 221-222. Está fechada el 31 de diciembre de 1924. La nota del editor indica que pertenece al
capítulo «La idea constructiva del goticismo», p. 83, Ed. Nueva Visión, Buenos
Aires, 1925.

Otra apreciación, en este caso de la filosofía medieval, figura en *Juan de Mairena*, en donde escribe: «Como *ancilla theologiae*, criada de la teología, fue definida la filosofía de los siglos medios, tan desacreditada en nuestros días. Nosotros, nada seguros de la completa emancipación de nuestro pensamiento, no hemos de perder el respeto a una criada que, puesta a servir, supo elegir un ama digna de tal nombre. Que no se nos pida, en cambio, demasiado respeto para el pensar pragmatista, aunque se llame católico, para despistar; porque ese es el viudo de aquella criada, un viejo verde más o menos secretamente abarraganado con su cocinera.» [39] El comentario, establecido con desparpajo y en un tono ligero, puede que descontente a muchos: a unos por parecerles que va a contracorriente, y a otros porque se sienten aludidos de mala manera. Pero lo cierto es que en estas líneas el escritor manifiesta un digno respeto por la filosofía de la Edad Media de orden espiritual, que contrasta con la forma con que el maestro Mairena considera los pragmatismos modernos; y permite asegurar que —aun contando con lo que atribuye a la figura de Mairena— Antonio concedía a la filosofía medieval un crédito positivo en su apreciación. Si Dante fue autor magistral para Antonio, es porque tanto en la *Divina Comedia*, como en la *Vita Nuova* y en sus demás obras, expresó, dentro del sistema escolástico, que era el suyo legítimo por su condición de autor de la Italia medieval del siglo XIII, el contenido de su pensamiento y la voz de su corazón. Por eso escribe de él: «Cuando se dice que, para gustar la poesía de Dante, es preciso eliminar cuanto puso en ella el escolástico, el gibelino y el hombre de una determinada historia pasional, se propone, a mi juicio, un absurdo tan grande como el de sostener que sin Dante mismo se hubiera podido escribir la *Comedia*. Creo, también, que lo peor para un poeta es meterse en casa con la pureza, la perfección, la eternidad y el infinito.» [40] Frente a la pureza, la maculada condición humana; frente a perfección, el esfuerzo por alcanzarla o la confesión de la derrota; y frente a eternidad e infinitud, la angustia del tiempo en el espacio que a cada cual le toca vivir. Si la *Divina Comedia* existe, se debe al hombre Dante Alighieri, que, como Antonio, vivió y amó a su manera. Por eso Antonio pudo sentirse al lado de Dante, en la lucha que tenía consigo mismo, y por eso pudo en cierto modo servirle para ver más claro en su confusión humana, sobre todo en el torbellino del amor, aunque esto mismo fuese un sueño intelectual.

Pienso que el camino que conduce a los sonetos de sentido filosófico de Antonio transcurre en alguna parte por la experiencia procedente de la disciplina escolástica, que aplicó al caso de amor, como lo hizo Dante, y que extendió luego a las cuestiones de orden cada vez más metafísico, hasta alcanzar sus reflexiones sobre el ser y la nada. No importa que la lógica de Abel Martín, de carácter temporal,

39. *Obras*, ed. cit., p. 435.
40. Idem, p. 831, «Reflexiones sobre la lírica», comentario a José Moreno Villa.

sea diferente de la lógica de la identidad que fundamenta el pensamiento de Dante; lo que sugiere es la presencia activa de una disposición que es útil en ambos casos. El módulo del soneto [41] en el que se establece la cifra poética, y la glosa que lo explica en la medida que el autor puede hacerlo, se encuentran en esta disposición de la *Vita Nuova* que ha quedado como ejemplar para la literatura europea. Es claro que el procedimiento pudo tomarlo de cualquiera de las versiones posteriores de este juego entre verso (cifra) y prosa (comentario), pero hay que reconocer que, al menos en parte y considerando los factores que voy reuniendo, se ha de conceder algún crédito al conocimiento reflexivo y poético de la obra de Dante.

El amor a deshora

Para seguir con el desarrollo del planteamiento propuesto, creo que es conveniente tener en cuenta que el caso de Dante y Beatrice pudo recordarlo Antonio en Soria cuando se enamoró, a sus treinta y tres años, de Leonor, que sólo tenía trece; la «doncellita» de la pensión resultaría tan deslumbrante para él como Beatrice, sólo que en este caso el amor tomó el cauce matrimonial. Este precedente, si lo fue, se repetiría de forma mucho más compleja en el caso que me ocupa. Cuéntase, además, con lo que la vida trajo a Antonio a través de los otros amores que rodean los de Leonor y de Guiomar, las solas que entraron en la poesía con un nombre. Rosales [42] ha estudiado la huella de estas otras mujeres innominadas en la poesía, a las que se refiere de pasada. Pero esto no puede contar en mi comentario porque el poeta lo excluyó; por lo que toca a mi propósito, Antonio insiste en que muchas de las páginas de la obra *De un cancionero apócrifo* son los comentarios en prosa que acompañan las rimas eróticas de Abel Martín. Ahora hay que averiguar, pues, la especie de amor a que se refiere el poeta. La parte que nos toca examinar comienza un poco más atrás de este soneto declaradamente dantesco; en efecto, la relación con Dante ya aparece en otro soneto anterior, «Rosa de fuego». La poesía es la descripción exaltada del amor completo:

> Tejidos sois de primavera, amantes,
> de tierra y agua y viento y sol tejidos.
> La sierra en vuestros pechos jadeantes,
> en los ojos los campos florecidos,

---

41. Véase el estudio de Gerardo Diego, *Antonio Machado y el soneto*, «La Torre», XII, 1964, pp. 443-454, que plantea el estudio de la atracción y la repulsa que siente Antonio por esta forma en el cuadro general de su métrica.
42. Luis Rosales, *Muerte y resurrección de Antonio Machado*, «Cuadernos hispanoamericanos», 1949, núms. 11 y 12, pp. 435-479.

> pasead vuestra mutua primavera,
> y aun bebed sin temor la dulce leche
> que os brinda hoy la lúbrica pantera,
> antes que, torva, en el camino aceche.
>
> Caminad cuando el eje del planeta
> se vence hacia el solsticio de verano,
> verde el almendro y mustia la violeta,
>
> cerca la sed y el hontanar cercano,
> hacia la tarde del amor, completa,
> con la rosa de fuego en vuestra mano [43].

El poeta transforma la rosa de la tradición erótica [44] en la *dulce leche;* y la *lúbrica pantera,* que en los jóvenes es aquiescente, procede —como comenta con acierto Valverde [45]— de la *lonza* que simboliza la lujuria en el «Infierno» de la *Divina Comedia.* Esta leve nota dantesca se intensifica después en el soneto que comienza con la cita inicial de la *Divina Comedia* y que acaba con una mención análoga a la misma pantera de la lujuria.

Penetramos aquí en uno de los campos más batidos por la erudición y la crítica sobre Antonio. Mientras el objeto del amor del poeta es Leonor, la esposa muerta en la juventud de amor, el caso biográfico aparece claro en el sentido de que se intuye una continuidad del rescoldo sentimental. Pero después de 1925 el caso se oscurece. No es que la cuestión importe para la creación, pues el poeta no tiene por qué declarar el motivo que inicia el proceso creador de la poesía, sino sólo ofrecer la obra. Esto aparece en el primer soneto de esta «Guerra de amor». El poeta va sintiéndose viejo, pero esto no impide que rebroten en él los síntomas de un amor adolescente; así, que ella falte a la cita, le conmueve profundamente y le hunde el mundo como si él sólo tuviera dieciséis años:

> El tiempo que la barba me platea,
> cavó mis ojos y agrandó mi frente,
> va siendo en mí recuerdo transparente,
> y mientras más al fondo, más clarea.
>
> Miedo infantil, amor adolescente,
> ¡cuánto esta luz de otoño os hermosea!,
> ¡agrios caminos de la vida fea,
> que también os doráis al sol poniente!
>
> ¡Cómo en la fuente donde el agua mora
> resalta en piedra una leyenda escrita:
> al ábaco del tiempo falta un hora!

43. *Obras,* ed. cit., p. 298.
44. Recuérdese el *Roman de la Rose* (E. R. Curtius, *Literatura europea y Edad Media latina,* ob. cit., pp. 184-188).
45. J. M. Valverde, en su ed. cit. *Nuevas Canciones,* p. 194, n. 7; corresponde al «Infierno», XVI, 108.

> ¡Y cómo aquella ausencia en una cita
> bajo los olmos que noviembre dora,
> del fondo de mi historia resucita! [46]

El mismo tiempo que empuja inexorablemente al poeta hacia la vejez es el que, a través del recuerdo, lo vuelve al fondo de su historia: ayer como hoy anonadó al poeta que la amada no acudiese a la cita. Antonio, por las causas que él sabría, quiso ofuscarnos en el curso del comentario de este soneto; está en su derecho de poeta cuando esconde el motivo real de la obra. Al lector sólo le compete conocer el poema, y este nos lo da en su plenitud, aunque aparentemente parezca que él —Antonio Machado— no es el comentarista, sino Abel Martín; y por eso finge que el caso le es ajeno: «La amada —explica Abel Martín— no acude a la cita; es en la cita ausencia. No se interprete —añade— en un sentido literal.» Y el texto prosigue así: «El poeta no alude a ninguna anécdota amorosa de pasión no correspondida o desdeñada. El amor mismo es aquí un sentimiento de ausencia. La amada no acompaña; es aquello que no se tiene y vanamente se espera. El poeta, al evocar su total historia emotiva, descubre la hora de la primera angustia erótica. Es un sentimiento de soledad, o, mejor, de pérdida de una compañía, de ausencia inesperada en la cita que confiadamente se dio, lo que Abel Martín pretende expresar en este soneto de apariencia romántica. A partir de este momento, el amor comienza a ser consciente de sí mismo.» [47]

¿Es el soneto una oleada última del amor de Leonor? ¿Se trata de una nueva luz —que no es ya la de Soria— la que hermosea el otoño? Abel Martín no es un platónico, sino que, para él, el gran incentivo del amor es «la sed metafísica de lo esencialmente otro» [48]. El amor, de mil caras, lo mismo retorna al poeta a las desazones adolescentes que le hace sentir el zarpazo de la lujuria, ciencia de la madura edad.

COMENTARIO DEL SONETO «NEL MEZZO DEL CAMMIN...»

Estamos en condiciones de volver al soneto que habíamos citado antes y que comienza con la cita «Nel mezzo del cammin...», perteneciente a la obra *De un cancionero apócrifo*, en la parte titulada «Abel Martín», publicada en la «Revista de Occidente», 1926. Los críticos no están seguros de quién fue en verdad la mujer que pudo inspirarlo. Es sabido que hay dos mujeres que tienen lugar preponderante en la inspiración poética de Antonio: Leonor Izquierdo, su esposa, con la que vivió de 1909 a 1912, y la que aparece velada por el nombre poético de Guiomar, de la que trataré después más deteni-

46. *Obras*, ed. cit., pp. 298-299.
47. Idem, p. 299.
48. Idem, p. 300.

damente. José María Valverde se refiere a una pre-Guiomar, que podría fundirse con la Guiomar poética en el proceso de la teoría del amor que expone el poeta. Leopoldo de Luis cree que la relación de Machado con Guiomar comenzó antes, incluso a fines de 1926, mientras que José Luis Cano la sitúa en 1928; es un asunto que algún día se pondrá en claro [49]. De todas maneras es indudable que el poeta nos ofrece en este soneto el reflejo de una situación espiritual y afectiva que es diferente de las anteriores y que la forma de su presentación es distinta, de tal manera que la poesía ha creado un nuevo contexto literario. Hemos sabido algo de la organización del libro que lo contiene, del soneto como pieza escolástica y de las inquietudes de la adolescencia que dan a la crisis de la madurez un peligroso sesgo, entre ridículo y conmovedor.

En el soneto en cuestión (téngase en cuenta el texto que figura en la página 251) hay una parte primera, los cuartetos, que se desarrollan en forma lineal y unívoca: el poeta (quien quiera que sea: Antonio-Abel Martín) sintió los efectos de un *amor intempestivo*. La expresión adopta el cauce de la lírica italianizante, con la sólida imagen de la flecha de amor; en el segundo cuarteto domina la contradicción, que es lenguaje de amor, con referencias a la atracción-repulsión, al halago-dolor y al ofrecimiento equívoco. Luego entran los tercetos, en los que el sentido se torna encrespado; un hipérbaton intenso dificulta el avance, como si el poeta quisiera usar una expresión entrecortada, a la vez que de perfiles precisos. Obsérvese que los dos tercetos están trabados entre sí; del primero se deduce la consecuencia del segundo, en un rigor lógico y cerrado, ambos tercetos están dominados por el sentido condicional del *si*, que impone las formas de futuro hipotético. El primer terceto resulta en sí mismo claro y suficiente: si ardiese aunque sólo fuese *un grano* (medida de boticario, cerca de cinco centigramos) del pensamiento, se vería *la más honda verdad*. Y entonces serían los efectos dos, y consecuentes: que se quebraría *el espejo de amor*, y entonces la pantera de la lujuria tendría roto el corazón. Hay, pues, que dar significado a estas expresiones en el contexto del poema, y en el léxico poético de Antonio. La verdad descubierta no sería la superficial y aparente, sino la *honda*; para J. M. Valverde «la más honda verdad sería la del pensamiento entregado a la conquista de la *otredad* y liberado de la *mismidad* del amante y el pensante». Pensemos en las connotaciones populares de «hondo» (sobre todo, cante hondo) y, sobre todo, persigamos los efectos referidos en el segundo terceto, que, como conclusión, es la clave del poema. Así tenemos que el verso *el espejo de amor se quebraría*, dentro del peculiar carácter de la obra que en-

49. Las opiniones se encuentran, respectivamente, en *Nuevas Canciones*, ed. cit., pp. 22-25. Añádase lo que dice en el posterior libro *Antonio Machado*, ob. cit., p. 156; LEOPOLDO DE LUIS, *Antonio Machado, ejemplo y lección*, Madrid, Soc. Gen. Esp. de Librería, 1975, p. 106; y J. L. CANO, *Antonio Machado, biografía ilustrada*, ob. cit., p. 131.

cierra el soneto, aparece glosado por el propio Abel Martín (entiéndase, por tanto, que es un apócrifo que comenta un «cancionero apócrifo»). Dice la nota de Abel Martín: «*El espejo de amor se quebraría...* Quiere decir Abel Martín que el amante renunciaría a cuanto es espejo en el amor, porque comenzaría a amar en la amada lo que, por esencia, no podrá nunca reflejar su propia imagen. Toda la metafísica y la fuerza trágica de aquella su insondable solear:

> Gracias, Petenera mía;
> en tus ojos me he perdido,
> era lo que yo quería.

aparecen ahora transparentes o, al menos, traslúcidas.»[50]

Según esto, el amante habría de renunciar a lo que en el amor es *espejo;* encontramos, pues, un término muy usado en el léxico simbólico de Antonio, y que han estudiado con pormenor los críticos del poeta. En este caso el espejo tiene un sentido negativo en tanto que es una superficie que refleja la realidad (el poeta, el mundo e incluso los sueños), con todo el encanto que esto supone; el poeta no tiene que dejarse prender por este encanto, aun siendo tan hermoso como aquí resulta en el caso de amor. La cuestión está en amar *en* la amada, no *con* ella; se trata de un amor esencial, y no en participación. El espejo (aun el de amor) refleja la propia imagen, y esto es lo que no ha de ser. La solear en cuestión muestra que los ojos de la mujer no han de servir para que nos veamos en ellos y contemplemos nuestra imagen, sino para perderse *en* ellos (mejor aún, *a través* de ellos); la mención de que así aparecen transparentes o que al menos dejan traspasar la luz (del amor, entiendo), puede pasarse al espejo, que, si no se rompe, habría de perder el azogue. Y la otra consecuencia sería que el corazón de la pantera de la lujuria reventaría; la representación de la lujuria como pantera ya vimos que tiene una resonancia dantesca, como en el caso del soneto «Rosa de fuego»[51] Por eso comenta J. M. Valverde en la misma nota que indiqué hace poco: «por lo visto, supone Martín que hay lujuria en la medida en que, en el amor, uno se ama a sí mismo y no al 'otro' (mejor dicho, a la 'otra', para ser fieles al sentir de Martín-Machado). De otro modo: habría lujuria en el amor en la medida que hubiera narcisismo, y dejaría de haberla en la medida en que el amor fuera entrega a la 'otredad' de la amada, olvidado el amante de sí mismo»[52].

Por otra parte, puede pensarse en que el poeta juega también con un sentido subterráneo; y es que si se tiene en cuenta que esto ocurre con un amor intempestivo (fuera del tiempo que conviene para lograr lo que el poeta propuso a los amantes en el soneto «Rosa de

50. *Obras,* ed. cit., p. 300.
51. Como en P. Cerezo Galán, *Palabra en el tiempo...,* ob. cit., p. 133, con menciones de Gullón y Gutiérrez Girardot.
52. *Nuevas Canciones,* ed. cit., p. 197.

fuego»), entonces la rotura del espejo y del impulso de la lujuria sería lo más sensato en el caso del amor, aunque no lo quisiera así el
amante. La confluencia del sentido filosófico en el que la relación
con el otro (o la otra) se plantea como una penetración metafísica de
fuerza trágica, y el sentido experiencial en el que el poeta quiere dar
al amor una significación compatible con el ámbito de su vida concreta, resulta propia de la poesía de Machado. Poema difícil, necesi-
tado de glosa, como los otros que lo acompañan, tiene una complejidad conceptual que hace decir a Valverde que «llegan a rozar la parodia del barroco»[53]. No me parece ver en ello sentido paródico, sino
una densidad de comunicación, coincidente con procedimientos del
barroco. Esto lo sabría el propio poeta, y los arcaísmos deliberados
que utiliza en estos casos sirven para señalar esta intención. Nada
impide al poeta, si así lo requiere el sentido poético (contenido de comunicación con su formulación idónea), valerse de procedimientos
expresivos coincidentes con los de los llamados poetas barrocos[54].

LA VOZ CONTRADICTORIA

Pero en las mismas páginas, un poco más allá, Abel Martín sigue
reflexionando sobre la «lírica erótica». Lo que dice en ellas resulta
hallarse en contradicción con lo que glosó en relación con el verso 12
del soneto comentado. ¿Es posible que esto ocurra? Creo que sí, pues
Antonio, como han puntualizado los críticos, crea sus complementarios para poder disentir de sí mismo; y dar voz él mismo a la diversidad de opiniones, sirena del mundo, que a veces se agita en su
pensamiento. Siendo el Antonio real hombre discreto y fiel en el
amor a su mujer y aun, al menos durante algún tiempo, a su recuerdo, insinúa que Abel Martín fue «hombre mujeriego»[55]. Esto da a
este apócrifo escritor una personalidad radicalmente diferente de la
que asume Antonio en la lírica amorosa anterior. De ahí que haya
que recordemos aquí lo que Antonio dijo en la conocida copla:

> Busca a tu complementario,
> que marcha siempre contigo
> y suele ser tu contrario[56].

Y en este caso Abel Martín lo es cuando (en el supuesto tratado
Lo universal cualitativo) especula sobre el proceso sicológico que im-

53. J. M. VALVERDE, *Antonio Machado*, ob. cit., p. 157.
54. A esto me referí antes (pp. 173-174) con respecto a Pedro Espinosa (y
por tanto, de rechazo, con respecto a Góngora); Alberto Navarro González comenta en un breve artículo la «extraña mezcla de admiración y animadversión
que Antonio Machado sentía hacia Calderón» (*Antonio Machado y Calderón de
la Barca*, «A B C», Madrid, 16 agosto 1975).
55. *Obras*, ed. cit., p. 295.
56. Idem, CLXI, XV, p. 255.

plica el amor en el hombre español, y llega a la conclusión de que
«la imaginación pone mucho más en el coito humano que el mero
contacto de los cuerpos». Y por eso recomienda «poner freno [...] a
esta tendencia, natural en el hombre, a sustituir el contacto y la imagen percibida por la imagen representada, o, lo que es más peligroso
y frecuente en cerebros superiores, por la imagen creada». De ahí que
en esta exposición de una teoría del amor invierta la relación entre la
subconciencia y la conciencia, haciendo que sea la segunda lo que
desarregle el proceso de la sexualidad. «El objeto erótico, última instancia de la objetividad, es también, en el plano inferior del amor,
proyección subjetiva.» [57] Por tanto, estas reflexiones de Abel Martín son de signo distinto y aun opuesto a las que se desprenden del
comentario del soneto «*Nel mezzo del cammin...*», en el que lo que
se ha justificado ha sido la experiencia de un amor de *esencia* y no
lo que se estimó allí reflejo en los sentidos, amor en el que se parti-
cipaba con ellos, frente al que percibía a la amada esencialmente.
¿Representa esto una contradicción? ¿Pudieron ser vaivenes de una
experiencia en lo que tocaba al caso del poeta? La función del apócrifo en la obra de Antonio es muy importante, sobre todo cuando
el escritor aparece polemizando consigo mismo y enriqueciendo a
la vez las perspectivas del mundo, como dice Barjau [58].

EL PARALELO DE LA «VITA NUOVA»

Para comprender esta compleja casuística creo que conviene volver a los orígenes de la lírica europa, tal como culminó en el poeta
florentino. De acuerdo con el carácter de la *Vita Nuova*, Dante reflexiona también sobre lo que ocurre al contemplar a la amada: «Da
questa visione innanzi cominciò lo mio spirito naturale ad essere
impedito ne la sua operazione, però che l'anima era tutta data nel
pensare di questa gentilissima.» [59] La situación y el proceso del amor
de Dante y Beatrice llegó a ser universal (según la medida europea,
claro es), y su paralelo pudiera aplicarse al caso que expone Machado.
Recordemos lo que decía el soneto de la *Vita Nuova* que copió en los
Complementarios: la *honda verdad*, no como realidad social hiriente
de un amor a destiempo, sino como el descubrimiento de la *pura
esencia* en la amada, sería el *svegliar lo spirito d'amore; amor per
sire e'l cor per sua magione* sería ese perderse en los ojos haciendo
en ellos residencia. En suma, *Amore e cor gentil sono una cosa.* Afir-
mado así el amor, no queriendo el espejo (pues las apetencias están
dentro en la imagen y ellas son las que inclinan el coito), sino la ver-

57. Idem, p. 302.
58. Sobre la compleja función de estos desdoblamientos, véase en el libro
de E. BARJAU, *Antonio Machado: teoría y práctica del apócrifo*, ob. cit. en el
ensayo que da título al libro, pp. 61-119, en especial p. 107.
59. *Opere, Vita Nuova,* ed. cit., p. 368.

dad del amor, Dante había realizado lo que no quería Abel Martín en su teoría del amor activo: crearse la imagen del amor en cuanto representación autónoma, desligada de apetencia, que puede sustituir en los cerebros superiores al fenómeno natural del amor del sexo. Si el caso se aplica a Guiomar, el paralelo resultaría tentador para quien quisiera persistir en un amor en el que la realización humana última resultaba imposible por la situación de los enamorados: ni ella rompería con la situación social en que vivía, ni él llegaría a los últimos grados de la exaltación romántica de un amor imposible. Dejando a un lado lo que toca a ella, en cuanto a él se ha dicho que «lo que pasaba, sencillamente, era que Antonio Machado no estaba de veras enamorado de Guiomar» [60], y que ella representaba más bien una interferencia en su orientación ideológica. La cuestión es para mí mucho más compleja, pues depende de qué se entienda por amor y si un hombre puede separar con claridad los efectos del amor del conjunto de su vida; vivir no es saber lo que se hace, sino intuir que todo —voluntad, afectos e intelecto— se mezcla para producir tirones inesperados, reflejos cambiantes, confusión en la vida sobre lo que sólo el tiempo puede enderezar, poner luz y claridad en la medida en que se crea una nueva situación. El amor que en este caso entró en juego, pudo ser una de estas sacudidas hacia la historia que se revivía en una experiencia a la vez afectiva e intelectual, una luz que venía de los libros, una tenue claridad sobre lo que era por naturaleza difícil y oscuro. Para lo que propongo, conviene tener en cuenta lo que el propio Machado dice sobre el caso de esta relación entre los dos, cuando, en la medida de lo posible, reflexiona sobre su peculiar carácter: «Las verdades vitales son siempre paradójicas y un poco absurdas.» [61] Contando con esto, todo cuanto digo es un esfuerzo por encauzar hacia alguna parte esta experiencia humana; cuando se trata de darle un cauce literario, Antonio viene a reunirse con la vieja expresión del amor lejano que Dante aseguró en la versión italiana y luego Petrarca afirmaría para acabar platonizándose, que no pide la entrega física de la amada, y al que basta que la amada exista para que el amante sienta en ella la plenitud del mundo y de su corazón. Y esto reconociendo que la palabra (sea la íntima de las cartas privadas o la pública de la poesía impresa) puede llegar a ser inútil, porque —escribe en la misma carta en que reconoce la paradoja y el absurdo de la verdad de su vida— «ya que nosotros la palabra es casi superflua, que tanto (sic) sin hablar nos entendemos» [62].

60. J. M. Valverde, *Antonio Machado*, ob. cit., p. 250.
61. C. Espina, *De Antonio Machado...*, ob. cit., p. 151.
62. Idem, p. 151.

EL SONETO DE LA «MADONNA» DEL PILAR

El soneto que acabo de comentar, difícil y aun enigmático, es un ejemplo de cómo resulta ardua la crítica de un autor que se tiene comúnmente por sencillo y directo. Pero el esfuerzo vale la pena porque el poeta crea el conjunto de una obra, y tan legítima es esta poesía como la que se nos ofrece diáfana y transparente de significación.

Voy a emprender el comentario de otro soneto que se halla, como el anterior, situado bajo el influjo directo de Dante. Y en este caso no aparece una mención determinada como el fragmento del verso citado, sino una alusión concreta al poeta y a lo que éste representa en la espiritualidad amorosa. Además, no aparece aquí la señal poética de Guiomar, sino el nombre verdadero de Pilar. No hay ocultamiento —o a lo más, indiscreto velamiento—, y el sentido es, sin ninguna duda, paladino. En este caso, Antonio no se vale de los complementarios, y él mismo es el que se acerca a la dama, que aquí se llama *madonna* del Pilar, con un libro de Dante en la mano, y él se lo ofrece junto con una ofrenda floral de humilde contenido: una mata de espliego serrano y una rosa de silvestre espino. El soneto dice:

> Perdón, madona del Pilar, si llego,
> al par que nuestro amado florentino,
> con una mata de serrano espliego,
> con una rosa de silvestre espino.
>   ¿Qué otra flor para ti de tu poeta
> si no es la flor de su melancolía?
> Aquí, donde los huesos del planeta
> pule el sol, hiela el viento, diosa mía,
>   ¡con qué divino acento
> me llega a mi rincón de sombra y frío
> tu nombre, al acercarme el tibio aliento
> de otoño, el hondo resonar del río!
>   Adiós: cerrada mi ventana, siento
> junto a [mí un] corazón... ¿Oyes el mío? [63]

Este caso es diferente del anterior. Aquí la erudición crítica no hubo de poner en juego sutilezas, pues todo está claro: la Beatrice del poeta moderno es Pilar, y la línea del sentido del soneto avanza sin lugar a dudas. Y es que el soneto, en este caso, no estuvo destinado al conocimiento público, pues se encontró entre los papeles privados de su hermano Manuel y permaneció inédito hasta 1956 [64]. Después del riguroso examen a que lo sometieron Justina Ruiz de Conde

63. *Obras*, ed. cit., p. 759. Hago algunas modificaciones de acuerdo con JUSTINA RUIZ DE CONDE, *Antonio Machado y Guiomar*, Madrid, Insula, 1964, p. 102. El poeta castellaniza *madonna* como *madona*.
    64. *Obras*, ed. cit., p. 986, nota.

y José Luis Cano, no cabe duda de que es una pieza amorosa de carácter profano, dedicada a la escritora Pilar Valderrama o de Valderrama, como aparece en las portadas de sus libros. Dejando de lado lo que la cítica literaria ha escrito sobre Pilar Valderrama, el propio Antonio escribió la reseña de uno de ellos, *Esencias*, al que calificó de «colección de poemas plenamente logrados» [65]. Lo que representó esta escritora, la Guiomar de sus versos, en Antonio, no se ha precisado todavía, pues la intimidad tiene sus derechos que afirma la discreción humana, como indica Oreste Macrí, uno de los indagadores más constantes de la vida y de la obra del poeta [66]. Pero los documentos poéticos sí nos permiten aportar datos sobre nuestro propósito de verificar un estudio de la literatura comparada tangencial a otras muchas cuestiones y que convendrá tener en cuenta cuando éstas se planteen.

Pasemos ahora a examinar este soneto desde nuestro punto de vista, preconcebidamente limitado. Mi juicio crítico es que el soneto posee un aire estético decididamente prerrafaelista en su constitución, hispanizado por medio de la condición de las flores de monte bajo y por el paisaje desolado que bordea el conjunto de los amantes. Como contraste con la soñada suavidad de los lugares italianos, esta pareja de los tiempos modernos está radicada en una naturaleza agreste con la dura mención de los *huesos del planeta* pulidos por el sol y helados por el viento. Dice Justina Ruiz que el soneto se escribió en Segovia en un otoño entre 1927 y 1931 [67]. La mención de *madona* es un italianismo que desde el comienzo asegura el aire prerrafaelista; la asociación del lector va hacia las madonas religiosas (y más por la composición *madona* del *Pilar* y no madonna Laura, como corresponde al uso común italiano). Por eso pudo interpretarse a lo religioso este soneto siguiendo un equívoco que acaso dispuso el mismo poeta. Pero el verdadero camino hay que buscarlo donde corresponde: en Dante, el poeta aludido en el curso de la composición. Por eso el poeta se dirige a la dama con este vocativo, que es a la vez de respeto y de juego, sobre todo en contraste con el arranque tan sumamente coloquial: *Perdón...* Recordemos que el propio Machado se había valido del mismo recurso para crear una impresión de sorpresa en el lector con motivo de la sextilla de 1912 que ya comenté al principio. Aquí, sin ningún propósito de publicidad, escribiendo un poema destinado a una sola lectora, vuelve a la misma disposición sintáctica, y también situando el coloquial *Perdón...* junto a un vocativo inmediato como el de *madona del Pilar:* el lector se ve obligado a una brusca desviación, no sabiendo con qué carta quedarse. Así el zig-zag de este curso del sentido punza la fruta madura del encanto

65. *Obras*, ed. cit., p. 842; se refiere al libro de PILAR DE VALDERRAMA, *Esencias, poemas en prosa y verso*, Madrid, Rafael Caro Raggio, 1930. La crítica apareció en «Los Lunes del Imparcial», 5 de octubre de 1930.
66. *Poesie*, ed. cit., p. 51.
67. J. RUIZ DE CONDE, *Antonio Machado y Guiomar*, ob. cit., p. 114; acaso algún día pueda precisarse más.

que tiene el soneto privadísimo. Y además, después de esta violencia
con el lector, el poeta acompaña el ofrecimiento, amorosamente cortés, de las flores y del libro. Esta cortesía se separa en los dos planos
de contexto: la que corresponde al tiempo moderno, con el *Perdón...*,
y la que procede y revive el tiempo medieval de la apelación italiana a la amada[68]. Esta tensión es la que crea el carácter prerrafaelista dentro de un sentido artístico en el que veras y bromas dan un
carácter tierno e íntimo a la pieza. El libro es de *nuestro amado florentino: nuestro* quiere decir de los dos, de Antonio y de Pilar, y es
indicio de que ambos han conversado sobre Dante y sienten por él
un *amor* que es indudablemente de parentesco espiritual. En cuanto
a Antonio, quedó ya manifiesto. Ahora me toca hacerlo con Guiomar.

DANTE Y PILAR VALDERRAMA

De lo poco que sabemos de esta escritora, hay suficiente para
afirmar una relación literaria entre ella y el poeta medieval. A través
de las noticias de Justina Ruiz, puede decirse que Pilar Valderrama
se sintió inclinada desde niña a la poesía y a la soledad; estuvo relacionada con Andalucía, y fue conocedora y aun entusiasta del folklore de esta región; había tenido una «buena» formación lingüística,
pues después de sus estudios en el Colegio del Sagrado Corazón, con-
tinuó «en casa con profesores particulares que ampliaron sus cono-
cimientos de literatura, sobre todo la francesa, perfeccionaron su
francés, y le enseñaron el italiano»[69]. En efecto, en el libro *Esencias*,
que fue objeto de una reseña por parte de Antonio, encontramos unas
citas que se refieren directamente a Dante.

Por de pronto, Antonio —como dije— expresó su opinión sobre el
libro *Esencias*, y aun cuando esta sea la de un crítico que no puede
juzgar objetivamente (o acaso por esto), lo que dice está doblemente comprometido: con la vida y con la literatura. Es obra —escribe—
«muy de mi gusto —lo confieso, aunque se me tache de rezagado—»[70];
es un libro femenino, que exalta el amor, pero no reclamo erótico;
es, en su sentido femenino, «delicado, señorial y honesto». Sale a relucir Fray Luis de León; es libro en el que la mujer, «objeto de amor,
actividad autónoma del espíritu, expresión de libre afectividad, supone plena victoria sobre los ciegos ímpetus de la naturaleza y requie-

68. El detenido comentario que J. Ruiz de Conde realiza en el mencionado
artículo «¿Un nuevo soneto de Antonio Machado?», del libro *Antonio Machado
y Guiomar* (pp. 101-118), me evita extenderme más en los aspectos estilísticos
de la obra; añadiré que uno de los fragmentos de las cartas publicadas por
Concha Espina es un texto paralelo al soneto, sólo que naturalmente en prosa:
«Y en Segovia estoy. Aunque te parezca extraño, la noche está tibia y tengo
abierto el balcón hacia el Eresma, donde escucho tu nombre.» (De *Antonio
Machado...*, ob. cit., pp. 29-30).
69. J. RUIZ DE CONDE, *Antonio Machado y Guiomar*, ob. cit., p. 132.
70. Las citas son de *Obras*, ob. cit., pp. 838-840.

re la tregua del eros genesíaco...» Este amor contenido y encauzado
acaba por culminar en «el clima fraterno que trajo Cristo al mundo». Amor-piedad que exalta las virtudes más problemáticas del hombre moderno —piedad, humildad, compasión, castidad—, de orden
espiritual, en contradicción con la naturaleza. Pero, al mismo tiempo,
es lírica «apasionada, fervientemente vital, llama que aspira a poca
luz, pero que arde y quema», propicia a la forma del cantar andaluz,
pero nunca pastiche folklórico. Poesía natural, que significa bien
dicha, directa, austera, evidencia del corazón, esencia lírica de una
marcado sabor temporal.

Esta opinión la publicó Antonio en «El Imparcial» del 5 de octubre de 1930; es el período de Segovia, con frecuentes viajes a Madrid
y con una gran actividad en el teatro. En esto coincidía con Pilar,
en cuyo hogar eran todos, marido y mujer y los tres hijos, aficionados al arte dramático y, en especial, a los aspectos de la escenografía
y la decoración, pues en su casa dieron representaciones infantiles,
marionetas y otras producciones más serias, a las que asistían los
amigos, escritores y artistas [71]. Pero hemos de dejar la anécdota para
ir a lo esencial. Por estas varias inclinaciones entre los dos, creció
entre Antonio y Pilar una relación amistosa; él había pasado la frontera de los cincuenta años, y ella sabía lo que cabe esperar en el trato entre el hombre y la mujer. El, viudo de un amor que le había
dejado el rescoldo aún encendido en el recuerdo persistente y cultivado, y ella, casada, con hijos, gustosa del trato activo con la gente
de letras y de teatro en el Madrid de los años 30. Es evidente que
fue hermosa, y audaz en la medida en que no tuvo reparos en escribir
la poesía de amor que nos muestran sus libros, y cuyas notas personales expuso Antonio examinando la poesía de *Esencias*: piadosa, humilde, compasiva y casta, y también apasionada. Antonio, hombre
y poeta, se enamora, y lleva la procesión por dentro: la bautiza poéticamente con un nombre cargado de resonancias literarias y la envuelve con los velos de la discreción, dejando, sin embargo, correr
el caudal poético.

Esto nos basta, y aquí entra lo nuestro. El caso humano de cada
amor es único, pero existen los paralelos; los dos, empapados en literatura, cultivadores de un trato intelectual de características peculiares, cercados por la vida social, buscan los casos análogos, y el
de Dante se les ofrece con su prestigio universal. Antonio guarda si-

---

71. Con ocasión de la *Obra poética* que publicó PILAR DE VALDERRAMA (Madrid,
Siler, 1958), que es una extensa antología de su creación, escribe que podría
situar en el prólogo de la misma «párrafos de las críticas de esos libros debidas a las plumas insignes de Melchor Fernández Almagro, Araujo Costa, Manuel Bueno, Cansinos-Asséns, Angel Dotor, Cristóbal de Castro, Alfredo Marquerie, Díez Canedo, Federico Sáinz de Robles, etc., etc.» La referencia está
condicionada, pues falta la del más importante, que se halla implícita en otras
partes. Así, en «Interrogante», aparece el epígrafe «Castilla miserable, ayer dominadora...», sin mención de quién sea («A orillas del Duero», XCVIII); y dentro de la segunda estrofa, entre comillas, aparece: «Envuelto en tus harapos.»
(andrajos, dice Antonio.) (p. 263).

lencio y oculta el nombre de la amada en la señal medieval, y los
dos conocen la vida y la obra de Dante, cuya experiencia dio la medida del amor espiritual a Occidente. La lucha entre carne y espíritu
se renueva, y el triunfo es del espíritu. Lo dice Pilar en *Esencias*, un
libro en el que alternan los versos con una prosa poética que a veces
recuerda la disposición de los escritos mixtos de Antonio; se está
refiriendo a la amargura del desencanto, en concreto, del de amor, y
escribe: «los que más supieron de él fueron aquellos, en exceso idea-
listas, que los situaron [las aspiraciones] en las elevadas regiones del
espíritu» [72]. Del amor al que se refiere la autora, la Humanidad (así,
con hache mayúscula) actual sabe poco porque es «el más difícil de
lograr, y huye de lo difícil, que, si guarda más íntimos y dulcísimos
goces, impone mayores luchas y renunciaciones; los afanes de ahora
se encaminan todos a la conquista de fortuna, placer, fama; pero se
olvidan del tesoro de ese amor del espíritu, que es esencia de amor» [73].
Y poco después viene la alusión que busco, pues cuando menciona un
ejemplo de este amor, viene a dar con Dante, y su *Vita Nuova*: «Sólo
este amor del espíritu pudo inspirar a Dante los maravillosos versos de su *Vita Nuova*, pura esencia de amor, cuya posesión satisface
únicamente a las almas dotadas de exquisita sensibilidad y en las que
el desengaño de tal amor llena para siempre de infinita amargura.
¿Quién nunca ha probado desencantos de amor?...» [74] Desencantos es
la palabra reiterada por la autora: ¿de qué? Y leyendo el libro aparece repetidas veces la denuncia de lo que más daña este amor del espíritu, la carne. Es la vieja dualidad que se arrastra por la Edad Media europea. Y por eso la autora lo expresa con versos de Dante:
«¡Sensualidad de la carne! ¡Verdugo de amor! Al que arrastra desde
las altas esferas, pendiente abajo, hasta hundirlo *Là dove molto pian-
to...* envolviéndolo en la rueda infernal de la lujuria *Che mugghia
come fa mar per tempesta.*» [75] Y, en seguida, como si fuera un *com-
mento* más de la obra del florentino, glosa los versos así: «En pugna
con esta sensualidad exclusivamente material, está la voluptuosidad
del espíritu, nacida de la vibración gozosa que la contemplación de la
belleza nos produce, del desbordamiento interior con que ese mismo
deleite nos inunda. Cuanto más ávidos de belleza, más amaremos la
vida, y si aquella sensualidad nos hunde, esta nos levanta; si es amor,
lo espiritualiza; si es arte, lo hace inmortal.» [76] He aquí, pues, una
teoría del amor en cuyo sentido no entramos. Antonio leyó el libro
y su crítica fue favorable, aunque estuviese muy lejos y en oposición
con lo que había dicho su complementario y contradictor Abel
Martín.
    Este equilibrio en el filo de la navaja, la voluptuosidad y sensua-

---

72. P. DE VALDERRAMA, *Esencias*, ob. cit., p. 23.
73. Idem, p. 23.
74. Idem, pp. 24-25.
75. Idem, p. 61. Los trozos citados pertenecen, respectivamente, a la *Divina
Comedia*, Inf., V, vv. 27 y 29.
76. Idem, p. 61.

lidad espirituales, conduce a un límite equívoco, en el que la distinción entre deseo y amor hunde la concepción del amor mixto o matrimonial, pues la sensualidad de la carne resulta ser «embaucadora hábil, desalmada celestina que lleva hasta los altares lo que es deseo y no amor. Los mismos desposados lo ignoran, hasta que se lo va mostrando la experiencia dolorosa que graba en sus frentes las huellas de la infelicidad: satisfecho el deseo, ¿qué queda?; desestimación, vacío, distancia infranqueable...»[77] La frustración del amor total conduce a este otro amor difícil «...Mientras, unos pocos buscadores de belleza gozan, silenciosos, de la voluptuosidad del espíritu, que no es alegre ni reidora; es dulce, callada, porque es íntima... de la voluptuosidad del bien, del Arte, inagotables, que nos salvaron, ¡tantas veces!, de rodar a la corrompida fosa; y de las estridencias del *jazz* en las noches sin luna...»[78]

Experiencias como esta, impulsadas entre la creación y la imaginación, son las que, según la autora, dan lugar a las grandes obras como el *Quijote* y las *Moradas;* y añade también: «Desde las penalidades y azares del destierro, la imaginación camina, camina..., y Dante trae al mundo la *Divina Comedia.*»[79]

La teoría del amor

El sistema expuesto, en su elemental planteamiento filosófico, aparece redondo. Dante, interpretado con este radicalismo romántico, forzada su complejidad a este esquema de signo femenino, resulta otra vez una autoridad para la exposición del caso de amor. Si se aplica a los documentos que conocemos y están publicados, resulta que Antonio da voz y lucha al mismo tiempo con el complementario opositor; en el campo de la filosofía, se bate con ventaja pero se abandona a la esperada derrota; ella, prisionera de las circunstancias, no rompiendo, sino dorando las rejas del cerco espiritual, se siente asegurada con la lectura del florentino. Ella juega el papel de Beatrice, y él resulta ser como otro Dante del siglo XX que transforma la pasión en este otro amor espiritual del que resulta la creación artística. De ahí que en disposición paralela existan las poesías de Guiomar, obra de arte y, por tanto, destinada a todos, y las cartas a su «diosa», como la llama repetidamente[80]. En lo que conocemos del epistolario, Antonio se vale de una peculiar expresión, cuyo sentido exacto sólo existe si se tiene en cuenta el carácter íntimo de la comunicación. La realidad del caso humano penetra en la poesía (lírica y teatro); en cuanto al teatro hay testimonios de la trasfusión, sobre

77. Idem, p. 62.
78. Idem, pp. 62-63.
79. Idem, p. 100.
80. La denominación toma sentido en la fraseología de la lírica cortés; Dante expresó que en su dama le parecía «vedere tutti li termini de la beatitudine» *(Opere, Vita Nuova,* ed. cit., p. 366).

todo en cuanto a la obra dramática *La Lola se va a los puertos:* «El propósito de sublimar a la Lola es cosa mía. Se me ocurrió a mí pensando en mi diosa y se exponía en la primera escena del segundo acto que te leí un día en nuestro rincón. A ti se debe, pues, toda la parte trascendente e ideal de la obra.» [81] Y aún lo expresa más claramente en otra parte: «¿Dices que hay algo nuestro en la comedia? En todo lo que escribo y escribiré hasta que me muera estás tú, vida mía. Todo lo que en la Lola aspira a la divinidad, todo lo que en ella rebasa del plano real, se debe a ti, es tuyo por derecho propio.» [82] Pero el pensador, aun en el caso de prever el dolor de una ausencia definitiva, aparece en otro fragmento de una carta cuando diagnostica en general: «Así pienso yo que los amores, aun los más *realistas* [subrayado en el original], se dan en sus tres cuartas partes en el retablo de nuestra imaginación.» [83] Esta afirmación general tiene su función en la teoría de la creación poética; si en el «amor más realista» (y con esto cabe entender el amor en el que la unión de los amantes es completa) ocurre esto, piénsese cuál ha de ser la función del «saber imaginar» en los casos en que no se llega al cumplimiento de esa realidad. Entonces el poeta puede inventar a su antojo, seguro de que si pasó por la prueba del amor verdadero, acertará. De ahí que Antonio escriba esto que parece un alarde paradójico:

> Todo amor es fantasía;
> él inventa el año, el día,
> la hora y su melodía,
> inventa el amante, y, más,
> la amada. No prueba nada
> contra el amor, que la amada
> no haya existido jamás.

Esta poesía no fue escrita por un adolescente, en el punto de partida del comienzo del amor, sino todo lo contrario: es el puerto de arribada después de muchas singladuras amorosas. Y la importancia que le concedió Antonio se deduce, a mi parecer, por el hecho de que la integrase en su libro *Juan de Mairena*, de 1936. Allí estos versos se atribuyen a Abel Martín; y los comenta Mairena declarando que los encontró en «el álbum de una señorita —o que lo fue en su tiempo— de Chipiona». Antonio, pues, pretende desprender la cuestión de su caso personal, y aleja la experiencia referida retrocediendo dos generaciones de complementarios. Y en su comentario el maestro Abel Martín exalta el valor poético que tiene el poder olvidarse la anécdota, de lo superficial, para así descubrir lo que está más profundo: «Merced al olvido puede el poeta [...] arrancar las raíces de su espíritu, enterradas en el suelo de lo anecdótico y trivial, para amarrarlas, más hondas, en el subsuelo o roca viva del senti-

81. C. ESPINA, *De Antonio Machado...*, ob. cit., p. 56.
82. Idem, p. 56.
83. Idem, p. 184.

miento [...] alumbrador de formas nuevas.» Por eso los versos que
siguen a esta declaración terminan así:

> ... siempre tú, Guiomar, Guiomar,
> mírame en ti castigado:
> reo de haberte creado,
> ya no te puedo olvidar [48].

Y esto da pie para la glosa que antecede a la declaración que comento de la nueva canción a Guiomar, CLXXIV, II: «A última hora el
poeta pretende licenciar a la memoria, y piensa que todo ha sido imaginado por el sentir.» El sentimiento, desprendido de la experiencia
que imagina sobre sí mismo, y sin efectos la proyección sobre el otro,
es la paradoja final, el puerto de arribada en el que el poeta se refu-
gia preparándose a morir, sin imaginarse lo que le esperaba todavía.
Todo lo dicho sobre el paralelo entre el poeta antiguo y Beatrice,
y el moderno y Guiomar, se ha de entender a través de los condicio-
namientos culturales expuestos. Buscar paralelos en el lenguaje de
amor es muy peligroso; constantemente la experiencia humana del
amor se renueva en cada caso y, al mismo tiempo, se recae en las viejas fórmulas. Notamos que la interpretación que dan Antonio y Pilar
a la obra de Dante puede parecernos simple y aun diré ingenua, sobre
todo por parte de él, que lee y cita a los filósofos modernos, y él
mismo crea filosofía por mediación de sus apócrifos; él, que es un
autor cuya poesía va entrando en un signo de acción política y social diverso del que ella pone de manifiesto, mujer religiosa, de ideales burgueses. Pero esto no importa, pues de la intimidad no sale
afuera en forma directa más que las cartas, que eran sólo de ellos. Lo
que vale en la realización poética es la poesía a Guiomar, y este entramado semioculto de las cartas es de otro orden; y no hay que olvidar que la carta tiene un solo destinatario y no un público de lectores,
y que su publicación tiene, en todo caso, valor de documento y no de
pieza artística. Pero aun contando con esto, aparece en los dos el propósito de arrimar su caso al del poeta antiguo y, a través de él, hacia
Platón, el filósofo que puede guiar el pensamiento del poeta en este
esfuerzo por justificar una situación que se vive sabiendo que nada
ha de ocurrir que no se haya previsto en los límites en que ambos
deciden situar la relación personal. Es el equilibrio en el filo de la
navaja. En Segovia o en Madrid, por los jardines de la Moncloa o
en el modesto café de barrio en que se veían, Platón y Dante serían
como escudos frente a la indiferencia o curiosidad de los otros. Escribe Antonio valiéndose de un lenguaje sencillo y directo, como de
colegial: «En estas ocasiones en que un obstáculo ajeno a nuestra
voluntad rompe la posibilidad de comunicar contigo, mido yo, por

84. *Obras*, ed. cit., p. 343, poesía CLXXIV, II. Pertenece a «Otras canciones
a Guiomar a la manera de Abel Martín y de Juan de Mairena», y se publicaron
en las *Obras Completas*, 4.ª ed., de 1936. La poesía aparece también en *Juan de
Mairena*, VII, *Obras*, ed. cit., p. 378; el capítulo se había publicado en «Diario
de Madrid», 3 de enero de 1935. A él pertenecen los fragmentos citados.

la tristeza y la soledad de mi alma, toda la hondura de mi cariño hacia ti. ¡Qué raíces tan hondas ha echado!»[85]

Ya consideramos antes cómo esto mismo pudo convertirse en poesía en el soneto «El tiempo que la barba me platea...» Pero Antonio tiene siempre que pensar; el fenómeno del amor en sí consiste en que la amada parece haber existido siempre; aparece explicado así, incidiendo en su preocupación por el tiempo: «Yo me lo explico pensando que el amor no sólo influye en nuestro presente y en nuestro porvenir, sino que también revuelve y modifica nuestro pasado. ¿O será que, acaso, tú y yo nos hayamos querido en otra vida? Entonces, cuando nos vimos no hicimos sino recordarnos. A mí me consuela pensar esto, que es lo platónico.»[86]

Las *limitaciones* en este amor son decisivas, según aparece declarado en una parte del epistolario: «Dices en tu carta, diosa mía, que si no me cansaré yo de un cariño con tantas limitaciones.» El poeta no lo cree así, pues ha quedado solo en la esencia, y entonces lo declara en forma inequívoca: «Cuando en amor se renuncia —aunque sea por necesidad fatal— a lo humano, demasiado humano, o no queda nada —es el caso más frecuente entre hombres y mujeres—, o queda lo indestructible, lo eterno. ¡Ay, yo no dudo de mí! Pero tú, reina mía, ¿no serás tú la que algún día te canses de este pobre poeta?»[87].

Removiendo ellos el azúcar en el café servido por el camarero, que no sabemos qué pensaría del caso, de la pareja que se leían papeles y hablaban de poesía y Dios sabe de qué más, renacían otra vez lo que escribe Dante al comienzo de la *Vita Nuova* cuando aparece ante el poeta por vez primera «la gloriosa donna de la mia mente, la quale fu chiamata da molti Beatrice...»; entonces el alma del poeta —aunque sólo tenga nueve años en la ficción poética— aparece conmovida en grados distintos según lo dominante fuese el corazón, la contemplación racional de los sentidos o la parte del mantenimiento de la vida; y según sea, comenta el caso de difertnte manera: «In quello punto dico veracemente che lo spirito de la vita, lo quale dimora ne la secretissima camera de lo cuore, cominciò a tremare sí fortemente, che apparia ne li menimi polsi orribilmente; e tremendo disse queste parole: *Ecce deus fortior me, qui veniens dominabitur mihi.* In quello punto lo spirito animale, lo quale dimora no l'alta camera ne la quale tutti lo spiriti sensitivi portano lo loro percezioni, si cominciò a maravigliare molto, e parlando spezialmente a li spiriti del viso, sì disse queste parole: *Apparuit iam beatitudo vestra.* In quello punto li spirito naturale, lo quale dimora in quella parte ove si ministra lo nutrimento nostro, cominciò a piangere, e piangendo disse queste parole: *Heu miser quia frequenter impeditus ero deinceps!»* Y cuando

85. C. Espina, *De Antonio Machado...*, ob. cit., p. 117.
86. Idem, p. 117.
87. Idem, p. 52.

esto había ocurrido el proceso de amor comenzaba: «D'allora innanzi dico che Amore segnoreggiò la mia anima...» [88]

Sabemos que a Antonio la afición por Dante le venía de lejos, tal como indiqué antes; y en Pilar procedía de lecturas de la literatura italiana, entre las cuales, además de Dante, se hallaban las de otros primitivos, como las *Florecillas* de San Francisco, de las que cita un curioso pasaje del capítulo X, en que frate Masseo va preguntando, dirigiéndose al Santo de Asís: «Perchè a te? perchè a te? perchè a te?» Y añade esto, queriendo que el Santo le responda sobre el motivo de que todos le busquen para verlo, oírlo y hacerle caso siendo feo, poco leído e hijo de un mercader; y este es el trozo copiado como epígrafe por Pilar: «Dico perchè a te tutto il mondo viene dietro, e ogni persona pare che desideri di vederti ed udirti ed ubbidirti? Tu no se'bello uomo del corpo, tu non se'di grande scienza, tu non se'nobile: donde dunque a te, che tutto il mondo ti vegna dietro?» [89]

San Francico contesta con una lección de humildad, y Pilar, por su parte, interpreta la caridad franciscana con las flores y los pájaros de esta manera: «Y en medio del materialismo, la soberbia, la ambición de ahora, las florecillas dan su olor, los buenos pájaros cantan... ¡No llores, corazón mío!» [90]

Dante, junto con la nota franciscana, es así el arrimo de esta difícil situación de Guiomar; en medio de un mundo de convenciones, esta confluencia en Dante nos ofrece un caso más de que el viejo poeta de Europa pudo hallarse en el fondo de la vida y de la obra de Antonio cuando quiso encontrar una mano amiga que le orientase en el desconcierto.

Y ahora, para dar fin al comentario de este soneto a la madona del Pilar, cabe preguntarse por el libro que envió Antonio junto con la poesía. ¿Sería la *Divina Comedia*, por cuanto es el más conocido de todos? ¿O, a lo que me inclino, la *Vita Nuova*, tan llena de sugerencias líricas y de reflexiones sobre el amor? Meditar sobre él pudo ser para ambos la solución intelectual de lo que no podía plantearse en los términos de la vida común. La *flor de la melancolía* es así resignación y conformidad, y el paisaje duro que rodea la entrega, completa el signo hispánico de lo que se concibió como un cuadro poético más propio de la Edad Media y de las orillas del Arno que de los tiempos modernos y de la tierra segoviana y de los paseos y cafés madrileños.

No podemos aquí juzgar el caso humano ni tampoco la obra que pudo proceder de él, pues los principios del método de la literatura comparada obligan a que me limite a justificar el caso de la relación y no a valorarlo críticamente. Algún crítico, Justina Ruiz [91], ha llega-

88. *Opere*, ed. cit., p. 365.
89. Cito por *I Fioretti di San Francesco*, Milán, A. Mondadori, 926, p. 266, el texto en *Esencias*, p. 39.
90. Idem, p. 41.
91. J. Ruiz, *Antonio Machado y Guiomar*, ob. cit., p. 43.

do a escribir que el soneto que empieza *Nel mezzo del cammin* y otros que presentan huellas dantescas con el caso del amor de Guiomar, son las obras en que «Machado da la talla más alta como poeta del amor». Detengamos el juicio crítico, que no es nuestro cometido, y acabemos diciendo que lo que siguió está fuera de nuestra competencia, si bien podemos señalar que por la parte del poeta aparece expresado en un soneto lírico que irrumpe inesperadamente en su poesía de guerra; allí, entre el recuerdo de Lorca asesinado, el niño muerto por el bombardeo, los nombres de Líster, Miaja, jefes en el combate, y Federico de Onís, el pulcro antólogo, el poeta recuerda en 1938 a Guiomar y expresa de manera contundente —el corte frío del hacha de la guerra, de la tragedia de España— lo que siente:

> ... La guerra dio al amor el tajo fuerte.
> Y es la total angustia de la muerte,
> con la sombra infecunda de la llama
>
> y la soñada miel de amor tardío,
> y la flor imposible de la rama
> que ha sentido del hacha el corte frío [92].

Por su parte, Pilar Valderrama, en una poesía dedicada a Castilla, dura y fría, recuerda, en una premonición de muerte, a los que amaron esta tierra, y en la compañía de los guerreros de la Edad Media está un puñado de hombres entre los que se cuenta, aunque sin nombrarlo, a Antonio:

> Te amo con ese Cid y ese Jorge Manrique,
> y otro puñado más de algunos escogidos,
> que saben descubrir bajo tu costra dura
> tu belleza serena, el temblor de tu espíritu [93].

Castilla resulta así el punto de confluencia, más allá de la muerte, y allí monta la guardia con el Cid otro de los escogidos, Jorge Manrique, que no se sabe a ciencia cierta qué hace allí, como no sea despertar el alma dormida.

TRES SONETOS MÁS PARA ESTABLECER
RESONANCIAS DE FONDO DANTESCAS

La relación de Antonio Machado y Dante sobrepasa los límites de lo que llevo dicho en cuanto a su presencia activa en la vida y obra del poeta moderno. Esto ocurre porque Dante es autor de obra muy variada, y las vías de su presencia o resonancia en la literatura posterior son diversas. Además de las mencionadas en los párrafos pre-

92. *Obras*, ed. cit., p. 651.
93. P. DE VALDERRAMA, *Obra poética*, ed. cit., p. 265, «Interrogante».

cedentes, cabe también referir lo que J. M. Valverde [94] ha querido señalar como «una nueva imaginación» presente en la relación entre los sueños y Dante en la obra de Antonio, manifestada sobre todo en las *Nuevas Canciones*, de 1924, y en una parte en donde abunda el uso del soneto; en «Los sueños dialogados», el soneto «¿Por qué, decísme, hacia los altos llanos...» lleva en la edición de 1924 la mención «(Sevilla, 1919)», y es seguro que se refiere a Leonor. Sería, a mi parecer, fecha final por una parte, e inicial en otra; desde entonces comienza un período diferente en el que Antonio escribe un grupo de sonetos que manifiestan inquietudes de otro orden. Y una de las características de este grupo poético es la presencia de visiones de sueño, que denotan el conocimiento que Dante hizo de este procedimiento en su obra poética, tan propio del período medieval. Sólo que en este caso no es el Dante de la *Vita Nuova*, sino el agitado y conmovido viajero por los infiernos. Tres son los sonetos en que aparece esta resonancia de Dante, encontrándose además en otras poesías que citaré. Repito lo que doy por supuesto, y es que en estos casos no hay que pensar en una dependencia directa de orden textual, sino en este entramado de lazos culturales que se forma en Europa en torno de la obra de Dante y de su continuidad en Italia, una de las bases de la cultura literaria de Europa. Llamo «modernista» a este rasgo por lo que señalé en un principio en cuanto a las primeras manifestaciones de la aparición de Dante en la poesía de Machado en 1912, coincidente con la aparición paralela de Rubén Darío. Además esta presencia es compatible con otros aspectos de las *Nuevas canciones*, sobre todo las que se relacionen con la poesía tradicional y el tratamiento que le otorga Antonio en este libro.

Comentaré a continuación tres sonetos de Antonio en los que aparece esta característica mencionada, avisando anticipadamente que mi comentario será parcial y toca sólo a los rasgos medievales que aparecen en ellos, pues este es mi cometido en el libro.

1. Esto soñé

ESTO SOÑE

1   Que el caminante es suma del camino,
       y en el jardín, junto del mar sereno,
       le acompaña el aroma montesino,
       ardor de seco henil en campo ameno;

5   que de luenga jornada peregrino
       ponía al corazón un duro freno,
       para aguardar el verso adamantino
       que maduraba el alma en su hondo seno.

94. Prólogo de la citada edición de *Nuevas Canciones*, pp. 25-30.

Esto soñé. Y del tiempo, el homicida,
10   que nos lleva a la muerte o fluye en vano,
que era un sueño no más del adanida.

Y un hombre vi que en la desnuda mano
mostraba al mundo el ascua de la vida,
sin cenizas el fuego heraclitano [95]

El tema del soneto es, en este caso, un sueño. Lleva como título
una oración que se repite en el verso 9, donde está situada en el gozne del soneto: «Esto soñé». Los cuartetos y lo que sigue de los tercetos cobran realidad proteica en razón de esta oración-eje-título. Por
encima, desarrolla la imagen del poeta caminante, peregrino, que
madura —pule emocionalmente, y es de suponer que en la realización— el verso. El *que* anafórico de los versos 1 y 5, al comienzo de
los cuartetos, equilibra el desarrollo, a la vez que le da un sentido
de suspensión, que no cesa hasta llegar al *Esto soñé;* los complemen-
tos adelantados juegan esta función. El poeta está de vuelta de un largo camino, y, junto al mar, conserva aún aromas de monte y campo.
En el reposo del regreso hay que esperar que surja el milagro del
verso como diamante. A la otra parte del eje *Esto soñé* se encuentra la declaración del tiempo como un sueño mientras que la vida
arde sobre sí misma, siempre igual y siempre diferente, según la paradoja del viejo Heráclito.

Volvemos a encontrar en el desarrollo del soneto elementos gra-
tos al poeta, con ecos medievales precisos. De manera análoga al caso
de la poesía dedicada a Berceo, reaparece el tema del peregrino, y con
él cuaja un verso arcaizante con la mención «peregrino de luenga
jornada». El poeta, que anduvo por mares y montañas, lo mismo que
Bécquer [96], espera el verso que acabará siendo perfecto, en una geo-
lógica textura de diamante.

No pienso, claro es, que el sueño que aparece mencionado en el
poema de Antonio proceda directamente de Dante. Los críticos se han
referido en muchas ocasiones a la significación del sueño como elemento poético en Machado, a su diferente opinión sobre los mismos,
desde la «oniroscopia» u observación de los sueños, que aparece
como positiva en 1914, hasta el juicio negativo de 1934 [97]. Por otra
parte, la plurivalencia del sueño, desde el Romanticismo hasta Freud,
es múltiple en los poetas modernos, pero aun siendo así, estimo que
una exploración del sueño, según aparece en los textos más comunes
de Dante, puede ayudar a entender estos sonetos de Machado, cuya
oscilación entre la simbología y la subconsciencia puede recoger el
fruto de lecturas medievales. Así ocurre que en Dante el sueño se con-

95. *Obras*, ed. cit., p. 273. Serie poética CLXIV; son las «Rimas» que siguen
a «Glosando a Ronsard».
96. Véase mi libro *Poética para un poeta. Las «Cartas literarias a una mujer», de Bécquer*, ob. cit., pp. 81-91.
97. Véase J. M. Valverde, *Antonio Machado*, ob. cit., pp. 158-159.

sidera, al comienzo de la *Divina Comedia*, como un elemento de confusión [98]. En tales casos, de acuerdo con la tradición escrituraria, el sueño del alma representa el pecado. Pero hay una consideración del sueño que en cierto modo resulta paralela a algunos de los aspectos de la significación de Antonio; dejando de lado el que los intérpretes de Dante entienden que el libro de Dante produce un sueño que despierta la imaginación, en la *Comedia* se señala con especial significación por el diferente valor que posee, el caso del sueño que se tiene cerca del alba, pues es descubridor de la verdad. Así dice Dante: «Ma se presso al mattin del ver si sogna...» [99]; con ello recoge la tradición de la Antigüedad, transmitida al Medievo, de los *somnia vera* [100] y la creencia de que en el sueño del amanecer, el alma con el cuerpo apaciguado por el descanso nocturno, y menos poseída por los propios pensamientos, logra una visión casi divina de la realidad. Azarosamente, pero con la causa oculta y final en este paralelo, Dante hace un uso del sintagma análogo en la lengua italiana, también en el gozne de un terceto, con efectos poéticos análogos:

> Sì ruminando e sì mirando in quelle,
> *mi prese il sonno;* il sonno che sovente,
> anzi che'l fatto sia, sa le novelle [101].

En este caso hay una función premonitoria, presente en otras ocasiones [102]. Los *somnia vera* y la *vision quasi divina* pueden acercarse al campo semántico de los sueños poéticos de Antonio; y en este caso del soneto «Esto soñé», con intención expresiva muy diferente, encontramos una organización expositiva con materiales de fondo que admiten un paralelo con la *Divina Comedia*. La grandiosidad de la *Divina Comedia* sostiene el tono de elevación del soneto; no es comparable la extensión del edificio poético de la obra de Dante con esta limitada joya del soneto machadiano, pero con todo los críticos han señalado en la intención del escritor español una trascendencia que halla un apoyo en un propósito de Dante; este es que el poeta puede pretender el hallazgo de cifras (sea el gran poema o el pequeño) que contengan estas inquietudes del hombre en su época. Así lo entiende Valverde cuando, refiriéndose a este soneto, escribe que «es la visión

---

98. Así dice el poeta: Io non so ben ridir com' io v'entrai,
tant'era pieno di sonno a quel punto
che la verace via abbandonai.
(DANTE, *Opere*, ed. cit., Inf. 10-12.)
  99. Idem, Inf. XXVI, 7; dice lo mismo, con expresión lírica en Purg. IX, 13-20, donde indica que entonces «alle sue vision quasi è divina»; lo confirma Purg. XIX, 7-8, y XXVII, 91-94; en esos casos recoge exposiciones de Cicerón, *De senectute*, 81, que pasaron a Santo Tomás, *Summa Theologica*, II, II, 95, 6.
  100. Por ejemplo, en Ovidio:
Namque sub aurora, iam dormitante lucerna,
Somnia quo cerni tempore uera solent.
(Heroidas, XIX, 195.)
  101. DANTE, *Opere*, ed. cit., Purg. XXVII, 91-93.
  102. Idem, Inf., XXXIII, 26-27.

del final de la vida, con el sueño de una pervivencia, vencedora de la muerte, donde el poeta poseerá la esencia del mundo» [103].

2 «El amor y la sierra»

Consideremos ahora el soneto segundo:

EL AMOR Y LA SIERRA

1   Cabalgaba por agria serranía,
una tarde, entre roca cenicienta.
El plomizo balón de la tormenta
de monte en monte rebotar se oía.

5   Súbito, al vivo resplandor del rayo,
se encabritó, bajo de un alto pino,
al borde de una peña, su caballo.
A dura rienda le tornó al camino.

        Y hubo visto la nube desgarrada,
10   y dentro, la afilada crestería
de otra sierra más lueñe y levantada

        —relámpago de piedra parecía—.
¿Y vio el rostro de Dios? Vio el de su amada.
Gritó: ¡Morir en esta sierra fría! [104]

El segundo soneto es de difícil interpretación [105]; por de pronto, hay que destacar que no es un sueño, sino la posible experiencia de un viaje a caballo por la sierra, que acaba por levantar un grito de temor ante la muerte. El poeta quiere contarnos el suceso en un tiempo pasado, y para situar planos temporales de referencia se ve obligado a usar incluso el pretérito anterior *hubo visto* (verso 9) para indicar lo que el rayo le había ofrecido a la vista por un instante, cuando el caballo se encabritó. El arcaísmo *lueñe* aumenta la impresión de que se trata de una poesía concebida teniendo en cuenta una gran experiencia literaria (recuérdese el *luenga* del soneto anterior), pero la metáfora condicionada *balón de la tormenta* manifiesta una nota de modernidad y aun de vanguardia, a la manera de Gómez de la Serna. En la situación de peligro, el jinete no pensó en Dios, sino en la amada, y temió morir. La imagen que el soneto recoge es tam-

---

103. Notas de la edición citada de *Nuevas Canciones*, p. 161.
104. *Obras*, ed. cit., pp. 273-274; n.º CLXIV; es otra «Rima» que sigue a la precedente.
105. «Casi enigmático soneto» lo adjetiva J. M. VALVERDE en los comentarios a su edición citada *Nuevas canciones...*, p. 162.

bién de camino, y puede proceder de las excursiones de Antonio por
los pueblos de la serranía, y se sobrepone con la del lector que considere al protagonista como un caballero de tiempos pasados. El temor
del viajero ante el paisaje duro pudo proceder de Dante; nada más
comenzar la *Divina Comedia* el poeta, perdido el camino, siente
miedo:

> Ah quanto a dir qual era è cosa dura
> esta selva selvaggia e aspra e forte
> che nel pensier rinnova la paura! [106]

Y añade en seguida:

> Tant'è amara che poco è più morte; [107]

Es sabido que la interpretación alegórica de la *Comedia* de Dante indica que la *selva* en que se encuentra el hombre en su camino
por la vida son los vicios y pecados; el temor es el del juicio de Dios.
Pero el doble plano significativo de la representación y la significación crean conjuntos válidos por sí mismos y correspondientes en
su ajuste alegórico; en cuanto al primero, es posible que Antonio re-
cogiese esta reiterada imagen poética de la selva —vertida como *serranía*, a la usanza española—; y en cuanto al segundo, es muy difícil de establecer qué quiso significar Antonio. Así J. M. Valverde propone con dudas esta interpretación: «El poeta se imagina asaltado
por la muerte, como tormenta en una sierra: las nubes rotas e ilu-
minadas por el rayo dejan ver, hacia lo alto, otra sierra, ya no real,
más allá del mundo. Pero en ese éxtasis, el Ser entrevisto en ese des-
garrón de más allá tiene rostro humano: la mujer amada (¿qué amor
es este, el de *Glosando a Ronsard?*). La aparición de tal visión hace
comprender al poeta, con un grito, que está soñando, anticipada, su
propia muerte.» [108] Me inclinaría por una interpretación más sencilla. El soneto se asegura sobre un fondo de libros de caballerías, que
recoge la naturaleza que sirve de fondo a la *Divina Comedia*. El efecto
de espanto producido por el trueno ocurre, por ejemplo, en el comienzo del canto IV del Infierno:

> Ruppemi l'alto sonno nella testa
> un greve truono, sì ch'io mi riscossi
> come persona ch'è per forza desta; [109]

La *crestería* afilada (verso 10) es imagen de la arquitectura de los
castillos medievales que ayuda al ambiente. El poeta es así caballero
en un doble sentido: por ir a caballo, y cualquiera puede serlo; y

---

106. DANTE, *Opere*, ed. cit., Inf., I, 4-6.
107. Idem, Inf., I, 7.
108. *Nuevas Canciones...*, ed. cit., p. 162.
109. DANTE, *Opere*, ed. cit., Inf., IV, 1-3.

por hacer que prevalezca la dama sobre Dios. Si el caballo se asustó del resplandor del rayo, el caballero no sintió espanto por el riesgo de ir a encararse con Dios en la muerte (afirmación propia de un caballero cristiano). Lo que le hubiera dolido —y de ahí el grito con que cierra el soneto— hubiese sido morir en el inhóspito lugar, lejos de la amada, a la que ve con la imaginación en el apurado trance, configurada sobre el fondo de la sucesión de las sierras reveladas por el súbito resplandor del rayo.

3. *El soneto de la aparente aurora*

1   Las ascuas de un crepúsculo, señora,
       rota la parda nube de tormenta,
       han pintado en la roca cenicienta
       de lueñe cerro un resplandor de aurora.

5   Una aurora cuajada en roca fría
       que es asombro y pavor del caminante
       más que fiero león en claro día
       o en garganta de monte osa gigante.

       Con el incendio de un amor, prendido
10   al turbio sueño de esperanza y miedo,
       yo voy hacia la mar, hacia el olvido

       —y no como a la noche ese roquedo,
       al girar del planeta ensombrecido—.
       No me llaméis porque tornar no puedo [110].

El tercer soneto está en relación con el segundo, y ofrece una ambientación que hay que situar en la misma línea dantesca [111]. Esta vez va dirigido a la *señora* como en la *Vita Nuova* a la *donna*, y es la narración de un paisaje exterior que es el signo de la situación del alma en el poeta-enamorado. Para expresar su dolor y lo irremediable del caso, el poeta siente el temor del caminante ante un espectáculo insólito que contempla: el *crepúsculo* de la tarde ha creado, en virtud de las luces de la tormenta, las apariencias de un resplandor de aurora; esto es inútil porque (versos 12-13) la noche es inminente. El poeta encuentra en esta situación de la naturaleza una imagen paralela a la de su situación personal: el amor tardío produce esperanza —de ahí la apariencia de aurora que puso la parda nube en el crepúsculo—; y al mismo tiempo da miedo al poeta maduro, porque presiente que la muerte queda cerca. Por eso, él dice que va inexorablemente hacia *la* mar, que es el morir, si completamos la expresión, tal como estudio en la parte referente al influjo de Jorge Manrique

110. *Obras*, ed. cit., pp. 285-286; es el n.º III de «Los sueños dialogados».
111. El soneto es de difícil interpretación; véanse las que ofrece J. M. Valverde en su edición citada de *Nuevas Canciones*, n. de las pp. 176-177.

(nótese que escribe *la* mar, como exige el verso del poeta medieval).
El morir es el olvido, o sea la muerte, que es el mar o la inevitable
desaparición de esa aurora en el crepúsculo de la tarde al que la noche apaga ante el temeroso asombro del caminante.

El soneto está también tenuamente matizado de arcaísmo: *lueñe*
(verso 4), como en el soneto comentado inmediatamente antes; *tor-
nar*, al fin del soneto, hace que acabe con esta resonancia libresca,
pues no es palabra común; y el vocativo *señora* del primer verso ar-
moniza con el tono dantesco del conjunto. El asombro y el pavor del
caminante encaja también en el curso de la *Divina Comedia;* por de
pronto, el león es una de las fieras que asustan a Dante al comienzo
de esta obra [112].

A pesar del enlace que existe entre Guiomar y la admiración hacia Dante, la cuestión de relacionar estos poemas con la vida de Antonio es difícil, y Valverde [113] quiere rastrear una pre-Guiomar, a la
que podría haberse dirigido esta poesía trágica y enigmática. Pero
nuestro propósito es tratar de la consistencia de esta predilección
por Dante, y esta línea no aparece interrumpida.

D'ANNUNZIO Y LA SOMBRA
NIETZSCHIANA

Después de haberme referido a los efectos del conocimiento de
los autores medievales en Antonio, tengo que indicar con brevedad la
presencia de una autor moderno, Gabriel D'Annunzio (1863-1938), puesta de manifiesto en una breve copla bilingüe hispano-italiana. La poesía, perteneciente a los «Proverbios y Cantares» de *Nuevas Canciones*, dice:

> *O rinnovarsi o perire...*
> No me suena bien.
> *Navigare è necessario...*
> Mejor: ¡Vivir para ver! [114].

El primer aforismo tiene un aire muy a la manera de Nietzsche,
y podría servir de consigna para los héroes de Baroja; Antonio lo re-
chaza, y da paso a otro, de evidente procedencia dannunziana [115]. En
efecto, lo que aquí aparece como aforismo suelto, «Navigare è necessario...» (si bien con los puntos suspensivos que permiten establecer
un ámbito que no se formula), pertenece al libro *Laudi del cielo, del
mare, della terra e degli eroi*, de D'Annunzio [116]; está al comienzo del
mismo, y se encuentra en el primer terceto de la dedicatoria «Alle
pleiade e ai fati»:

112. DANTE, *Opere*, ed. cit., Inf., I, 45.
113. Prólogo de la citada edición de *Nuevas Canciones*, pp. 22-25.
114. *Obras*, ed. cit., p. 258; CLXI, XXXIV.
115. Véase G. SOBEJANO, *Nietzsche en España*, ob. cit.; y lo que se dijo en
la parte I en el comentario del poema «Oliveretto de Fermo», de Manuel Machado (p. 68).

Gloria al Latin che disse: «Navigare
è necessario; non è necessario
vivere». A lui sia gloria in tutto il Mare.

La obra de D'Annunzio representó la culminación poética de su
autor en la línea de la exaltación de los principios expuestos por
Nietzsche; es conocido el encuentro de 1892 entre estos dos hombres, uno poeta, filósofo el otro, y las consecuencias que tuvo para el
italiano. Por eso el enlace entre ambos aforismos resulta consecuente y, en cierto modo, también la presencia de esta forma mínima y
condensada de expresión literaria, paralela del refrán y de la copla
sentenciosa.

Pero Antonio tampoco queda convencido por esta segunda cita en
italiano; piénsese que hubo de tener el texto del italiano delante para
poder derivar la coplilla como lo hace, pues la mención del vivir viene después del fragmento desprendido del poema de D'Annunzio. El
«vivir para ver» no implica la actividad de ir en busca de los acontecimientos, sino que estos vengan al encuentro del que los espera;
pertenece al refranero español [117], en el que se testimonian, entre
otros, estos dos: «Vivir para ver y ver para vivir», y este otro: «Quien
más vive, más ve; y quien más ve, más sabe». Antonio prefiere el
refrán español frente a la agitación que implican los aforismos italianos [118]. Pero, aparte de su contenido, Antonio refleja en esta mínima
(aunque de gran resonancia) copla una relación directa con los textos italianos y, por tanto, refuerza indirectamente la tesis de que haya
conocido las obras de los autores medievales.

La «Leyenda áurea» de Vorágine

En un texto de carácter íntimo, el epistolario del poeta con Guiomar, aparece la mención de uno de los libros más extendidos de la
literatura medieval europea: la *Leyenda áurea*. El trozo dice así:

116. Gabriele d'Annunzio, *Laudi del cielo, del mare, della terra e degli eroi*,
Milán, A. Mondadori, 1940, p. 1. En el mismo libro, D'Annunzio vuelve a emplear la expresión en otro sentido; en «La canzone di Umberto Cagni», de
«Merope» (libro IV, p. 931), con ocasión de referirse a Umberto Cagni, uno
de los participantes en una expedición polar al Artico en 1900, el poeta canta su
avance por las tierras heladas: Più oltre! es el grito del expedicionario. Y aparece esta mención:
                    ...«Non è necessario
          vivere, sì scolpire oltre quel termine
          il nostro nome: questo è necessario.»
117. *Refranero general ideológico español*, compilado por Luis Martínez Klei-
ser, Madrid, Real Academia Española, 1953, p. 260, núms. 23676 y 23674.
118. Años más tarde, durante la guerra civil, Antonio volvió a pensar en
esta relación entre Nietzsche y D'Annunzio, escribiendo: «Una mala lectura de
Nietzsche fue causa del imperialismo d'annunziano; una mala lectura de D'Annunzio ha hecho posible la Italia de Mussolini...» *(Obras*, ed. cit., p. 604; «Notas
inactuales a la manera de Juan de Mairena».)

«Mis vacaciones se acaban sin remedio. Volveré a mi rincón de "Los Desamparados", y ahora el Eresma, seguramente, no suena, pues según me dicen se ha helado el pobrecillo. Pero en la noche vendrá mi diosa a ver a su poeta. Procuraré que la habitación no esté demasiado fría, aunque mi diosa es tan buena y tiene tanto calor en su alma que no le asusta el frío, ni el viento cuando va a acompañar a su poeta. En la leyenda áurea que escribió Jacome Vorragio —una colección de vidas de santos y santas—, no se cuenta de ninguna santa nada tan bonito como lo que haces tú, Guiomar de mi alma. Lo mejor de la historia se pierde en el secreto de nuestras vidas. Pero Dios, que lo ve todo, lo tomará en cuenta...» [119]

Aquí no cabe un comentario crítico porque el fragmento no fue escrito de cara al público. Sin embargo, por este mismo rasgo podemos notar que aun en el dominio de la intimidad el gusto literario por los autores medievales se halla testimoniado. Es sabido que la *Leyenda áurea* es una colección de vidas y leyendas de Santos, compuestas por Jacobo de Vorágine (1230-1298), y probablemente una de las obras más difundidas de la religiosidad medieval y fuente de asuntos artísticos en la Edad Media; por la variedad de los casos contados y por la ingenua fe con que se plantean, resulta una de las manifestaciones más patentes del espíritu medieval. Por eso, cuando se dirige a Pilar Valderrama, mujer de educación literaria, no le resulta pedante acudir a la mención de la vieja *Leyenda* para mostrar así la evocación —el sueño, en su léxico— de que ella acuda como una santa de leyenda a consolar al poeta. El rasgo es aquí enteramente prerrafaelista, y es probable que pertenezca a los oscuros recuerdos de Rubén Darío, que en «El reino interior» se refiere a otro de estos autores medievales:

> [...] La tierra es de color de rosa,
> cual lo que pinta fra Doménico Cavalca
> en sus Vidas de Santos [120].

Cavalca o Vorágine (y San Francisco, mencionado con Pilar en *Esencias*, como he indicado antes) son lo mismo: la mención de un mundo de espiritualidad que los poetas modernos eligen, acaso en contraste con el que los rodea; aquí en este caso la condición y calidad del lector único —Pilar— justifican la especie de la alusión. Si lo unimos a las menciones de Dante relacionadas con Guiomar, veremos que existe una relación congruente y armoniosa.

---

119. C. ESPINA, *De Antonio Machado...*, ob. cit., p. 21.
120. *Poesías Completas*, ed. cit., p. 603; «El reino interior», de *Prosas Profanas*. Véase mi libro *Rubén Darío y la Edad Media*, ob. cit., pp. 133-137.

LA POESÍA SOBRE LA PRIMAVERA,
DE CHARLES D'ORLEÁNS

Entre los textos que Machado copia en el manuscrito de *Los Complementarios* figura un rondel de Charles d'Orleáns, titulado «Le Printemps».

RONDEL

Le temps a laissé son manteau
de vent, de froidure et de pluie,
et s'est vetû de broderie
de soleil luisant, clair et beau.
Il n'y a bête ni oiseau
qu'en son jargon ne chante ou crie:
le temps a laissé son manteau
de vent, de froidure et de pluie.
Rivière, fontaine et ruisseau
gouttes d'argent d'orfèvrerie;
chacun s'habille de nouveau.
Le temps a laissé son manteau [121].

Charles d'Orleáns

No hay aquí una trascendencia ni cercana ni lejana sobre su poesía, pues podría tratarse de un mero ejercicio de copia o que el texto le hubiese interesado para sus lecciones de profesor de francés. Pero con todo no he querido dejar de registrar esta poesía porque completa el ámbito del conocimiento de la literatura medieval de Antonio. El asunto de la misma es la cercanía de la primavera, y el poeta ha tratado de lo mismo en muchas ocasiones. Va, por ejemplo, implícito en la pregunta que dirige a José María Palacio: «...¿está ya la primavera...?» [122] La primavera, trascendida de amor, en vida y muerte de Leonor, la amada. Puede decirse, contrahaciendo al propio Machado, que esta vez sí se sabe cómo vino la primavera: el viejo poeta francés lo cuenta en su rondel y relata el despertar luminoso de la Naturaleza.

121. *Los Complementarios,* ed., D. Ynduráin, p. 217.
122. *Obras,* ed. cit., p. 180.

V I

UN MODERNISTA COMPROMETIDO CON EL CORAZON, EL TIEMPO Y LA GEOGRAFIA

POETA Y FILÓSOFO

Unamuno proclamó la condición de «clásico del Modernismo» para Manuel; Antonio admiró al profesor hasta el punto de considerarlo como el don Quijote que necesitaba España para despertar. Detrás de su sombra, servidor a veces —en la medida que la admiración es un sometimiento— de tan contradictorio guía, se dejó en alguna ocasión llevar de su mano y quiso hacer del Modernismo un molino de viento al que había que combatir[1]. Sin embargo, el caso no era el mismo en los dos escritores. Antonio había participado, en sus primeros tiempos, como Manuel, en la aventura modernista, y no podía evitar sus consecuencias, sólo que en él la experiencia y las lecturas literarias se filtraban despacio a través de su conciencia creadora. En la continuidad de la obra de Antonio aparece una primera época en la que su contribución al Modernismo es evidente. Bastaría recordar esta estrofa de las «Coplas Mundanas» (poesía XCV), aparecida en «Renacimiento», 1907, para testimoniarlo:

> Pasó como un torbellino
> bohemia y aborrascada,
> harta de coplas y vino,[2]
> mi juventud bien amada.

---

1. Propiamente, Antonio se manifestó en favor de la posición espiritual defendida por Unamuno («Algunas consideraciones sobre libros recientes: *Contra esto y aquello*, de M. de Unamuno; *Obras*, ed. cit., pp. 779-784), frente al «jacobinismo anarquizante» y el «conservadurismo de los neocatólicos franceses», con las correspondientes implicaciones literarias.
2. En una autobiografía escrita en 1913 confiesa: «He hecho vida desorde-

Y acaba con la siguiente copla, en que quiere poner de relieve dos épocas en su vida:

Poeta ayer, hoy triste y pobre
filósofo trasnochado,
tengo en monedas de cobre
el oro de ayer cambiado [3].

Es evidente que hay en estas coplas la demostración de una actitud literaria, gesto de poeta más que realidad cronológica, pues Antonio tiene treinta y dos años cuando las escribe; y declararse separado de un ayer de juventud no pasa de ser un alarde, aun contando con que estos términos son relativos y en un ambiente bohemio podían darse. De poeta a filósofo hay una gradación matizada y no un brusco contraste, contando además con los posibles «arrepentimientos» [4]. Antonio acabaría por exponer su filosofía en el estilo de un desenfrenado ensayo poetizante, valiéndose de sus complementarios, y no quiso utilizar la disciplina de un sistema coherente y cerrado del pensamiento. En una carta a Ortega y Gasset del 20 de julio de 1912, escrita con el dolor de la enfermedad de Leonor encima, indica esto referido probablemente a la poesía, pero que vale también para sus «ensayos»: «Menos *impresión*, me dice V., y más *construcción*. Creo que señala V. con certero tino lo que a mí, y a otros muchos, nos falta y nos sobra. Es verdad.» [5] Lo que se puede llamar «filosofía» en Antonio, refleja una curiosidad por el pensamiento que es el resultado de lecturas desordenadas de filósofos de toda especie, probablemente a través del francés; esta lectura es la que ponía en contraste con lo que llamaba por otra parte «vida», o sea, según él, el café, la calle, el teatro, la taberna. Esta «vida» confrontada con la «filosofía» le atrajo más que leer la obra de los propios poetas, como declaró en el proyectado discurso de ingreso en la Academia Española.

Planteada la cuestión desde la perspectiva del pensamiento, escribe Sánchez Barbudo: «... poesía y filosofía respondían en él a una misma angustia y a un mismo anhelo, que tenían en él una misma raíz.» Y poco después añade: «Cuando el poeta comienza a trans-

_____

nada en mi juventud y he sido algo bebedor, sin llegar al alcoholismo. Hace cuatro años que rompí radicalmente con todo vicio.» *(Soledades*, ed. cit. de G. Ribbans, p. 269.) Y poco antes había escrito a Ortega y Gasset en tono de confesión: «...y tampoco crea V. que he sido yo demasiado bohemio.» (José Luis Cano, *Tres cartas inéditas de Machado a Ortega*, «Revista de Occidente», 3.ª época, 5-6, 1976, p. 32.) Véase lo dicho en la p. 50 sobre Manuel.

3. *Obras*, ed. cit., pp. 122-123.

4. «Si algo estudié con ahínco fue más de filosofía que de amena literatura. Y confesaros he que, con excepción de algunos poetas, las bellas letras nunca me apasionaron.» *(Obras*, ed. cit., p. 843.) Obsérvese la expresión *confesaros he*, arcaísmo de uso en la literatura de los escritores académicos, usada para decir que no es hombre aficionado a las letras.

5. J. L. Cano, *Tres cartas inéditas de Machado a Ortega*, art. cit., p. 30.

formarse en filósofo, poco después de 1912, comienza el humor, el escepticismo y la pasión. Y los temas que entonces comienzan a preocuparle no son, en esencia, sino los mismos que ya cuando poeta le preocupaban.» [6]

Los pretendidos maestros que inventó, fueron para él un modo de expresar los tanteos de su pensamiento; tuvo la sinceridad de querer dar voz a los estímulos contradictorios que sentía dentro de sí, como expresó en el cantar ya citado antes, según el cual el complementario de cada uno marcha siempre con nosotros y suele ser nuestro contrario. El autor, a través de su complementario, podía liberarse de su responsabilidad, expresar con palabras las oscuras vivencias de los sueños poniendo voz al subconsciente, valerse del humor en los asuntos serios y dictar lo que la experiencia le sugería; y esto propiamente no eran exposiciones de filosofía coherentes y cerradas. Cualquier oposición radical que se establezca entre los períodos de Antonio, valiédose de estos y otros testimonios, es resultado de forzar las perspectivas y recortar en compartimentos estancos en lo que es un fluir hasta la muerte.

Cuando un crítico contempla el panorama general que se presenta ante él con la obra de Antonio, tiene que destacar su gran variedad y el esfuerzo constante del artista que matiza y afila sus procedimientos expresivos. Esto dice, por citar un ejemplo, Ramón de Zubiría: «primero, a ver si así contribuimos a disipar la ingenua noción de quienes todavía persisten en considerar la poesía de Machado como una especie de flor de espontaneidad, producto milagroso de una inspiración fácil y regalada, en la que apenas interviene la labor incansablemente rectificadora del verdadero artista. La riquísima variedad de ingredientes que encontramos en la obra de Machado está diciendo a voces que había en él —a pesar de sus numerosas protestas de despego por lo formal— una clara conciencia de artista, atenta siempre y siempre receptiva a todas las modalidades de la expresión poética, las que no aceptaba, claro está, sin discriminación, sino tan sólo cuando se adaptaban a los objetivos finales de su creación. Porque un poeta, señalaba Machado, es muchos poetas, y acaso cada poema tiene el suyo; y de ahí que «antes de escribir un poema —decía Mairena a sus discípulos— conviene imaginar el poeta capaz de escribirlo». Y añadía: «Lo difícil sería lo contrario, que no llevase más que uno.» [7]

Si esto ocurre con la consideración de cada poema, con mucho más tiento hay que ir con la agrupación de su poesía. No se puede, pues, identificar de una manera radical una primera época con «el período modernista» de Antonio, y una segunda, con el período en

6. A. SÁNCHEZ BARBUDO, El pensamiento de Antonio Machado, ob. cit., pp. 59 y 60. Véase también en el libro de E. BARJAU, Antonio Machado; teoría y práctica del apócrifo, ob. cit., el primer ensayo «Antonio Machado: idealismo y solipsismo-salto al otro (Entre la filosofía y la poesía)», pp. 17-60.
7. R. DE ZUBIRÍA, La poesía de Antonio Machado, ob. cit., pp. 13-14.

el que el poeta logra desprenderse de este movimiento y llega a su plenitud noventayochista. Sin dejar de reconocer lo que es común en la mayoría de los poetas, que es un proceso de madurez vital y creadora, los motivos que he estudiado en este libro corren a lo largo de la vida de Antonio, y si en la pretendida primera época se consideran generalmente como modernistas, lo mismo se han de considerar en la otra. Téngase en cuenta que el crítico ha de ver claro en lo que dice el escritor, y entender sus manifestaciones a la vez como respuesta a unas circunstancias y, al mismo tiempo, como identidad con unas constantes.

EL PRETENDIDO ANTIMODERNISMO

Por otra parte, es cierto que en un artículo de circunstancias, Antonio se llamó a sí mismo «un pobre modernista del año tres» [8]. En efecto, en el año 1903 hay indicios de que en Antonio se inicia un examen del orden de los valores establecidos por el Modernismo. Lo pone de relieve, por ejemplo, G. Ribbans basándose sobre todo en la admiración por Unamuno, «gran enemigo del esteticismo y fomentador de la vida activa y colectiva»; según este crítico, las «Galerías» más características muestran que «ya por entonces se da el comienzo de una transformación de actitud —lenta, como todo, en Machado—...» [9]. Sin embargo, las mencionadas cartas de Unamuno no marcan un cambio decisivo en su pensamiento ni en su conciencia de la creación; los elementos que entran en juego en el Modernismo son muchos, y Antonio reordena, en cierto modo, su perspectiva, y sigue manifestando su fe en el movimiento conjunto. En este mismo año de 1903 Antonio escribía a Juan Ramón Jiménez con la misma ilusión modernista que pudiera haberlo hecho Manuel y sintiéndose solidario con él; de «Helios» dice: «¿Acaso no es ahí donde elaboramos el arte de mañana? ¿No es esa la única revista que mantiene la juventud y el amor a la belleza?» Y de él y de los otros que están empeñados en la lucha escribe en la misma carta: «Yo trabajo también. Creo en mí, creo en V., creo en mi hermano, creo en cuantos hemos vuelto la espalda al éxito, a la vanidad, a la pedantería, en cuantos trabajamos con nuestro corazón.» Hay, pues, un corazón que late poéticamente con ritmo modernista, y la defensa del arte se hace en esta misiva en términos semejantes a los que utilizó Unamuno para Manuel Machado: «... es necesario afrontar una gran lucha contra la ignoble chusma nutrida de la bazofia ambiente. Pero hay que luchar sabiendo que los fuertes somos nosotros, no esa pobre canalla que escribe en términos minúsculos contrahechos.» El ánimo es combatiente y, para acabar de redondear

8. *Obras*, «Los trabajos y los días. Por equivocación», ed. cit., p. 799.
9. G. RIBBANS, en el prólogo de *Soledades...*, ed. cit., p. 34.

la impresión de la bohemia, pone esta posdata (¿acaso justificativa
del tono militante, en él no frecuente?): «Le escribo desde el bar
Gambrinus después de apurar muchos *bocks* de cerveza. *In vino
veritas.*» [10] Y en 1904, comentando el libro *Arias tristes*, del mismo
Juan Ramón, se declaró inscrito en las «filas de la juventud soñadora» [11], que era como decir en el Modernismo. Juan Ramón reco-
noció por su parte que en Antonio hubo un patente influjo de
Rubén» «... sé la fuerte influencia que ciertos poemas del españo-
lista mayor Rubén Darío, como los "Retratos", "Cosas del Cid", "Cyrano de España", etc., determinaron en él.» [12] Este Antonio, decla-
mador de los versos de Rubén, se siente modernista, entre otros
motivos, a través del Cid.

PECULIARIDADES DEL EUROPEÍSMO
DE ANTONIO MACHADO

No hay que pensar que esta participación en el impulso general
del grupo fuese forzada; la vía hacia Europa va implícita en ella,
con las consecuencias correspondientes. El cuadro general que he
presentado en este libro con respecto a Manuel, vale en términos
generales para Antonio. Macrí señala que en la relación y fusión
de intereses ideológicos y estéticos que se produce en la obra de
Manuel, existen estas corrientes que desembocan en el Modernismo
español: «Ottocento, Romanticismo, Simbolismo, Schopenhauer-Nietz-
sche-Bergson, Verlaine-Rimbaud-Mallarmé, Wagner, sono equivalenze
e sinonimie piú o meno differenziate dentro un *corpus* culturale
e artistico unitario e ininterrotto.» [13] La percepción de estas corrientes varía en combinación e intensidad con respecto de Manuel, y su
suerte futura es diversa, pero su presencia se acusa de manera efi-
ciente. Así, la corriente prerrafaelista, especialmente puesta de relieve en este libro, va implícita en una observación sobre la Estética
del *fin de siècle;* en el caso importa París como centro de difusión
de la cultura europea y, dentro de ella, de la inglesa. El acercamiento entre la pintura (o las artes del dibujo y su proyección tipográfica)
y la literatura aparece reconocido en estas palabras: «El siglo XIX,
sobre todo en sus postrimerías, fue muy inclinado a toda suerte de

10. *Obras*, ed. cit., p. 896
11. Idem, ed. cit., p. 763.
12. J. R. JIMÉNEZ, «Un enredador enredado (Respuesta concisa en letra de
archivo)», en *La corriente infinita*, p. 134. Con razón comenta Gabriel Pradal Rodríguez estas mismas palabras de Juan Ramón Jiménez (aparecidas en 1945):
«Lo más turbador quizá en estas influencias [de Rubén sobre Antonio] es que
se manifiestan de punta a punta de la obra de Machado...» *(Vida y obra*, en
Antonio Machado (1875-1939), ob. cit., p. 69); y lo confirma además con una opinión de Ortega y Gasset, de 1916.
13. *Poesie*, ed. cit., p. 108; véase también en p. 113. Por este motivo Macrí en
esta edición respeta las lecciones meramente gráficas, «molte delle quali hanno
valore esornativo, 'modernista'...» (Idem, p. 1135).

impurezas y confusiones. Las artes no tuvieron una clara noción
de sus límites. Se diría que cada una de ellas se buscaba en las
otras.» [14] Y esto es una de las constantes artísticas del Prerrafaelismo, que relacionó y aun confundió la literatura y pintura, y que
también establecía la implicación entre el arte de la Edad Media y el
arte contemporáneo. Para percibir estas características y otras más
era necesario hallarse preparado mediante una educación artística [15],
cuya exploración realicé antes para Manuel y que se presenta de
manera análoga en Antonio: a los dos les habían enseñado a «ver»
de una manera consciente. Por tanto, el conocimiento del arte europeo en su gran variedad era vía de formación para el joven poeta
y pensador, que había recibido las lecciones de arte de Manuel B. Cossío, al que me referí antes en relación con su hermano Manuel [16].

Pero la obra de los dos hermanos fue diversa y, por tanto, este
encuentro consigo mismo hasta dar con el cauce de su personalidad
hizo que en Antonio se planteasen nuevas situaciones. Diez años más
tarde, cuando el Modernismo había dado sus frutos, en una carta
privada a Unamuno, probablemente de 1913, desde Baeza escribe
al maestro sobre la situación cultural de las provincias españolas:
«Además, esto [la España rural y de las ciudades olvidadas] es España más que el Ateneo de Madrid. Yo desde aquí comprendo cuán
a tono está con la realidad esa desgarrada y soberbia composición
de usted. [«Bienaventurados los pobres...»] y comprendo también
su repulsión por esas mandangas y garliborleos de los modernistas
cortesanos.» [17] En la carta se refiere de que se envíe la juventud a los grandes centros de cultura extranjeros y, por eso, le
parece mejor lo que hace Unamuno de sacar con sus uñas algo de
las entrañas de España. Pero hace una salvedad importante: «Esto,
que no excluye lo otro, me parece lo esencial. Yo he vivido cuatro
años en París [18] y algo, aunque poco, he aprendido allí. En seis años,
rodando por poblaciones de quinto orden, he aprendido infinita-

14. *Obras*, ed. cit., p. 844. «Proyecto de discurso de ingreso en la Academia
de la Lengua».
15. Véase JUAN LÓPEZ-MORILLAS, *La Institución, Cossío y el «arte de ver»*,
«Insula», XXX, 344-345, 1975, pp. 1 y 18.
16. En una autobiografía escrita en 1913 dice: «Me eduqué en la Institución
Libre de Enseñanza y conservo gran amor a mis maestros: Giner de los Ríos,
el imponderable, Cossío...» (*Soledades*, edición G. Ribbans, citada, p. 268.) Lo
confirma el propio Antonio en una carta a Ortega y Gasset: «Vi entonces que
en mí no hay otro bagaje de cultura que el adquirido en mis años infantiles
de los nueve a los diecinueve, en que viví con esos santos varones de la Institución Libre de Enseñanza.» (J. L. CANO, *Tres cartas inéditas de Machado a
Ortega*, art. cit., p. 30.)
17. *Obras*, ed. cit., p. 915.
18. Las estancias de Antonio en París fueron tres: la primera, en 1899, de
la que me he ocupado en la primera parte; de esta primera estancia recordaba
en 1931: «París era todavía la ciudad (...) del simbolismo en poesía, del impresionismo en pintura, del escepticismo elegante en crítica.» (Declaración del poeta
en la antología de Gerardo Diego *Poesía española. Antología (Contemporáneos)*,
Madrid, Signo, 1934, pp. 151-152, en 1902 y en 1910, en que asistió a un curso de
Bergson en el Collège de France.) Alguna vez muestra prevención por lo fran-

mente más.» Y concluye con esta prevención: «No sé si esto es para
todos, pero cada cual es hijo de su experiencia.» [19] Y para mí esto
es verdad con tal de que en la experiencia humana, y esto es decir
en la poética, cuente todo: la experiencia de París y la recogida a
través de las estancias en los pueblos de España. Hay una continuidad que obedece a un reconocimiento que Antonio declararía ine-
quívocamente: «Porque no olvidemos que nuestro mundo interior,
la intimidad de la conciencia individual, es, en parte, invención moderna, laboriosa creación del siglo XIX.» [20] Con las precauciones necesarias con toda generalización tan amplia, esto siguió hallándose
en la base de la poesía de Antonio, aunque pudieran aparecer, de
modo reflexivo y a manera de ensayo, otras posiciones en que esto
se enmascarase. Así, después de las declaraciones antes mencionadas
de la carta a Unamuno hacia 1913, en el año 1919 prologaba la tercera edición de *Soledades* con palabras que se han querido señalar
como liminares de su evolución; el poeta insiste en que este es un
libro de 1903 y aun con poesías de años anteriores. Cuando lo escribió —señala— el ambiente era contrario a cualquier clasicismo:
«Nuevos epígonos de Protágoras (nietzscheanos, pragmatistas, hu-
manistas, bergsonianos) militaban contra toda labor constructiva,
coherente, lógica (...) Yo amé con pasión y gusté hasta el empacho
esta nueva sofística...» [21] Antonio pasa a señalar el motivo de
por qué sitúa en el pasado esta experiencia: «Pero amo mucho más
la edad que se avecina...» La edad que alude Antonio es la que
busca una «tarea común» (entiéndase social) que apasione las almas.
El motivo es circunstancial y va referido a la salida de la primera
guerra mundial, en cuyas inquietudes se siente inmerso Antonio;
en el *Cancionero apócrifo*, de 1920, discuten Mairena y Jorge Meneses,
que es el intérprete de este punto de vista, en el que se implican
poesía y sociedad: «La lírica moderna, desde el declive romántico
hasta nuestros días (los del simbolismo), es acaso un lujo (...) del
individualismo burgués, basado en la propiedad privada. El poeta
exhibe su corazón con la jactancia del burgués enriquecido que os-
tenta sus palacios, sus coches, sus caballos, sus queridas.» Y añade: «no hay lírica que no sea sentimental. Pero el sentimiento ha
de tener tanto de individual como de genérico...» [22] Esta voz de Meneses es uno de los desdobles de Antonio, una de sus voces interiores que
no se impone sobre las demás y que no supone una desviación poé-

---

cés, como cuando escribe en una autobiografía de 1913: «Tengo una gran aver-
sión a todo lo francés.» *(Soledades*, ed. cit. de G. Ribbans, p. 269); pero poco
después confiesa: «Yo también, en el fondo, acaso sea francófilo.» *(Obras*, ed.
cit., p. 920, carta a Unamuno, 16 de enero de 1915.)
    19. *Obras*, ed. cit., p. 915.
    20. Idem, p. 848, en el Discurso de ingreso a la Academia, redacción in-
acabada de 1935.
    21. *Obras*, ed. cit., p. 48.
    22. *Obras*, ed. cit., p. 324, «Diálogo entre Juan de Mairena y Jorge Meneses».

tica suficiente como para hacer tabla rasa de todo cuanto supuso el Modernismo. ¿Cómo se comprende entonces que Antonio mantuviese en su obra la poesía dedicada a Berceo, que no es de 1903 ni de antes, desde los *Campos de Castillas*, de 1917, hasta esta tercera edición de las *Soledades* de 1919? Por otra parte, una interpretación cerrada del «Retrato» que encabeza *Campos de Castilla* puede perturbar la comprensión de esta amplitud de la estética de Antonio, y en particular la estrofa cuarta, tan repetidamente aludida por los críticos (y comentada antes por mí) que dice:

> Adoro la hermosura, y en la moderna estética
> corté las viejas rosas del huerto de Ronsard;
> mas no amo los afeites de la actual cosmética
> ni soy un ave de esas del nuevo gay-trinar [23].

Antonio hace la declaración de adorar la hermosura; si quiere armonizar la moderna estética con la tradición europea (nótese que menciona a Ronsard, poeta francés y significativo), esto cabe en los propósitos del Modernismo. Lo que no quiere son los excesos de superficie o vistosidad *(cosmética* o *ave* que evoca el pavo real); la misma creación lingüística del *gay-trinar* (inventada sobre *gay-saber* [24]) es un alegre quiebro para rimar con *Ronsard*, y sirve para designar el preciosismo que fácilmente se desprende del Modernismo en cuanto predomina la fórmula mecánica, pero no un rechazo radical de su estética.

MODERNISMO Y 98

Los críticos reconocen que Antonio fue poeta de realización más lenta que Manuel; y mientras que éste se encuentra en las avanzadas del descubrimiento de Castilla, con Unamuno, Azorín, Baroja y otros, Antonio elabora este asunto en su poesía con posterioridad; los que quieren hacer de Antonio un poeta del 98 aplicándole los principios de la metodología generacional, estiman que esta parte de su obra resulta decisiva. Pero Antonio no fue un descubridor de Castilla, sino el cultivador de un tema literario que él convierte en actitud personal y cualificadora, en la que él situó la razón de ser de su vida privada de profesor de Instituto provinciano y el proceso de su pasión amorosa. Y Antonio llevó adelante este cultivo de la personalidad a su aire, sin apresurarse, y en forma que sustantivamente no difiere de sus precedentes en el tratamiento del tema, si bien lo marca con el sentido de su poesía. Si Manuel —como Rubén Darío— intuyó pronto el cultivo poético de Castilla entre las novedades del Modernismo, Antonio lo trató en su plena madurez, habiéndolo refundido y asegurado con larga experiencia de su vida. La región castellana siempre había estado ahí, y había de ser la circunstancia de

23. *Obras*, ed. cit., p. 125, n.º XCVII.
24. Véase pp. 239-240.

esta caracterización literaria del Modernismo, que fundía todo cuanto hemos estudiado en este libro, lo que la descubriera hacia un público amplio. Lo que Macrí [25] llamó «l'assurda distinzione tra 98 e modernismo» no resulta aplicable a Antonio, si consideramos con rigor el conjunto de factores en juego. En una de las pocas veces en que Antonio plantea la cuestión del desastre o pérdida de los restos del imperio colonial, indica claramente: «Fue este un golpe previsto por una minoría inteligente y que sorprendió a los más.» [26] El poeta pudo estar con los primeros, si bien la mayoría, el pueblo español, fueran *los más*. Pertenecer a la «minoría inteligente» no era un delito moral o social, por más que luego quisiera identificarse voluntariamente con *los más*. Si esta fue su voluntad, fue porque el Modernismo le dio la perspectiva cultural y emotiva suficiente, y con ella la conciencia de la situación de muchos de *los más*. En una carta del año 1912 escribe a Juan Ramón: «España no es el Ateneo, ni los pequeños círculos donde hay alguna juventud y alguna inquietud espiritual. Desde estos yermos se ve panorámicamente la barbarie española y aterra.» [27] «Ni Atenas, ni Koenigsberg, ni París nos salvarán, si no nos proponemos salvarnos», escribe en otra carta a Unamuno (¿1913?) [28]. En una de sus «Coplas españolas» comienza con esta exclamación:

> ¡Ay, quién fuera pueblo
> una vez no más! [29]

Los versos se refieren al pueblo-tradición, pero pueden tomarse en un sentido amplio. Este deseo no implica que el Modernismo (el *París* de la carta de Unamuno) no haya podido ser camino hacia esa «salvación» que viene de dentro a afuera y que acabó proyectándose trágicamente en su vida.

Cuanto en Antonio puede considerarse una burla del Modernismo, no es obra que escriba de una manera personal y directa, como un pretendido combatiente del 98 frente a la pretendida extranjería modernista, sino que lo hace con una intención zumbona, realizando así uno de los juegos de trasvase de su personalidad en el *Cancionero apócrifo*. Así ocurre con la «Salutación a los modernistas»:

> Los del semblante amarillo
> y pelo largo lacio,
> que hoy tocan el caramillo,
> son flores de patinillo,
> lombrices de caño sucio [30].

25. *Poesie*, ed. cit., p. 15; más adelante añade: «In tale movimento, ove anche ci fossero state delle diferenze, modernisti e uomini del 98 [...] si fusero in un'unica civiltà poetica e spirituale.» (Idem, p. 32.)
26. *Obras*, ed. cit., p. 768.
27. Idem, p. 904. Recuérdese lo dicho en las pp. 128-129.
28. Idem, p. 916.
29. Idem, p. 750.
30. Idem, p. 729.

La composición transcrita se atribuye a un Jorge Menéndez, que se dice nació en 1828 y murió en 1904, y que fue enviada a Villaespesa; es decir, que el supuesto poeta tenía setenta y dos años en 1900, y así se explica la pieza, por lo demás, irregular —¿intencionadamente?— en las rimas y en la medida del segundo verso. Pero la nota de humor no está tanto en la composición como en el hecho de que «Don Jorge Menéndez acabó cultivando el alejandrino», o sea, uno de los versos propios de los modernistas. Lo que quiere decir que del Modernismo no se libraron ni sus viejos detractores.

Otro tanto pudiera decirse del pretendido Pedro Carranca, nacido en 1878, que escribe esta redondilla:

> Sube y sube, pero ten
> cuidado, Nefelibata,
> que entre las nubes, también
> se puede meter la pata [31].

En este caso, la ironía se sitúa en la invención léxica desaforada, un aspecto del Modernismo radical que, en manos de los poetas sin formación ni tino, podía dar lugar a grotescas y ridículas expresiones. En la pieza, Antonio, a la vez que ofrece el sentido de la palabra, juega con las rimas, que en los versos 1 y 5 están forzadas por un encabalgamiento brusco, y en los 2 y 4 reúnen palabras tan opuestas como el supercultismo *nefelibata* y el término de lenguaje vulgar *pata*. No creo siquiera que se haya referido a Rubén Darío, que también habría reído con el consejo al poeta inexperto. Y, además, que el propio Antonio gustaba también de crear o de seguir usando estos cultismos de marcado carácter modernista, como son *adanida* («procedente de Adán») [32], *alalo* («mudo») [33], *aurirrosada* («color de oro y rosa») [34], *faunalias* («fiesta de faunos») [35], *plúrima* («abundante») [36], por citar algunos.

El resultado es que Antonio participó, como Manuel, si bien en grado distinto, del Modernismo como movimiento poético general. Si en sus notas «Para un estudio de la literatura española», en la lírica considera a Manuel como representante del Modernismo y del impresionismo lírico, y se reserva para sí el «intimismo», la interpretación es que él necesita que en la poesía, cualquiera que sea, domine la emoción interior por encima de la anécdota. Esto, sin

---

31. Idem, p. 733.
32. En el antes citado soneto «Esto soñé», en *Obras*, ed. cit., p. 273.
33. En «La luna, la sombra y el bufón», CLVII, en *Obras*, ed. cit., p. 242, que trae por error *alado*, pero véase *Poesie*, ed. cit., con la lección propia y el comentario de O. Macrí, p. 1226.
34. En la poesía sin título LXXXIV, en *Obras*, ed. cit., p. 116; véase en la parte del estudio de Manuel, que usa la misma palabra (p. 108).
35. En el poema «A Xavier Valcarce», CXLI, *Obras*, ed. cit., p. 216; es un latinismo que puso en circulación Rubén Darío.
36. En «A don Ramón del Valle-Inclán», CLXIV, en *Obras*, ed. cit., p. 277, respectivamente.

embargo, es relativo, pues la emoción requiere un apoyo, y ese se lo
ofrecen a Antonio los designios del corazón, la angustia del tiempo
y el encuadre de una geografía vital que es la de su experiencia.
Y esto lo hemos visto en el caso de los primitivos de Antonio, elegidos todos a través de esta intimidad emotiva: y así Berceo, Jorge
Manrique, Sem Tob, Dante y las otras manifestaciones poéticas medievales no son demostraciones de un culturalismo de moda (por
otra parte legítimas en la situación literaria de Antonio), sino parti-
cipaciones en una común emoción que pudo darse en el poeta medieval y cuya repercusión real alcanzaría a Antonio y a los hombres
que como él poseyesen el suficiente cultivo espiritual para enten-
derlas.

   Y aún puedo añadir que hubo una época determinada en la vida
del poeta, precisamente en los años de crisis, íntima con la inminen-
cia y luego realidad de la muerte de Leonor, en que esta percepción
activa de la poesía medieval fue para él la mejor representación
de la «tradición viva». En el 17 de julio de 1912 escribe a Ortega
y Gasset: «Yo veo también la poesía como algo que es preciso hacer.
Yo creo que la lírica española —con excepción de las *Coplas* de don
Jorge Manrique— vale muy poco, poquísimo; vive no más por el
calor que le prestan los literatos, eruditos y profesores de retórica
(calor bien menguado). No es esta una impresión, sino una opinión
madura. He dedicado muchos años de mi vida a leer literatura
nuestra.» Esta «opinión madura» supone una valoración crítica que
en este caso corre el peligro de ser injusta con otras épocas, pues
escribe a continuación esta afirmación aventurada: «Hay poesía en
el *Poema del Cid*, en Berceo, en Juan Ruiz y, sobre todo, en romances, proverbios, cuentos, coplas y refranes. Entre Garcilaso, Góngora,
Fray Luis y San Juan de la Cruz se pueden reunir hasta cincuenta
versos que merezcan el trabajo de leerse. La mística española no
vale nada por su lírica...» La opinión es aventurada no por lo que
tiene de valoración poética de la literatura medieval, que es, al fin
y al cabo, el propósito de este libro, sino por lo que dice de los autores siguientes. Antonio echa la culpa a la crítica: «La crítica está
llena de supersticiones que se perpetúan por falta de esa curiosidad
por lo espiritual, yo diría por falta de amor a la cosas del espíritu.
Porque es el amor y, sobre todo, la pasión lo que crea la curiosidad.»
Lo que hace falta, pues, es la audacia del crítico que esté enamorado
de la poesía, y dispuesto, si es necesario, a hacer tabla rasa de
todo. De ahí que Antonio prefiera a Menéndez Pelayo: «Entre todos
los que estudiaron nuestra literatura, ninguno superior a Menéndez
Pelayo, porque este puso un calor de alma y un amor a sus estudios
que excedía en mucho a su erudición, con ser su erudición vastísi-
ma.» [37] Vemos, pues, que en esta situación de 1912, Antonio inclina
la balanza del peso poético hacia la Edad Media, y esto de una

────────────

37. Los trozos citados se encuentran en J. L. CANO, *Tres cartas inéditas de
Machado a Ortega*, art. cit., p. 32.

manera que no había de resultar viable; es indudable que esta opinión es una muestra del *impresionismo*, esta vez crítico, frente a una valoración objetiva de una crítica que fuese, al mismo tiempo, poética. Hay que contar, por otra parte, con que este parecer se escribe en una carta privada y que no se reiteraría luego con esta rotundidad.

Y en cuanto a los efectos que la lectura y la apreciación de las obras literarias de la Edad Media ejercieron en Antonio, hay que pensar que en esto ocurrió lo mismo que en cualquier otro aspecto que se aísle del conjunto de su creación. Antonio fue poeta que no se apresuraba, cuidadoso por lograr una obra satisfactoria, según un criterio en constante elaboración, con sus vacilaciones, pruebas y ensayos en la expresión. Y esto lo prueban sus muchas correcciones y la lentitud en la publicación de su obra. Un párrafo escrito accidentalmente a Juan Ramón expresa una situación de ánimo que lo dominaría: «Estoy en un período de evolución y todavía no he encontrado la forma de expresión de mi nueva poesía. Lo último que se domina es la forma.» [38]

Esto, que fue escrito hacia 1903-1904, podía valer para otras ocasiones. Los tanteos son la aventura humana del poeta y la piedra de toque de su esforzada vocación. Esta veta de los primitivos medievales fue eso, un tanteo, una excursión de la que se vuelve, una reserva de fondo a la que él acudía cuando lo creía conveniente y que dejaba de lado en cuanto le parecía oportuno. Su adhesión cordial lo demuestra el que sus elementos se incorporasen al sistema de la expresión poética del escritor, tal como hemos visto con el *corazón* de la glosa de Berceo, o el *río* y el *mar*, en relación con Manrique. Siempre con tal de que dominase la emoción cordial de·la poesía; por eso, puesto en el trance de escribir, haría suya la copla que dice:

> Me lo dice el que lo sabe
> y por el trance ha pasado:
> que no se te vaya nunca
> el corazón de la mano.

38. *Obras*, ed. cit., p. 900.

INDICE DE NOMBRES Y MATERIAS

Este índice recoge los nombres de personas, personajes y apócrifos citados que tienen una relación directa con el asunto del libro; también figuran en él las referencias a las materias que son fundamentales en la exposición y la indicación de las poesías de Manuel y Antonio que he comentado de una manera más directa. Doy las gracias a don Javier Huerta Calvo por su ayuda en la realización de este índice.